高职高专“十三五”规划教材·财会专业

新编会计基本技能

（第3版）

姜　燕　徐振发　刘　巍　主　编
沙丽丽　李桂娟　孙会茹
王红新　刘俊廷　副主编

電子工業出版社
Publishing House of Electronics Industry
北京·BEIJING

内 容 简 介

本教材根据高等职业教育的特点，结合当前的课改要求，突出职教特色，强化技能训练，有较强的实用性和可操作性。本着简明适用的原则，本教材结合课程内容配有大量实训题、等级模拟试题等，方便教师教学与学生训练。为适应企事业单位对会计、金融等岗位能力的需要，在内容的安排上，本教材突出了对会计、金融工作者职业技能的多种要求，包括会计数字书写、点钞与验钞、珠算加减乘除法、电子计算与收银、传票和账表算、财务印鉴的使用、会计资料整理、计算机开票及网络报税等。

本教材可供高职高专、中等职业学校财经类专业学生使用，也可作为企事业单位财经及相关专业岗位工作者的参考资料。

图书在版编目（CIP）数据

新编会计基本技能 / 姜燕，徐振发，刘巍主编. —3 版. —北京：电子工业出版社，2019.7

ISBN 978-7-121-36396-2

Ⅰ. ①新…　Ⅱ. ①姜…　②徐…　③刘…　Ⅲ. ①会计学－高等职业教育－教材　Ⅳ. ①F230

中国版本图书馆 CIP 数据核字（2019）第 080016 号

责任编辑：贾瑞敏　　　　特约编辑：许振伍　胡伟卷
印　　刷：北京七彩京通数码快印有限公司
装　　订：北京七彩京通数码快印有限公司
出版发行：电子工业出版社
　　　　　北京市海淀区万寿路 173 信箱　邮编 100036
开　　本：787×1 092　1/16　印张：14.5　字数：377 千字
版　　次：2010 年 7 月第 1 版
　　　　　2019 年 7 月第 3 版
印　　次：2019 年 7 月第 1 次印刷
定　　价：46.00 元

凡所购买电子工业出版社图书有缺损问题，请向购买书店调换。若书店售缺，请与本社发行部联系，联系及邮购电话：(010)88254888，88258888。

质量投诉请发邮件至 zlts@phei.com.cn，盗版侵权举报请发邮件至 dbqq@phei.com.cn。

本书咨询联系方式：电话 010-62017651；邮箱 fservice@vip.163.com；QQ 群 427695338；微信 zsb18600585292。

前　言

《新编会计基本技能》（第 2 版）出版后，我们发现其中仍有许多不足之处，读者给我们提出了许多宝贵建议，在此表示感谢。随着对会计技能要求的不断提高，会计手工操作方面也在发生着变化，新的操作方法不断涌现，职业教育教材更需要跟上新时代的步伐。为此，我们对教材进行了第 3 次修订。与第 2 版相比，第 3 版具有以下变化。

1. 自 2016 年起，全国会计技能大赛采用爱丁学习派进行比赛。翻打传票一直是全国会计技能比赛全能组的必选项目，根据会计和金融行业对技能的专业性和实用性要求，结合全国会计技能比赛的要求，在传票算和账表算的运算程序与方法、键盘输入指法及应用方面增加了新的录入技能。第 3 版在第 2 版的爱丁数码公司翰林提 T96BW 输入设备的基础上，增加了爱丁学习派会计技能的内容，教材中通过爱丁学习派的操作方法、学习功能、传票录入及大赛要求等展示了翻打传票的基本步骤和使用方法。

2. 增加了“电子计算与收银技能”一章，提高学生在计算和收银方面的能力。删掉了“初级会计电算化技能”一章。

3. 第 1 章、第 3 章讲述详细全面，图文并茂，并对实训题进行了修改。

4. 2013 年联合国教科文组织正式将中国珠算项目列入教科文组织人类非物质文化遗产名录，为方便学生更好地学习珠算，传承祖国的历史文化，继续保留珠算加减乘除操作技能，并辅以珠算技术等级鉴定标准、全国珠算技术等级鉴定能手级试卷、全国珠算技术等级鉴定试卷，方便学生自己考核并进行等级鉴定。

本教材由吉林电子信息职业技术学院姜燕、广州大学市政技术学院徐振发、吉林电子信息职业技术学院刘巍担任主编；吉林工业经济学校沙丽丽、河南科技学院高等职业技术学院李桂娟、吉林电子信息职业技术学院孙会茹、郑州商业技师学院王红新、吉林电子信息职业技术学院刘俊廷担任副主编。具体分工如下：第 1 章由刘俊廷编写，第 2 章、第 7 章由姜燕编写，第 3 章由刘巍编写，第 4 章由李桂娟编写，第 5 章由徐振发编写，第 6 章由沙丽丽编写，第 8 章由孙会茹编写，第 9 章由王红新编写。本教材由姜燕提出编写大纲，并负责全书的修改、定稿等工作。

在编写过程中，我们参阅了大量资料，并吸收了一些同行的成果，在此向他们表示感谢。同时，也得到了学院有关领导及相关院校的大力支持和鼓励，在此一并致谢。

尽管付出了极大的努力，但仍难免有疏漏和错误，敬请广大读者提出宝贵意见，你们的建议始终是我们进一步完善的动力。

编　者

前　言

《新编会计基本技能》（第2版）出版后，我们发现其中仍有许多不足之处，读者给我们提出了许多宝贵建议，在此表示感谢。随着对会计技能要求的不断提高，会计手工操作方面也在发生着变化，新的操作方法不断涌现，职业教育教材更需要跟上新时代的步伐。为此，我们对教材进行了第3次修订。与第2版相比，第3版具有以下变化。

1. 自2016年起，全国会计技能大赛采用爱丁学习机进行比赛。翻打传票一直是全国会计技能比赛全能组的必选项目。根据会计和金融行业对技能的专业性和实用性要求，结合全国会计技能比赛的要求，在传票算和账表算的运算程序与方法、键盘输入指法及应用方面增加了新的录入技能。第3版在第2版的爱丁数码公司翰林提T96BW输入设备的基础上，增加了爱丁学习机会计技能的内容，教材中通过爱丁学习机的操作方法、学习功能、传票录入及大赛要求等展示了翻打传票的基本步骤和使用方法。

2. 增加了"电子计算与收银技能"一章，提高学生在计算和收银方面的能力。删掉了"初级会计电算化技能"一章。

3. 第1章、第3章讲述详细全面，图文并茂，并对实训题进行了修改。

4. 2013年联合国教科文组织正式将中国珠算项目列入教科文组织人类非物质文化遗产名录。为方便学生更好地学习珠算，传承祖国的历史文化，继续保留珠算加减乘除操作技能，并辅以珠算技术等级鉴定标准、全国珠算技术等级鉴定能手级试卷、全国珠算技术等级鉴定试卷，方便学生自己考核并进行等级鉴定。

本教材由吉林电子信息职业技术学院姜燕、广州大学市政技术学院徐振友、吉林电子信息职业技术学院刘巍担任主编，吉林工业经济学校孙丽丽、河南科技学院高等职业技术学院李佳娟、吉林电子信息职业技术学院孙会茹、郑州商业技师学院王红新、吉林电子信息职业技术学院刘俊廷担任副主编。具体分工如下：第1章由刘俊廷编写，第2章、第7章由姜燕编写，第3章由刘巍编写，第4章由李佳娟编写，第5章由徐振友编写，第6章由孙丽丽编写，第8章由孙会茹编写，第9章由王红新编写。本教材由姜燕提出编写大纲，并负责全书的修改、定稿等工作。

在编写过程中，我们参阅了大量资料，并吸收了一些同行的成果，在此向他们表示感谢。同时，也得到了学院有关领导及相关院校的大力支持和鼓励，在此一并致谢。

尽管付出了极大的努力，但仍难免有疏漏和错误，敬请广大读者提出宝贵意见，你们的建议始终是我们进一步完善的动力。

编　者

目　录

第 4 章　珠算的乘除计算技能 60

第 5 章　电子计算与收银技能 121

第 6 章　传票和账表的计算技能 135

第 7 章　财务印鉴的使用技能 161

第 8 章 会计资料的整理技能

第 9 章 计算机开票及网络报税技能

第1章

会计的书写技能

职业教育的学习目标

根据会计基础工作的规范要求，学生应正确、规范地书写阿拉伯数字、汉字大写数字；掌握小写金额、大写金额的标准写法，财经专用汉字的正确书写方法和用法，阿拉伯数字书写错误的更正方法等；正确填写票据的大写日期及记账凭证、会计账簿等的摘要内容。

典型职业工作任务描述

1. 工作任务简述

根据经济业务的内容用阿拉伯数字、大写小写数字，填制各种凭证、票据、会计账簿，会计报表等。

2. 涉及的业务领域

在会计、审计、统计、金融、税务、营销等工作中办理经济业务的所有岗位。

3. 其他说明

会计数字、文字的书写是会计职业的基本功，需要不断练习，提高书写技能。

职业描述

1. 工作对象

各种会计凭证、会计账簿、会计报表。

2. 劳动工具

钢笔或碳素笔、计算机。

3. 劳动场所

从事会计等各种经济工作的场所。

4. 资格和能力

持有会计专业技术资格证书，或者具有会计类专业学历（学位）或相关专业学历（学位）证书，且持续参加继续教育，具备从事会计工作所需要的专业能力。

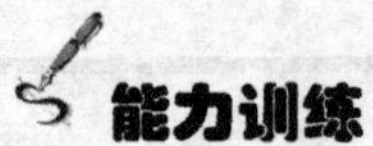

能力训练项目名称	拟实现的能力目标	相关支撑知识	训练方式、手段及步骤
数字的书写	① 能准确、规范地书写阿拉伯数字 ② 能对书写错误进行更正	① 阿拉伯数字书写要求 ② 阿拉伯数字书写错误的更正方法	用会计数字练习用纸或账页书写
中文大写数字的书写	① 能正确书写大写数字 ② 能标准书写大、小写金额 ③ 能正确填写票据的大写日期及凭证、账簿等的摘要内容	① 大写数字的写法要求 ② 大、小写金额的标准写法 ③ 票据大写日期及摘要的书写要求	用账页或凭证书写金额、日期、摘要

1.1 数字的书写

1.1.1 阿拉伯数字的书写要求

阿拉伯数字 1、2、3、4、5、6、7、8、9、0 十个计数符号是国际上通用的数码，作为全世界通用的数字广泛应用于各个行业。虽然 21 世纪的今天已流行用计算机打印阿拉伯数字，处理工作业务，但正确、规范地书写阿拉伯数字对会计从业人员来说仍是必不可少的基本功。书写正确与否既直接关系到会计记账的准确与否，也是衡量会计人员专业素质的一项标准。重视会计工作中阿拉伯数字的训练，有助于提高会计核算工作的质量。

我国经济工作中常用的数字有两种：阿拉伯数字和汉字大写数字。另外，还有数位名称等财经专用汉字。根据会计基础工作规范的要求，阿拉伯数字书写必须正确、规范、清晰、工整，并符合下列要求。

① 在书写阿拉伯数字时，必须一个一个地写，不得连笔写，并且大小匀称、流畅自然、不刻板、笔顺清晰、排列整齐。

② 书写时应有一定的斜度和高度。倾斜角度一般可掌握在 60° 左右；高度标准一般要

求占凭证横格高度的 1/2 以下，还要注意紧靠横格底线书写，不得写满格，使上方留出一定空位，以便需要进行更正时可以再次书写。

③ 书写排列有序。同一组数字的正确书写是，应按照自左向右的顺序进行，不可逆方向书写；在没有印刷数字格的会计书写中，同一行相邻数字之间应空出半个数字的位置（以不能增加数字为准）。

④ 1 不能写短，且要合乎斜度要求，防止改为 4、6、7、9。

⑤ 2、3、5、8 应各自成体，避免混同。

⑥ 4 的顶部不封口，且注意中竖的斜度，防止写成正体；角“∠”要死折，折角不能圆滑，否则易被改成 6。

⑦ 书写 6 时可适当扩大其字体，使起笔上伸到数码格的 1/4 处，下圆要明显，以防改为 8。

⑧ 7、9 两数字的落笔可下伸到底线外，约占下格的 1/4 位置。7 字书写时，横要平直明显（即稍长），竖稍斜，拐弯处不能圆滑，否则易与 1、9 相混淆。

⑨ 书写 8 时，上边要稍小，下边稍大，起笔应写成斜 *S* 形，终笔与起笔交接处应成棱角，防止将 3 改成 8。

⑩ 书写 0 字时，紧贴底线，圆要闭合，不宜过小，否则易被改为 9。

⑪ 除 4、5 以外的各单数字，均应一笔写成，不能人为地增加数字的画数。

⑫ 4 位和 4 位以上的整数部分数字可以从小数点向左按“三位一节”用分节号“,”分开或空一个数字的位置，以便读数和汇总计算，如 3,847,185.27。

⑬ 在会计运算或会计工作底稿中，运用上下几行数额累计加减时，应尽可能地保证纵行累计数字的位数对应，以免产生计算错误。

总之，在会计核算工作中，一定要按照标准书写要求规范字体，避免出现 0、6 不分，7、9 难辨的情况。数字字体的大小既不能写得太小，密密麻麻，让人难以辨清，更不能超越账页上既定的数格；从字形上看，既不能让数字垂直上下，也不能歪斜过度，更不能左倾右斜，毫无整洁的感觉。一组阿拉伯数字，书写后要让人看着合乎规定要求，保持一致的倾斜度，既流畅又美观，又方便纠错更改。

1.1.2　阿拉伯数字的标准写法示范

阿拉伯数字的写法有印刷体和手写体两种，日常工作中普遍使用的是手写体。手写体阿拉伯数字的书写示范如图 1.1 所示。

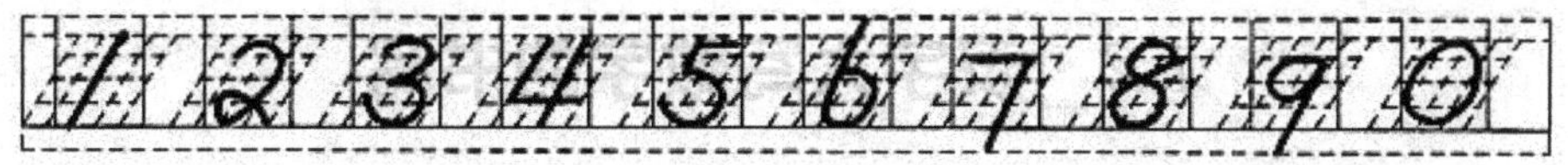

图 1.1

练习书写时可使用会计数字练习用纸，也可用账页进行，如图 1.2 所示。

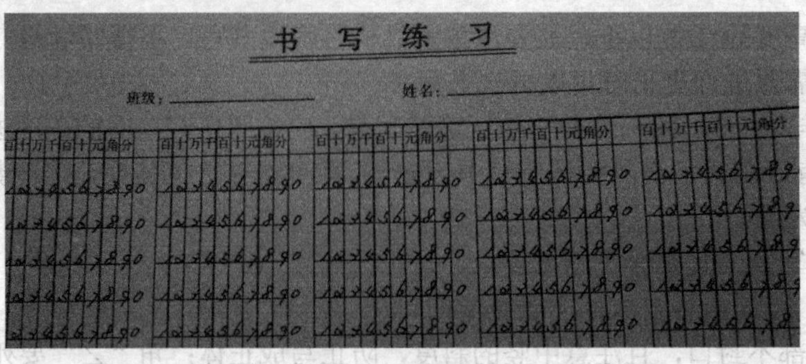

图 1.2

1.1.3　阿拉伯数字书写错误的更正

在登记会计账簿时，如果阿拉伯数字书写发生了错误，就要进行更正。更正数字要规范化，不能在原来的数字上涂改、挖补、刮擦、贴纸、用涂改液或消字药水消迹，而应当采用划线更正法进行更正。

划线更正法的使用方法是：先用红笔在错误的全部数字上画一条单红线（红线不能过粗，要能看到被画掉的原数据），然后在错误的数字上面用蓝色或黑色笔书写全部正确的数字。划线更正法修改的一定是一个完整的数字，不能只改一半，更不能在原数字上涂改其中一个字码，以免混淆不清。只要部分数字写错（哪怕只有一个字码），也要把全部数字画线勾掉并更正，而且由经办人在更正的数字后面加盖印章，以明确责任。一个结果最多只能修改两次。划线更正法的使用对错示范如图 1.3 所示。

数字的错误更正方法

					7		
			6	~~2~~	~~3~~	9	8
		3	6	9	5	4	2
		~~3~~	~~5~~	~~9~~	5		
	2	9		2	9	7	9

数字的正确更正方法

			6	2	7	9	8
			~~6~~	~~3~~	~~7~~	~~9~~	~~8~~
		3	6	9	5	4	2
		~~3~~	~~5~~	~~9~~	~~5~~	~~0~~	~~0~~
				2	9	7	9
	~~2~~	~~9~~	~~0~~	~~0~~	~~0~~	~~0~~	~~0~~

图 1.3

1.2　汉字大写数字的书写

1.2.1　阿拉伯数字与汉字大写、小写数字的对照

汉字数字分大写和小写两种，都是汉字的重要组成部分。在日常工作和生活中，经常要用到这些数字。

1. 十以内阿拉伯数字与汉字大写、小写数字的对照

十以内阿拉伯数字与汉字大写、小写数字的对照如表 1.1 所示。

表 1.1 十以内阿拉伯数字与汉字大写、小写数字的对照

阿拉伯数字	1	2	3	4	5	6	7	8	9	0
汉字小写数字	一	二	三	四	五	六	七	八	九	〇
汉字大写数字	壹	贰	叁	肆	伍	陆	柒	捌	玖	零

2. 进位阿拉伯数字与汉字大写、小写数字的对照

进位阿拉伯数字与汉字大写、小写数字的对照如表 1.2 所示。

表 1.2 进位阿拉伯数字与汉字大写、小写数字的对照

阿拉伯数字	小写数字	大写数字
10	十	拾
20	二十	廿
30	三十	卅
100	百	佰
1 000	千	仟
10 000	万	万
100 000 000	亿	亿
10 000 000 000 000	兆	兆
10 000 000 000 000 000 000	京	京
100 000 000 000 000 000 000 000	顺	顺

在表 1.1 和表 1.2 中，不论是阿拉伯数字（1，2，3，…），还是汉字小写数字（一、二、三、……），由于笔画简单，容易被涂改伪篡，因此一般在文书和商业财务票据上的数字都要采用汉字数码大写。汉字数码分为数字（壹、贰、叁、肆、伍、陆、柒、捌、玖、零）和数位（拾、佰、仟、万、亿、元、角、分、整）两个部分。

数字的这种繁化写法始于秦代，在唐代时期已经被广泛使用，后来被逐步规范成一套“大写数码”。

1.2.2 汉字大写数字的书写要求

汉字大写数字庄重，笔画繁多，通常用于文书、发票、支票、汇票、存单等各种票据的书写。这些重要的票据金额或实物不但要用阿拉伯数字书写，而且还要用汉字大写数字书写，以供互相核对，防止篡改，保证单证上数量或金额的正确，避免经济损失。

书写汉字大写数字的基本要求如下。

① 汉字大写数字的书写采用正楷或行书字体，不得连笔写。

② 不得用〇（另）、一、二（俩）、三、四、五、六、七、八、九、十等简化字代替，以防被涂改，更不得任意自造简化字。

③ 字体要各自成形，大小匀称，排列整齐，字迹工整、清晰。

练习时可使用会计数字练习用纸或账页进行书写。

汉字大写数字的正楷、行书字体如表1.3所示。

表1.3 汉字大写数字的正楷、行书字体

壹	贰	叁	肆	伍	陆	柒	捌	玖	拾	佰	仟	万	亿	元	角	分	整
壹	贰	叁	肆	伍	陆	柒	捌	玖	拾	佰	仟	万	亿	元	角	分	整

1.2.3 大、小写金额的书写

1. 小写金额的标准写法

① 阿拉伯数字金额前必须书写货币币种符号，如¥、£、$等。人民币符号“¥”是汉语拼音 yuan 第1个字母Y的缩写变形，既代表了人民币的币制，又表示人民币“元”的单位。为了区别Y和阿拉伯数字之间的误认和误写，在Y字母上加上两横而写作“¥”，读音仍为“元”。因此，小写金额前填写人民币符号“¥”后，数字后面可不写“元”字。

② 币种符号和阿拉伯数字之间不得留有空白。例如，“人民币20500元”，小写金额应写为“¥20500”，不得写为“¥ 20500”。

③ 以元为单位的阿拉伯数字除表示单价等情况外，一律填写到角分；无角分的，角位和分位可以填写00，或者填写符号“—”；有角无分的，分位应当填写0，不得用符号“—”代替。

④ 只有分位金额的，在元和角位上各写一个0字，并在元和角之间点一个小数点，如“¥0.03”。

2. 大写金额的标准写法

① 大写金额要紧靠货币名称（如“人民币”）书写，不得留有空白。如果大写金额数字前未印有货币名称，则应当加填货币名称。

② 正确运用“整”字。大写金额数字到元或角为止的，在“元”或“角”后应写“整”字；大写金额数字有分的，后面不写“整”字。例如，“¥768.00”应写为“人民币柒佰陆拾捌元整”；“¥562.30”应写为“人民币伍佰陆拾贰元叁角整”；“¥735.26”应写为“人民币柒佰叁拾伍元贰角陆分”，不加“整”字。

③ 正确书写中间的“零”。

- 阿拉伯数字金额中间有0时，汉字大写金额要写“零”字。例如，“¥1709.30”应写为“人民币壹仟柒佰零玖元叁角整”。
- 阿拉伯数字金额元位是0的，或者数字中间连续有几个0，元位也是0，但角位不是0时，汉字大写金额可以只写一个“零”字，也可以不写“零”字。例如，“¥3980.32”，大写金额应写为“人民币叁仟玖佰捌拾元零叁角贰分”，或者写为“人民币叁仟玖佰捌拾元叁角贰分”。又如，“¥97000.53”，汉字大写金额应写为“人民币玖万柒仟元零伍角叁分”，或者写为“人民币玖万柒仟元伍角叁分”。
- 阿拉伯数字金额角位是0，而分位不是0时，汉字大写金额“元”后面应写“零”字。例如，“¥6309.04”，大写金额应写为“人民币陆仟叁佰零玖元零肆分”。

④ 阿拉伯数字金额 1 开头的，大写金额应加写“壹”字。例如，“¥16.25”，大写金额应写为“人民币壹拾陆元贰角伍分”。又如，“¥165700.00”，大写金额应写成“人民币壹拾陆万伍仟柒佰元整”。

⑤ 在印有大写金额万、仟、佰、拾、元、角、分位置的凭证上书写大写金额时，金额前面如有空位，可画“⊗”注销；阿拉伯数字金额中间有几个 0（含分位），汉字大写金额就写几个“零”字。例如，“¥600.60”，大写金额应写成“人民币⊗万⊗仟陆佰零拾零元陆角零分”。

⑥ 写错不准涂改。为了防止作弊，银行、单位和个人填写的各种票据和结算凭证的汉字大写金额一律不许涂改。一旦写错，则该凭证作废，需要重新填写。

1.2.4 汉字大写票据日期的书写

按照我国票据法的规定，票据包括汇票、本票和支票。

票据和结算凭证是银行、单位和个人凭以记载账务的会计凭证，是记载经济业务和明确经济责任的一种书面证明。为防止变造票据的出票日期，本票、支票上的出票日期必须使用汉字大写，在金额栏内必须填写正确。

1. 具体填写要求

① 票据的出票日期必须使用汉字大写。

② 在填写月、日时，月为 1、2 和 10 的，日为 1 至 9 和 10、20、30 的，应在其前加写“零”。例如，“2018 年 10 月 20 日”， 应写成“贰零壹捌年零壹拾月零贰拾日”。

③ 日为 11 至 19 的，应在其前加写“壹”字。例如，“2018 年 1 月 16 日”， 应写成“贰零壹捌年零壹月壹拾陆日”。

④“10 月”要写成“零壹拾月”，“11 月”要写成“壹拾壹月”，“12 月”要写成“壹拾贰月”。

⑤ 如果票据出票日期使用小写数字填写，银行不予受理。如果大写日期未按要求规范填写，银行可予受理，但如果由此造成损失，由出票人自行承担。

零字的具体填写要求归纳如表 1.4 所示。

表 1.4 零字的具体填写要求

月　份	月份大写	日　期	日期大写	日　期	日期大写
1 月	零壹月	1—9 日	零壹日、零贰日……	11 日	壹拾壹日
2 月	零贰月	10 日	零壹拾日	12 日	壹拾贰日
3 月	叁月	20 日	零贰拾日	……	……
10 月	零壹拾月	30 日	零叁拾日	19 日	壹拾玖日

2. 支票的填制要求

① 支票出票日期的填写必须使用汉字大写。例如，“2 月 13 日”应写成“零贰月壹拾叁日”，“10 月 20 日”应写成“零壹拾月零贰拾日”。

② 支票上的收款人、付款行名称应写单位的全称或个人的姓名，不得简写。

③ 签发人签章处应盖上签发人在银行预留的签章（称为印鉴）——一般使用本单位授权的财务专用章和法人代表的人名章。

④ 支票上的大、小写金额，日期，以及收款人如果填写错误，不得修改，修改后的支票无效。

支票填制示例如图 1.4 所示。

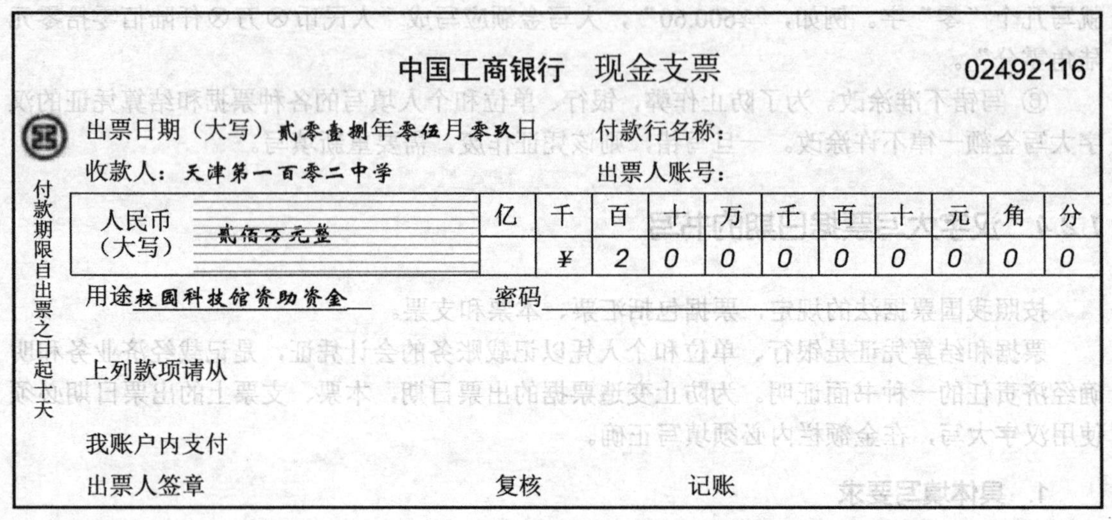

中国工商银行　现金支票　02492116

出票日期（大写）贰零壹捌年零伍月零玖日　付款行名称：

收款人：天津第一百零二中学　出票人账号：

付款期限自出票之日起十天

人民币（大写）	贰佰万元整	亿	千	百	十	万	千	百	十	元	角	分
			¥	2	0	0	0	0	0	0	0	0

用途校园科技馆资助资金　密码

上列款项请从

我账户内支付

出票人签章　复核　记账

图 1.4

1.2.5 摘要的书写

文字书写中有一部分是摘要的书写，包括记账凭证摘要、各种账簿摘要。会计摘要是用文字等形式记录和反映经济业务简要内容的一种方法。如果会计摘要记录过于简略，则不能完整地反映经济业务内容；如果过于详细，则会受到账页或凭证格式的限制。

在计算机审计中，很多取证、分析工作首先要通过会计摘要从被审计单位的电子账表中筛选所需数据。如果被审计单位的会计摘要简略、笼统、模糊不清，那么计算机审计就无从下手。

填写摘要时应用简明扼要、详略得当、含义清楚、重点突出、书写整洁的文字，以说明问题为主。写物要有品名、数量、单价；写事要有过程；银行结算凭证要注明支票号码、去向；送存款项要注明现金、支票、汇票等；遇有冲转业务，不应只写冲转，应写明冲转某年、某月、某日、某项经济业务和凭证号码，也不能只写对方科目，而应将经济业务的内容尽可能全面地表述出来，以反映其经济业务概况。

摘要书写的一般要求如下。

① 填制记账凭证和登记账簿时，必须用蓝黑墨水或碳素墨水书写，不得使用圆珠笔（银行的复写账簿除外）、铅笔书写。字体应使用楷体或行体，不能写成草体。

② 以原始凭证为依据真实反映会计凭证中有关经济业务的内容。

③ 日常收支业务摘要的编写要规范统一、简明扼要。

④ 摘要中需要反映必要的数字。

⑤ 账簿上的“摘要”栏应根据记账凭证上的“摘要”填写。

⑥ 对于填写错误需要更正的文字、数字，不能随意用涂改、刀刮、贴纸、药水洗等方式更正，应按更正错账的要求去更正。

经济业务的发生是编写会计摘要的基础，对经济业务了解得越清楚、越透彻，会计摘要就能编写得越准确、越精练。因此，会计人员必须熟悉本单位业务，掌握资金流动状况，要勤于学习、善于积累，在实践中不断熟悉业务，提高技能。

实训 1

1．在下面的账格中书写标准的阿拉伯数字。

会计数字练习

2．在下面的书写练习表格中按标准书写汉字大写数码。

壹	贰	叁	肆	伍	陆	柒	捌	玖	拾	佰	仟	万	亿	元	角	分	零	整

3．请将左侧错误的更正方法改正过来。

										2	3 ~~6~~	6 ~~3~~	1	0	9
								5 ~~5~~	2 ~~2~~	1 ~~1~~	6 ~~0~~	7 ~~7~~	3	1	2
			~~4~~	~~8~~	~~3~~						4	8	3	7	6

正确的更正方法

4．将下列小写金额用汉字大写金额表示。

（1）¥300.15　　大写金额：

（2）¥56260.28　　大写金额：

（3）¥2800.06　　大写金额：

（4）¥16.00　　大写金额：

（5）¥130006.00　　大写金额：

（6）¥3000.00　　大写金额：

（7）¥0.07　　大写金额：

（8）¥3000750.23　　大写金额：

（9）¥106070504.01　　大写金额：

（10）¥50289412.90　　大写金额：

5．将下列汉字大写金额用小写金额表示。

（1）人民币壹拾万元整　　小写金额：

（2）人民币柒仟陆佰零伍元叁角整　　小写金额：

（3）人民币贰拾捌万零玖元零柒分　　小写金额：

（4）人民币陆角肆分　　小写金额：

（5）人民币叁佰柒拾伍万零贰元玖角叁分　　小写金额：

（6）人民币壹拾柒元整　　小写金额：

（7）人民币贰仟零陆元零肆分　　小写金额：

（8）人民币玖仟叁佰元零伍角整　　小写金额：

（9）人民币零元陆角整　　小写金额：

（10）人民币柒拾万零肆角贰分　　小写金额：

6．将下列日期用汉字大写表示。

（1）2018年1月20日　（2）2016年2月6日　（3）2017年3月15日

（4）2017年10月30日　（5）2017年12月10日　（6）2016年11月11日

第2章 点钞与验钞技能

点钞与验钞技能

职业教育的学习目标

要求学生掌握点钞技术及票币的捆扎方法，能够在点钞的同时准确识别假币；掌握手持式单指单张、单指多张、多指多张和扇面式点钞法；熟悉手按式单张点钞，双张点钞，三张、四张点钞法；熟悉人民币的一般防伪特征；掌握鉴别真假人民币的方法；掌握残损人民币的挑剔标准、兑换标准及兑换方法；了解人民币的使用及相关法律常识。

典型职业工作任务描述

1. 工作任务简述

根据日常人民币收付业务，用点钞方法清点和记录经济业务的收付款数量，登记会计各种账簿，填制各种凭证、报表，并对钞票进行捆扎和挑拣残、破票。

2. 涉及的业务领域

银行、企事业单位出纳、会计、柜面收银等办理人民币收付款业务的岗位。

3. 其他说明

点钞技能是银行、企事业单位会计、出纳等柜面经办人员必须掌握的一项基本功，需要不断地练习、训练，对假钞要能做出准确、迅速的判断和鉴别，提高点钞、验钞技能。

职业描述

1. 工作对象

现金、会计凭证、会计账簿、会计报表等。

2. 劳动场所

柜面及其他各种经济业务的办理场所。

3. 资格和能力

持有会计专业技术资格证书，或者具有会计类专业学历（学位）或相关专业学历（学位）证书，且持续参加继续教育的，具备从事会计工作所需要的专业能力。

能力训练

能力训练项目名称	拟实现的能力目标	相关支撑知识	训练方式、手段及步骤
点钞技术	① 能用手持式、手按式、扇面式点钞方法点钞 ② 能按要求捆扎钞券	① 点钞方法 ② 捆扎方法	持钞、点钞、计数、捆扎按考核标准整点
验钞技术	能准确识别假币	① 第五套人民币常识 ② 假币的识别方法、处理规定	眼看、手摸、耳听、尺量、仪器测
人民币的使用	能对残缺、损伤的人民币进行处理、兑换	残缺、损伤人民币的处理规定、兑换标准、兑换方法	挑拣、粘补、兑换

2.1 点钞技术

所谓点钞，泛指清点各种票币，通常是对点纸币的一种俗称，是指徒手或借助工具、机器来进行钞票计数的一种应用技术。现在不仅金融系统，其他非金融部门的现金流量也都很大，点钞速度的快慢、点钞水平的高低、点钞质量的好坏，反映着工作人员的专业水平、工作效率和服务质量。如今，电子点钞机凭借其便捷、快速的特点，已普遍应用于银行等各种办公场所，但由于其无法清点破损严重的钞票，且小面值的钞票也需要手工清点，因此手工点钞依旧是一项比较重要的、技术性很强的工作，是银行、企事业单位出纳、会计、柜面收银、营销等工作的一项专业基本技能，在人们的日常生活、经济交往中被广泛采用。

点钞包括整点纸币和清点硬币。点钞的方法有手工点钞和机器点钞两种，两种点钞方法相辅相成，在日常工作中通常结合运用。熟练、准确、迅速地手工清点钞票，并鉴别钞票真假，是考核银行、企事业单位会计人员基本业务素质的重要指标之一，是经济类专业学生应该学习的一项基本技能。

2.1.1 手工点钞

1. 手工点钞的基本步骤

手工点钞一般要经过持钞、清点计数、挑残破票、墩齐扎把、盖章 5 个环节。

步骤 1 持钞。把待点的成把钞券的封条移至一侧或拆掉。一般左手持钞，持钞的姿势因点钞的方法不同而不同。

步骤 2 清点计数。这是指清点钞票数，是直接体现点钞速度和准确度的关键环节。

步骤 3 挑残破票。点钞时发现残破票，应随手将残破券折向外边，待点完一把后，抽出残破票，补上完整券。

步骤 4 墩齐扎把。钞券点好后必须墩齐（4 条边水平，不露头，卷角拉平）才能扎把。用腰条扎紧，以提起把中第 1 张钞票不被抽出为准，如图 2.1 所示。

步骤 5 盖章。钞券扎好后要加盖经办人人名章。人名章要盖在钞券上侧的腰条纸上，既可以逐把盖章，也可集中盖章；印章要盖得工整、清晰，不要漏盖，以明确责任，如图 2.2 所示。

图 2.1

图 2.2

2. 手工点钞的基本要求

(1) 指法正确，动作协调

掌握正确的点钞方法，正确运用 10 个手指及其关节；要尽量缩短和不留空隙时间，保持动作的连贯性。

(2) 精力集中，环环紧扣

清点时，两手点钞、两眼看钞、脑子计数。要求手、眼、脑相互配合，不错不乱，准确无误。例如，点完 100 张墩齐钞券后，左手持票，右手取腰条纸，同时左手的钞券跟上去，迅速扎好小把；在右手放票的同时，左手取另一把钞券准备清点，而右手顺手蘸水清点，等等。这样就使扎把和持票及清点各环节紧密地衔接了起来。

(3) 稳中求快，快中求准

准确计数是点钞的基本要求，且速度要均匀，不能忽快忽慢。点钞速度的快慢，能反映出点钞人员的工作形象和工作效率。点钞只有达到一定的速度，才能充分显示出点钞技能的重要意义。

（4）反假防假，严防差错

手工点钞不但要求又快又准，而且要反假防假，挑剔残钞，严防差错，不出问题。

2.1.2 票币的整理和捆扎

票币整理的目的是为了维护国家货币的信誉，保护国家货币和消费者的利益不受损失，保持人民币的整洁，便于流通。因此，需要对损伤、残缺票币挑拣、粘补、整理，并随时送存银行或办理兑换。

1. 票币的整理方法

需清点的钞券必须清理整齐、平直，这是点准钞券的前提，因为钞券不齐不易点准。对折角、弯折、揉搓过的钞券要将其弄直、抹平，明显破裂、质软的钞券要先挑出来，清理好后，将钞券在桌面上墩齐。

（1）纸币

将钞券按不同面值（100 元、50 元、10 元等）分开摆放，券面同向，打开平铺，然后按券别每 100 张为一把，用腰条扎好，每 10 把扎成一捆。例如，100 元券的纸币一把即为 10 000 元，一捆即为 100 000 元；10 元券一把即为 1 000 元，一捆即为 10 000 元。不满 100 张的，从大到小平摊摊放，并核对金额。

（2）铸币

铸币包括 1 元、5 角、1 角。铸币也应按币别整理，同一币别每 100 枚为一卷，用纸包紧卷好，每 10 卷为一捆。例如，5 角的铸币每一卷即为 50 元，每一捆即为 500 元。不满 100 枚的硬币，用纸包好另行包放。

残缺、破损的纸币，背面的数字模糊不清的铸币，应单独剔出，送银行兑换。如果发现可疑钞券，还应对其进行真伪鉴别。

2. 票币的捆扎方法

捆扎钞券以每百张为一把（同币种），清点无误后用腰条在钞券中间捆扎牢固（不足百张的，在钞券的 1/3 处捆扎，并将钞券的张数、金额写在腰条的正面）。逐把盖章或集中盖章后，将每 10 把捆扎好的钞券用专用细绳以“#”字形捆扎成一大捆，以用力推不变形、抽不出票把为准。捆扎后的大捆在顶端贴上封签，并加盖经手人人名章。

小把捆扎常用以下 3 种方法。

（1）缠绕捆扎法

步骤 1　将百张钞券墩齐横持，左手拇指在前，其余四指在后。

步骤 2　横握钞券上侧左半部分使之成为瓦状（瓦状的幅度影响扎钞的松紧，在捆扎中幅度不能变）。

步骤 3　右手捏住腰条纸的一端，送交左手食指将其压住，右手拇指与食指由怀里向

外缠绕两圈，注意在上方要拉紧，左手食指在钞券的上侧压住拉紧的腰条纸不要松动。

步骤 4　右手拇指与食指将腰条纸余端向右方折成 45°，如图 2.3 所示。

步骤 5　用右手食指或中指将腰条纸的余端向左掖在凹面瓦形里，再用右手拇指压紧，把钞券抚平即可。

扎好的票币如图 2.4 所示。

图 2.3

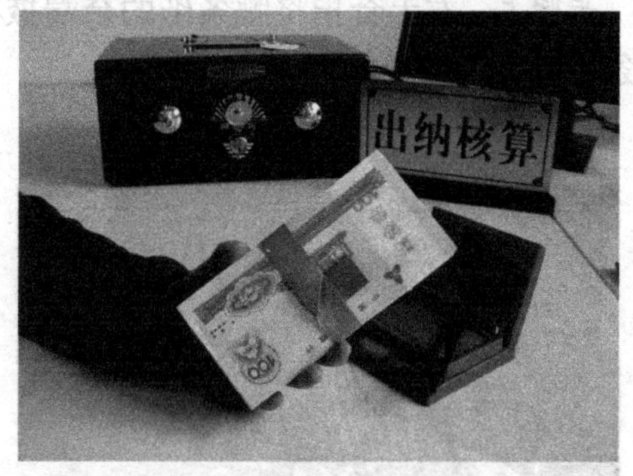

图 2.4

(2) 扭结式

步骤 1　将点过的钞券 100 张墩齐。左手握钞，使之成为瓦状。

步骤 2　右手将腰条从钞券凸面放置，将两腰条头绕到凹面，左手食指、拇指分别按住腰条与钞券厚度交界处。

步骤 3　右手拇指、食指夹住其中一端腰条头，中指、无名指夹住另一端腰条头，并合在一起，右手顺时针转 180°，左手逆时针转 180°，如图 2.5 所示。

步骤 4　将右手拇指和食指夹住的那一头从腰条和钞券之间瓦状绕过，再打结。

步骤 5　整理、抚平钞券。

扎好的票币如图 2.6 所示。

图 2.5

图 2.6

(3) 银行习惯用的捆扎方法

步骤 1　将点过的钞券 100 张墩齐。

步骤 2　左手握钞，使之成为瓦状。

步骤 3　右手将腰条从钞券凸面放置，将两腰条头绕到凹面，两腰条头对齐，左手食指、拇指一起捏住腰条，右手拇指、食指在距腰条头大约 6 厘米处将腰条向上折 90°，如图 2.7 所示。

步骤 4　将刚折过的腰条在折角处再向左折，并用右手拇指、食指将有折印的地方捏平，左手略松开钞券。

步骤 5　右手食指将腰条纸的余端掖在凹面瓦形里，再用右手拇指、食指压紧、捏平腰条折印，把钞券抚平即可。

扎好的票币如图 2.8 所示。

图 2.7

图 2.8

2.1.3　手持式点钞方法

手持式点钞是将钞券拿在手上进行清点的点钞方法。手持式点钞一般有手持式单指单张点钞、手持式单指多张点钞、手持式多指多张点钞、扇面式点钞等方法。

1. 手持式单指单张点钞法

这是点钞中最基本，也是最常用的一种方法，使用范围较广，频率较高，适用于收款、付款和整点各种新旧大小钞票。

其优点是：由于持票面积小，清点钞票时能看到票面的 3/4，逐张捻动手感强，因此容易发现假钞，便于挑剔残破券；其缺点是点一张计一个数，比较费力。

其基本要领如下。

（1）持钞

用左手中指和无名指夹住钞券的左端中间，食指和中指在前面，中指弯曲，食指伸直；无名指和小指放在钞券后面，并自然弯曲，右手将钞券向上翻起呈瓦形，并用左手拇指捏住钞票里侧边缘向外推，右手协助左手拇指，使钞票打开呈微扇形状；右手拇指、食指、中指蘸水做好点钞准备。持钞姿势如图 2.9 所示。

（2）点钞

左手持钞稍斜，捻钞从右上角开始，用右手拇指尖向下捻动钞票的右上角，拇指尽量不要抬起离开钞票，动作的幅度也不宜太大，以免影响速度；右手食指在票币背后配合拇指捻动，无名指将捻下来的钞票往怀里方向弹，每捻下一张弹一次，要注意轻点快弹。同时，左手拇指也要配合动作，当右手将钞券下捻时，左手拇指要随即向后移动，并用指尖向外推动钞券，以便捻钞时下钞均匀边点边计数，如图 2.10 所示。

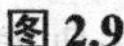

图 2.9

图 2.10

在这一环节中，要注意中指翘起不要触及票面，以免妨碍无名指动作；右手拇指捻钞时，主要负责将钞券捻开，下钞主要靠无名指弹拨。

（3）挑残破券

在清点过程中，如果发现残破券，应按剔旧标准将其挑出。为了不影响点钞速度，点钞时不要急于抽出残破券，只要用右手中指、无名指夹住残破券将其折向外边，待点完 100 张后再将残破券抽出，补上完整券即可。

（4）计数

在清点钞券的同时要计数。由于单指单张每次只捻一张钞券，因此计数也必须一张一张计，直至计到 100 张。从 1 到 100 的数中，绝大多数是两位数，计数速度往往跟不上捻钞速度，所以必须巧记——通常可采用分组计数法。

3 种分组计数方法的具体内容如下。

① 第 1 种分组计数方法

1、2、3、4、5、6、7、8、9、10、11、12、13、14、15、16、17、18、19、20（或 2）
1、2、3、4、5、6、7、8、9、3（代表 30）
1、2、3、4、5、6、7、8、9、4（代表 40）
…
1、2、3、4、5、6、7、8、9、10（代表 100）

这种方法是每 100 个数编成 8 个组，开始计数时习惯从 1 一直往下数，数到 20 个数时，可以计 20，也可以计为 2，然后再从 1、2、…数到 9，9 后面就计为 3（表示 30）。以此类推，直到最后一组最后的一个数是 10，表示 100，这样正好是 100 张。

② 第 2 种分组计数方法

1、2、3、4、5、6、7、8、9、1（代表 10）
1、2、3、4、5、6、7、8、9、2（代表 20）
1、2、3、4、5、6、7、8、9、3（代表 30）
…
1、2、3、4、5、6、7、8、9、10（代表 100）

第1行的最后一个数字1，表示10；最后一行的10，表示100，这样正好100张。

这种方法是每100个数编成10个组，每个组都由10个1位数组成，前面9个数都表示张数，最后一个数既表示这一组的第10张，又表示这个组的组序号码，即第几组。这样，在点数时计数的频率和捻钞的速度能基本吻合。

③ 第3种分组计数方法

1、2、3、4、5、6、7、8、9、10

2、2、3、4、5、6、7、8、9、10

3、2、3、4、5、6、7、8、9、10

…

10、2、3、4、5、6、7、8、9、10

这种计数方法的原则与前两种相同，不同的是把组的号码放在每组数的前面。

这3种计数方法既简捷迅速又省力好记，有利于准确计数，特别是第1种和第2种。计数时要注意不要念出声来，要用心计，做到手、眼、脑三者密切配合。

(5) 扎把、盖章

扎把方法可依据前面介绍的3种方法选择其一。扎把也是点钞的一个重要环节，是影响点钞速度快慢的关键，扎把时要注意将钞券横竖墩齐后再扎，印章要盖得清晰。

2. 手持式单指多张点钞法

手持式单指多张点钞是在手持式单指单张点钞的基础上发展起来的，适用于收款、付款和整点工作。各种钞券的清点都可以使用这种点钞方法。

其优点是点钞效率高，计数简单省力。但是由于拇指一次捻下几张钞券，除第1张外，后面几张看到的票面较少，故不易发现残破券和假钞。这种点钞的操作方法除了清点和计数外，其他均与手持式单指单张点钞方法相同。

单指多张

(1) 持钞

与单指单张点钞的持钞方法相同。

(2) 点钞

清点时，右手拇指肚放在钞券正面的右上角，拇指尖略超过票面。例如，点2张，先用拇指肚捻下第1张，拇指尖捻下第2张；再如，点3张，先用拇指肚捻下第1张、第2张，然后用拇指尖捻下第3张。要注意拇指均衡用力，捻得幅度也不要太大，食指、中指在钞券后面配合拇指捻动，无名指向怀里弹；在右手拇指往下捻动的同时，左手拇指稍抬，使票面拱起，从侧边分层错开，便于看清张数；左手拇指在拨钞的同时下按其余钞票，左右两手拇指一起一落协调动作，如此循环，直至点完，如图2.11、图2.12所示。

(3) 计数

采用分组计数法，如点2张，以2张为一组计一个数，50组就是100张；如点3张，即以3张为一组计一个数，33组余1张就是100张；以此类推。

(4) 扎把、盖章

与单指单张点钞法相同。

图 2.11（点 2 张）

图 2.12（点 3 张）

3. 手持式多指多张点钞法

手持式多指多张点钞法是指点钞时用小指、无名指、中指、食指依次捻下一张钞票，一次清点 4 张钞票的方法，也叫四指四张点钞法。这种点钞方法不仅省力、省脑，而且效率高，点钞轻松、计数省力，方便、快速，适合复点、比赛时用。

手持式多指多张点钞的持钞方法常用的有以下两种方法。

多指多张

（1）第 1 种

这种持钞的优点是钞券不易散落，速度快，准确度高。

① 持钞

左手竖拿钞券左侧 1/3 处，钞券右侧朝下，左手食指顶住钞券左侧上端，中指、无名指、小指卡住钞券外侧边缘，拇指卡住钞券里侧边缘；把钞券压成瓦形，右手脱下腰条纸，并扶起钞券的另一端向上弯成 U 形，左手各指变换位置，左手拇指卡住 U 形钞券的里侧边缘，中指、无名指、小指卡住 U 形钞券的外侧边缘，食指稍弯曲在 U 形里侧抵住钞券背面中上方，U 形固定，U 形口朝上，如图 2.13 所示。

② 点钞

右手小指先从 U 形钞券的上端（贴近左手拇指的地方）捻起第 1 张，紧接着右手无名指、中指、食指捻起第 2、3、4 张，一指一张，并向身体前方拨钞，四指每捻起一次为一个轮回，循环操作，四指连续拨钞的动作好像一个顺时针旋转的齿轮，动作非常优美，如图 2.14 所示。

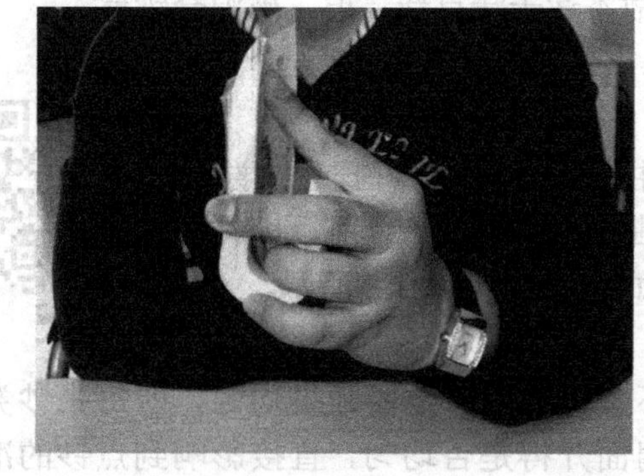
图 2.13

图 2.14

③ 计数

采用分组计数法，每4张为一组，计一个数，计满25组为100张。

④ 挑残破票

点数时如果发现残破票，用两手指捏住（其他手指松开）向外折叠，露出一端，等一把钞券点完后，左手将钞券横立桌上，用右手捏住，左手将残破票抽出，补上好票。

⑤ 扎把、盖章

与单指单张点钞法相同。

（2）第2种

这种持钞方法的优点是持钞姿势优美，缺点是钞券容易散落。

左手小指、无名指夹住钞券左侧顶端，左手拇指卡住钞券里侧边缘，左手中指卡住钞券外侧边缘，左手食指弯曲顶住钞券背面上侧，右手把钞券弯成瓦形，使钞票右上角稍向后倾斜成弧形，便于点数。

点钞方法同前一种，用四指拨钞。

持钞、点钞的示意如图2.15、图2.16所示。

图2.15

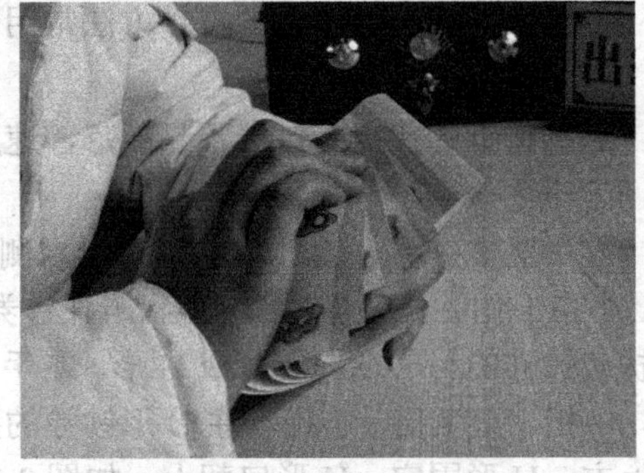

图2.16

4. 扇面式点钞法

把钞票捻成扇面状进行清点的方法叫作扇面式点钞法。这种点钞方法速度快，最适合用于整点新券及复点，是手工点钞中效率最高的。但这种点钞方法在清点时往往只看票边，票面可视面极小，不便挑剔残破券和鉴别假票，故不适于清点新、旧、破混合钞票。

扇面点钞法一般有持钞、开扇、清点、计数、合扇、墩齐或扎把6个基本环节。

（1）持钞

扇面式

左手竖拿钞券，左手拇指在钞票前，食指和中指在票后，一并捏住钞券左下部约1/4～1/3处，左手无名指和小指自然弯曲。右手拇指在票前，其余四指横在票后约1/2处，用右手虎口卡住钞券，如图2.17、图2.18所示。

（2）开扇

开扇也叫打扇面，是扇面点钞中最关键的环节。扇面一定要开得均匀，即每张钞券的间隔要均匀，使之在清点过程中不易夹张。扇面开得是否均匀，直接影响到点钞的准确性。

图 2.17

图 2.18

开扇一般是用左右手一起协调配合完成的，也有用单手完成的。单手开扇速度快，效率高，但难度较大。双手开扇易学，容易掌握，操作要领如下。

打扇面时，以左手拇指与中指捏住的点为轴，右手食指和中指将钞券向怀里左下方压，用右手腕把钞券压弯，稍用力往怀里方向从右侧向左侧转动，转到左侧时右手将压弯的钞券向左上方推起，拇指和食指向左捻动，左手拇指和中指在右手捻动时略放松，并从右向左捻动。这样反复操作，右手拇指逐次由钞券中部向下移动，移至右下角时即可将钞券推成扇形面。使用此法开扇时，应注意两手的动作是同时并连续进行的，如图 2.19 所示。

(3) 清点

扇面清点钞票的方法有 3 种：扇面式一按多张、扇面式两指交替和扇面式四指多张。

① 扇面式一按多张清点。左手持扇面，右手中指、无名指、小指托住钞票背面，拇指在钞票右上角 1 厘米处，一次按下 4 张、5 张、……、10 张；按下后用食指压住，拇指继续向前按第 2 次（为了准确、方便、快速计数，拇指每次按下的张数应相同，且按下的张数不宜过多），以此类推。

清点时，左手同时应随右手点数进度向内转动扇面，以迎合右手按动，右手右臂的肘部也随着点数的进度自然向左移动，这样就不会因为右手向左伸得太远而影响速度。这样拇指单指前进，直到点完 100 张为止，如图 2.20 所示。

图 2.19

图 2.20

② 扇面式两指交替清点。左手持扇面，右手拇指在钞票右上角 1 厘米处，一次按下 4 张、5 张、……、10 张，然后右手食指接着数第 2 个 4 张、5 张、……、10 张。食指点完

后，接着拇指、食指分别开始第2轮的按下4张、5张、……、10张，以此类推。

这种方法是右手拇指、食指两指交替前进。同时，随着拇指与食指的交替清点，右手右臂逐步向左移动，直到点完100张为止，如图2.21所示。

③ 扇面式四指多张清点。左手持扇面，先用右手拇指查点第1个4张、5张、……、10张，然后食指接着数第2个4张、5张、……、10张，中指、无名指依次接着点第3个、第4个4张、5张、……、10张，右臂要随各手指点数轻轻向左移动。当无名指点完时，拇指则由里边迅速越上去接着点第5个4张、5张、……、10张（即开始第2轮的操作），4个手指依次反复清点，直到点完100张为止，如图2.22所示。

图 2.21

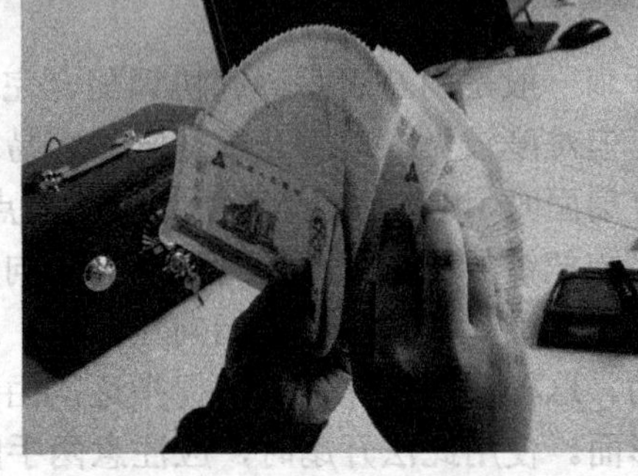

图 2.22

（4）计数

采用分组计数法。一次按4张，即每4张为一组，计满25组为100张；一次按5张，即每5张，为一组，计满20组即为100张，以此类推。

（5）合扇

清点完毕即可合扇。合扇时，将左手向右侧，右手用4个手指稍弯曲托住钞票的右侧，由右往左合，左右手指稍往中间一起用力，使钞票竖立在桌面上，两手松拢轻墩，然后再把钞票横执墩齐做扎把准备（扎把方法与单指单张点钞法相同）。

2.1.4 手按式点钞方法

手按式点钞法是将钞券平放在桌面上进行清点的点钞方法。一般可分为单张点钞，双张点钞，三张、四张点钞等多种方法。

这种方法的优点是可以发挥桌面的辅助作用，钞票不容易散落；缺点是由于无法弹拨，不能做到手指间的分工合作，因此速度不快。

1. 手按式单张点钞

手按式单张点钞法是一种传统的点钞方法，在我国流传甚广，适用于收付款和整点各种新旧大小钞券。由于这种点钞方法逐张清点，看到的票面较大，便于挑剔破损券，因此特别适合清点散把钞券和辅币及残破券多的钞券。

其基本操作要领如下。

将钞票平放在桌面上，正对自己；用左手的小指、无名指压住钞票的左上方约 1/4 处；用右手拇指托起部分钞票的右下角；右手食指捻动钞票，每捻动一张，左手拇指即往上推动送至左手食指、中指之间夹住，即完成了一次点钞动作，以后依次连续操作，如图 2.23 所示。

计数方法与手持式单指单张相同，采用分组计数法，以 10 为一组计数。

2. 手按式双张点钞

这种点钞法适用于收款、付款和整点各种新旧主币、角币。它的主要优点是速度比手按式单张点钞法快一些；缺点是挑残破券不方便，因此不适用于整点残破券多的钞票，且这种方法的劳动强度也较大。

其基本操作要领如下。

将钞券斜放在桌上，左手的小指、无名指压在钞券的左上方约占票面的 1/4 处，然后用右手食指在钞券的右上角捻起第 1 张，然后用中指再捻起第 2 张，捻起的这 2 张钞票由左手拇指往上推送到左手食指、中指间夹住，以后依次连续操作，如图 2.24 所示。

计数采用分组计数，2 张为一组计一个数，数到 50 就是 100 张。

图 2.23

图 2.24

3. 手按式三张、四张点钞

手按式三张、四张点钞法是在手按式单张基础上发展起来的点钞方法，因此其点钞的方式与手按式单张、双张基本相同，只是清点、计数方法略有不同。但由于除第 1 张外，其余各张所能看到的票面较小，因此手按式三张、四张点钞法不宜整点残破券多的钞券，只适用于收付款和整点各种新旧主币、角币。它在速度上明显快于手按式单张和双张点钞法。

其基本操作要领如下。

三张、四张点钞时，左手压钞的方法与双张点钞相同，三张点钞时，先用食指捻动第 1 张，随后用中指、无名指顺序捻起第 2 张和第 3 张；四张点钞时，先用食指捻起第 1 张，随后中指、无名指和小指分别捻起第 2 张、第 3 张、第 4 张；将捻起的 3 张或 4 张钞券用左手拇指向上推送到左手的食指和中指之间夹住，如图 2.25、图 2.26 所示。

图 2.25

图 2.26

在三张、四张点钞时，右手手指的操作顺序上，也可以先用小指捻起第 1 张，随后无名指、中指、食指顺序捻起第 2 张、第 3 张、第 4 张，将捻起的 3 张或 4 张钞券用左手拇指向上推送到左手的食指和中指间夹住。

三张、四张点钞可采用分组计数。三张点钞，3 张为一组计一个数，数到 33 组还剩一张即为 100 张；四张点钞，4 张为一组计一个数，数到 25 组即为 100 张。

2.1.5 硬币整点方法

硬币也称铸币或硬辅币，就是金属的货币。硬币主要用作辅币（如 1 角、5 角），也有小部分用作主币（如 1 元硬币）和纪念币（金属货币）。主币、辅币均属于国家法定货币，与同面额的纸币价值相等，同时在市场上混合流通。

硬币的整点方法有两种：一是手工整点；二是工具整点。手工整点硬币一般用在收款时收点硬币尾零款；大批硬币整点需要用工具。

1. 手工整点硬币

当数量较少的硬币汇在一起时，可以先按由大到小的顺序挑拣分类，因为大的覆盖面大，比较好选，然后再按个数与面额分别清算。

手工整点成卷硬币，一般分为拆卷、清点、计数、包装、盖章 5 个环节。

（1）拆卷

右手持硬币卷的 1/3 部位，放在待清点完包装纸的中间，左手撕开硬币包装纸的一头，然后右手大拇指向下从左到右端开包装纸，把纸从卷上面压开后，左手食指平压硬币，右手抽出已压开的包装纸，这样即可准备清点。

（2）清点

用右手拇指和食指将硬币分组清点。每次清点的枚数由个人技术熟练程度而定，可一次清点 5 枚或 10 枚，也可一次清点 12 枚、14 枚、16 枚等。为保证清点准确无误，可从中间分开查看。例如，一次点 10 枚，即从中间分开，一边为 5 枚，以此类推。

（3）计数

采用分组计数法，一组为一次。例如，一次清点 10 枚，那么点 10 次即为 100 枚。

(4) 包装

清点完毕即可包装，硬币每百枚包一卷。包装时，用双手的无名指分别顶住硬币的两头，用拇指、食指、中指捏住硬币的两端，再用双手拇指把里半边的包装纸向外掀起，并用食指掖在硬币底部，然后用右手掌心用力向外推卷，随后用双手的拇指、食指和中指分别把两头包装纸向中间方向折压紧贴硬币，再用拇指将后面的包装纸往前压，食指将前面的包装纸向后压使包装纸与硬币贴紧，最后再用拇指、食指向前推币，这样即包装完毕。包装的硬币要求紧，不能松，两端不能露出硬币。

(5) 盖章

硬币包装完毕后，横放在桌面上。用右手将人名章贴在最前面一卷的右端，用左手掌心推动硬币卷向前滚动，右手将人名章逐一盖在硬币卷的右端。

2. 工具整点硬币

工具整点硬币是指对大批的硬币用整点工具进行整点。其具体操作步骤如下。

步骤 1　拆卷。

拆卷有以下 2 种方法。

① 震裂法拆卷。用双手的拇指与食指、中指捏住硬币的两端向下震动，在震动的同时左手稍向里扭动，右手稍向外扭动。

② 刀划法拆卷。首先在硬币整点器的右端安装一个坚硬刃向上的刀片，拆卷时用双手的拇指、食指、中指捏住硬币的两端，从左端向右端从刀刃上划过，这样做可使包装纸被刀刃划破一道口，硬币进入整点器盘内，然后将被划开的包装纸拿开，准备点数。

步骤 2　清点。

将硬币放入整点器内进行清点时，用双手食指扶在整点器的两端，拇指推动弹簧轴，眼睛从左端到右端，看清每格内是否是 5 枚，如有氧化变形币或伪币要随时挑出，并如数补充，然后准备包装。

步骤 3　包装。

工具整点硬币的包装方法与手工整点硬币的方法相同。

2.1.6　机器点钞

机器点钞就是使用点钞机整点钞券以代替手工整点。点钞机是一种自动清点钞券数目的机电一体化装置，一般带有荧光检测、磁性检测、红外穿透检测和激光检测等功能。它比手工点钞效率高得多，每小时可点 5 万张左右，已广泛应用于各金融行业和有现金流的各企、事业单位。

由于现金流通规模庞大，点钞机已成为点钞人员点钞的得力助手和不可缺少的设备，特别是遇到可疑钞券时，点钞机的多种检测功能更能帮助工作人员辨别真伪。使用机器整点票币，既可以减轻点钞人员的劳动强度，还可以提高点钞的工作效率，改善服务质量等。

1. 点钞前的准备工作

(1) 放置好点钞机

点钞机放置的位置应该避开强光源，如果光线过强，会使硅光电池产生损坏、短路等问题，缩短点钞机的使用寿命。

(2) 放置好钞券和工具

把待点的钞票理好，码放整齐，一般未点的钞券放在机器右侧，按大小票面顺序分开排列，切不可大小夹杂排列；经复点的钞券放在机器左侧；其他各种用具的放置要适当、顺手。为便于分张和下钞流畅，对于压紧的纸币应拍松后再捻开，否则容易下双张或“拥塞”的现象。

(3) 试机

打开电源，使用时先确定一下点钞机是否处于智能状态（相应的指示灯点亮）。荧光数码显示如果不是 00，那么按 0 键，使其复位为 0。调试一般要求达到不松、不紧、不吃、不塞的标准，力求下钞流畅、点钞准确、转速均匀、落钞整齐。

2. 点钞机操作程序

点钞机的操作程序与手工点钞的操作程序基本相同。

步骤 1　持券拆把。

右手捏住钞票右上角，左手将捆钞纸条撕下，放在桌上不要丢掉，以便查错用，并顺势将钞票捻成前低后高的坡形，这样即可将钞券放入下钞斗。

步骤 2　清点。

下钞时，点钞员的眼睛要注意输钞带上的钞券面额，看钞券是否夹有其他票券、损伤券等。处于智能状态的点钞机，在清点过程中如果发现假币，机器就会自动停止，蜂鸣器发出“嘟嘟”几声报警信号，或者在任意工作状态下指示灯亮，并且闪烁。这时取出假币后按启动键可继续清点。

步骤 3　计数。

整把钞券下张完毕后，要查看数码显示是否为 100。如果不是 100，必须重新复点。在复点前，应先将数码显示设置为 00 状态，并保管好原把腰条纸。如果经复点仍是原数，又无其他不正常因素时，说明该把钞券张数有误，应立即将钞券连同原腰条纸用新的腰条纸一起扎好，并在新的腰条纸上写上差错张数，另做处理。

步骤 4　取券、扎把、盖章。

在取出刚点完的钞券时，特别要注意取净，防止“吃钞”，造成混把；一把点完，计数为百张，无误后墩齐即可扎把、盖章。

3. 机器点钞注意事项

① 在机器点钞过程中，如果下钞正常，目光要集中在输钞带上，直至下钞完毕，目光再移到数码显示上，看余额是否准确。

② 在取出刚点完的钞票时，要特别注意取净，防止落下，造成混把。

③ 点完一个单位的钞票后，要清理一次机器底下，看是否有遗张。特别是在发现少款

的情况时，要仔细检查输钞带、捻钞轮底下是否有“吃钞”的情况存在。

4. 机器点钞容易发生的差错

① 接钞台留张。左手到接钞台取钞时，有时会漏拿一张，造成留张。

② 机器“吃钞”。钞券较旧，很容易卷到输钞轴上或带进机器腔内。

③ 多计数。钞券破裂，或者一把钞券内残留纸条、杂物等，也会造成多计数。

④ 计数不准。计数不准除了电路毛病和钞券本身的问题外，光电管、小灯泡积灰，或者电源异常、电压大幅度升降都会造成多计数或少计数。

5. 点钞机的日常保养

“工欲善其事，必先利其器”。仅仅能使用好点钞机是不够的，还应注意对点钞机进行日常的保养和维护。这主要包括以下 3 点。

(1) 除尘

保养点钞机最重要的一点就是除尘，如果积尘过多会造成计数、识别不准确，而灰尘也不利于人的身体健康，因此每星期至少用毛刷清扫灰尘一次，防止灰尘沉积。

机器内灰尘沉积较多的地方是紫外灯管。紫外灯管是点钞机利用光学技术进行鉴伪的光源，当它被遮挡时，光源的强度就要下降，这时鉴伪的灵敏度也会随之下降。

(2) 及时更换易损件

点钞机的易损件主要包括橡胶器件和紫光灯管。橡胶器件在使用一段时间后会由于磨损而导致摩擦力下降，从而使机器的性能也随之下降。紫外灯管在工作一段时间后紫外光的发射能力也会下降，从而导致机器的鉴伪能力下降。

(3) 调节点钞的间隙

点钞机有一个调节摩擦力的机构，外形类似于圆形的钮，可称之为旋钮。将其顺时针调整，摩擦力增加；逆时针调整，摩擦力减小。一般调节两圈就可以了。

另外，使用完点钞机后，应及时关闭电源。这样既能延长点钞机的使用寿命，又能节约用电。

2.2 验钞技术

人民币是我国的法定货币，在商品经济条件下，充当着不可替代的重要角色。假钞让很多无辜的人不知不觉受到损失，严重干扰国家正常的经济秩序，损害国家货币的信誉，破坏国家的经济发展，对国家在国际上的信用会带来极大的负面影响，甚至酿成经济危机和社会危机。制贩假钞是一种严重的经济犯罪行为，应予以严厉打击。

随着网络的发展，无现金支付走进了我们的生活，消费支付不再只有纸币一种选择。虽然手机移动支付在一定程度上降低了假钞流通的概率，但现金在未来相当长的一段时间里，仍会在我们的生活中扮演重要角色，所以掌握一些鉴伪知识是有必要的。

2.2.1 第五套人民币的常识

1. 第五套人民币的面额种类

自中华人民共和国成立以来我国共发行了5套人民币，第五套人民币分为1999年版、2005年版、2015年版和2019年版。现行流通的第五套人民币共有100元、50元、20元、10元、5元、1元、5角和1角8种面额。其中，1元有纸币、硬币2种。

为更好地保护人民币持有人的利益，需要根据科学技术的发展，不断提高钞票的防伪技术和印制质量，保持人民币防伪技术的领先地位。

2. 2015年11月12日发行第五套人民币100元纸币

2015年新版百元人民币在保持2005年版纸币规格、正背面主图案、主色调、“中国人民银行”行名、国徽、盲文和汉语拼音行名、民族文字等不变的前提下，对部分图案做了适当调整，对整体防伪性能进行了提升，如图2.27所示。

图2.27

从正面图案来看，票面中部增加了光彩光变数字“100”，其下方团花中央花卉图案调整为紫色；取消左下角光变油墨面额数字，调整为胶印对印图案，其上方为双色横号码；正面主景图案右侧增加光变镂空开窗安全线和竖号码；右上角面额数字由横排改为竖排，并对数字样式进行了调整。

从背面图案来看，票面年号改为“2015年”；取消了右侧全息磁性开窗安全线和右下角防复印图案；调整了面额数字样式、票面局部装饰图案色彩和胶印对印图案及其位置。

3. 第五套人民币的主景、背景图案

第五套人民币各面额正面均采用毛泽东同志在新中国初期的头像，底衬采用了我国著名花卉图案，背面主景图案分别选用了人民大会堂、布达拉宫、桂林山水、长江三峡、泰山、杭州西湖。背面主景图案通过选用有代表性的、富有民族特色的图案，充分表现了中国悠久的历史和壮丽的山河，弘扬了伟大的中华民族文化。

4. 第五套人民币的样式

第五套人民币2015年版、2005年版的样币如图2.28所示。

图 2.28

图 2.28（续）

根据央行公告，2019 年版第五套人民币 50 元、20 元、10 元、1 元纸币分别保持 2005 年版第五套人民币 50 元、20 元、10 元纸币和 1999 年版第五套人民币 1 元纸币规格、主图案、主色调、“中国人民银行”行名、国徽、盲文面额标记、汉语拼音行名、民族文字等要素不变，提高了票面色彩鲜亮度，优化了票面结构层次和效果，提升了整体防伪性能。2019 年版第五套人民币 50 元、20 元、10 元、1 元纸币调整正面毛泽东同志头像、装饰团花、横号码、背面主景和正背面面额数字的样式，增加正面左侧装饰纹样，取消正面右侧凹印手感线和背面右下角局部图案，票面年号改为“2019 年”，如图 2.29 所示。

图 2.29

正面中部面额数字分别调整为光彩光变面额数字“20”“10”，取消全息磁性开窗安全线，调整左侧胶印对印图案，右侧增加光变镂空开窗安全线和竖号码。

正面左侧增加面额数字白水印，取消左下角装饰纹样。

图 2.29（续）

图 2.29（续）

2.2.2 第五套人民币的防伪常识

1. 2015 年版 100 元纸币防伪特征

2015 年版 100 元纸币防伪特征如图 2.30 所示。

图 2.30

① 光变镂空开窗安全线位于票面正面右侧。垂直票面观察时，安全线颜色呈品红色，与票面呈一定角度后观察，安全线变为绿色；透光观察时，可见安全线中正反交替排列的镂空文字“¥100”。

② 光彩光变数字。在票面正面中部印有光彩光变数字。垂直观察票面时，数字 100 以金色为主；平视观察票面时，数字 100 以绿色为主。随着观察角度的改变，数字 100 的颜色在金色和绿色之间交替变化，并可见到一条亮光带在数字上下滚动。

③ 人像水印。人像水印清晰度明显提升，层次更加丰富。透光观察时，可见毛泽东同志头像。

④ 胶印对印图案。票面正面左下方和背面右下方均有面额数字100的局部团。透光观察时，正背面组成一个完整的面额数字100。

⑤ 横竖双号码。票面正面左下方采用横号码，其冠字和前两位数字为暗红色，后6位数字为黑色；右侧竖号码为蓝色。

⑥ 白水印。位于票面正面横号码下方。透光观察时，可以看到透光性很强的水印面额数字100。

⑦ 雕刻凹印。票面正面，毛泽东同志头像、国徽、“中国人民银行”行名、右上角面额数字、盲文及背面人民大会堂等均采用雕刻凹印印刷，用手指触摸有明显的凹凸感。

2. 2005年版纸币防伪特征

① 固定水印。水印位于各种票面正面左侧的空白处，迎光透视，就可以看见。100元、50元纸币的固定水印为毛泽东同志头像图案；20元、10元、5元纸币的固定水印分别为荷花、月季花和水仙花图案。2005年版和1999年版仿伪特征的不同之处是：2005年版各种票面的纸币都采用了双水印，在100元、50元、20元、10元、5元纸币正面双色异形横号码的下方，仰光透视，就可以看到透光性很强的水印100、50、20、10、5字样。

② 红、蓝彩色纤维。在各券别票面上均可以看到纸张中有不规则分布的红色和蓝色纤维。

③ 安全线。在各券别票面正面中间偏左，均有一条安全线。100元、50元纸币的安全线迎光透视，分别可以看到缩微文字RMB100、RMB50，用仪器检测均有磁性；10元、5元纸币安全线均为开窗式，即安全线局部埋入纸张中，局部裸露在纸面上，开窗部分分别可以看到由缩微字符¥10、¥5组成的全息图案，用仪器检测均有磁性；20元纸币，迎光透视，则是一条明暗相间的安全线。

④ 手工雕刻头像。各券别正面主景均为毛泽东同志头像，采用手工雕刻凹版印刷工艺，形象逼真、传神，凹凸感强，易于识别。

⑤ 隐形面额数字。各券别正面右上方均有一装饰图案，将票面置于与眼睛接近平行的位置，面对光源做平面旋转45°或90°，分别可看到面额数字100、50、20、10、5字样。

⑥ 胶印缩微文字。各券别正面胶印图案中，多处均印有缩微文字，20元纸币背面也有该防伪措施。100元缩微文字为RMB100、50元为RMB50、20元为RMB20、10元为RMB10、5元为RMB5等，大多隐藏在花饰中。

⑦ 雕刻凹版印刷。各券别正面主景毛泽东同志头像、“中国人民银行”行名、面额数字、盲文面额标记和背面主景图案（20元纸币除外）等均采用雕刻凹版印刷，用手指触摸有明显凹凸感。

⑧ 冠字号码。各券别冠字号码均采用2位冠字，8位号码。100元、50元纸币票面正面均采用横竖双号码印刷，横号码均为黑色，竖号码分别为蓝色和红色；20元、10元、5元票面正面均采用双色横号码印刷，左侧部分均为红色，右侧部分均为黑色。

⑨ 光变油墨面额数字。100元、50元票面正面左下方分别印有100、50字样，该字样从票面垂直角度观察分别为绿色和金色，倾斜一定角度观察则分别变为蓝色和绿色。

⑩ 阴阳互补对印图案。100元、50元、10元票面正面左下角和背面右下角均有一圆形局部图案，迎光透视，均可以看到正背面图案合并组成一个完整的古钱币图案。

每个国家的货币每隔 5 至 7 年就应更新一次防伪技术，因为在这段时间中，伪造者有可能学会这些防伪技术。但如果经常更换新样式，货币变化太多、太快，民众不容易记清真币的画面情况，反而会给造假者可乘之机。

2. 硬币防伪特征

第五套人民币的硬币有 1 元、5 角、1 角。2000 年以来的硬币，侧面有 RMB 三个字母，没有这些字母的均为假币。

① 1 元硬币的色泽为镍白色，直径为 25 毫米，正面为"中国人民银行"字样、"1 元"和汉语拼音字母 YIYUAN 及年号，背面为菊花图案及中国人民银行的汉语拼音字母 ZHONGGUO RENMIN YINHANG。硬币材质为钢芯镀镍，币外缘为圆柱面，并印有 RMB 字符标记。

② 5 角硬币色泽为金黄色（2019 版改为镍白色），直径为 20.5 毫米，正面为"中国人民银行"字样、面额和汉语拼音字母 WUJIAO 及年号，背面为荷花图案及中国人民银行的汉语拼音字母 ZHONGGUO RENMIN YINHANG。硬币材质为钢芯镀铜合金（2019 版改为钢芯镀镍），币外缘为间断丝齿，共有 6 个丝齿段，每个丝齿段有 8 个齿距相等的丝齿；正背面内周缘 2019 版由圆形调整为多边形。

③ 1 角硬币的色泽为铝白色，直径为 19 毫米，正面为"中国人民银行"字样、"1 角"和汉语拼音字母 YIJIAO 及年号；背面为兰花图案及中国人民银行的汉语拼音字母 ZHONGGUO RENMIN YINHANG。硬币材质为铝合金，币外缘为圆柱面；2019 版在正面边部增加圆点。

2.2.3 假币的识别方法及处理规定

1. 假币的概念

假币是指仿照真币纸张、图案、水印、安全线等原样，利用各种技术手段非法制作的伪币。假币按照其制作方法和手段，大体可分为伪造币、变造币两种类型。

① 伪造币是指仿照真币原样，利用各种手段非法重新伪制的各类假票币。

② 变造币是指在真币基础上或以真币为基本材料，通过挖补、剪接、涂改、揭层、拼凑、移位、重印等办法加工处理，改变真币原形态的假币。

假币可通过机制、拓印、复印、照相、描绘、石版、木版、蜡版、油印等手段制作。其中，电子扫描分色制版印刷的机制假币数量最多，伪造水平较高，危害性最大。目前所发现的一些假人民币，已开始仿造有水印、安全线、变色油墨、微缩文字等仿伪技术。犯罪分子改变过去直接在假人民币背面用淡色油墨盖上水印图案的做法，而是将假币揭层后，在夹层中印上水印图案，虽然这种假水印无法与真钞相比，缺乏人像神采和立体感，却具有很大的欺骗性。

2. 假币的特征

① 水印缺乏立体感和层次感，用浅色油墨印上或在纸的夹层中涂上白色糊状物，然后

压印上水印图章。

② 手摸没有凹凸感。

③ 图纹图案颜色套不准，常常有断条、重复、留白情况。

④ 磁性不足或根本没有磁性。

⑤ 在紫光灯下有的假币没有汉语拼音和阿拉伯数字字样，有的虽能看出汉语拼音和阿拉伯数字，但色彩偏白、偏淡。

⑥ 假币常在纸张中夹入一条银白色塑料线，有时两头露出未剪齐的断头。

3. 人民币真伪识别"四法"

识别人民币纸币真伪，通常采用"一看、二摸、三听、四测"的方法。

(1) 一看

① 看水印。假币的固定人像水印及 100 白水印均用无色油墨直接印在纸张正面，水印模糊，没有立体感。

② 看安全线。以 HD90、HB90 打头的 100 元假币有两种安全线：一种是用银黑色磁带夹在正背面纸张中，并在背面用银色油墨烫印全息图案；另一种为用黑色油墨在假币正面印刷黑色条纹，背面用银色油墨烫印全息图案，并刷上磁粉。

③ 看光变油墨。假币是用珠光油墨印制而成的，无光变效果。

④ 看隐形面额数字。以 HD90、HB90 等打头的假纸币隐形面额数字用无色油墨印刷，无须旋转角度即可看见面额 100 的字样。

⑤ 看票面图案是否清晰，色彩是否鲜艳，阴阳互补对印图案错位的纸币肯定是假币。另外，还可以用 5 倍以上放大镜观察票面，看图案线条、缩微文字是否清晰干净。

(2) 二摸

摸人像、盲文点、手工雕刻头像、"中国人民银行"等处是否有凹凸感，没有凹凸感的是假币。

(3) 三听

手持钞票用力抖动、手指轻弹或两手一张一弛轻轻对称拉动，能听到清脆响亮的声音。假币为机制胶印，纸质绵软，没有韧性，用手甩动时，声音沉闷。

(4) 四测

借助放大镜可以观察票面线条清晰度，胶、凹印缩微文字等；用紫外灯光照射票面，可以观察钞票纸张和油墨的荧光反应；用磁性检测仪可以检测出黑色横号码的磁性。

4. 发现假人民币的处理方法

① 单位的财会出纳人员，在收付现金时发现假币，应立即送交附近银行鉴别。

② 单位发现可疑币不能断定真假时，发现单位不得随意加盖假币戳记和没收，应向持币人说明情况，开具临时收据，连同可疑币及时报送当地人民银行鉴定。经人民银行鉴定确属假币时，应按发现假币后的办法处理；如果确定不是假币，应及时将钞票退还持币人。

③ 广大群众在日常生活中发现假币，应立即就近送交银行鉴定，并向公安机关和银行举报和提供有关详情，协助破案。

④ 银行收到假币时，应按规定予以没收，并当着顾客面在假币上加盖假币戳记印章，

同时，开具统一格式的假人民币没收收据给顾客，并将所收假币登记造册，妥善保管，定期上缴中国人民银行当地分支行。

⑤ 假币没收权属于银行、公安和司法部门。其他单位和个人如发现假币，应按上述办法处理或按当地反假币法规规定的办法办理。

2.3 人民币的使用

2.3.1 爱护与使用人民币的方法

人民币是中华人民共和国的法定货币，爱护使用人民币是每个公民的义务。使用人民币时应注意以下几点。

① 收付人民币要平铺整理，不要乱揉、乱折。

② 不得在人民币上乱涂、乱画、乱写和乱盖印记。

③ 出售带有油污、污染商品的收款人员，应把手擦干净再收款，以免弄脏人民币。

④ 防止化学药物对人民币的侵蚀，在生活中不要将肥皂、洗涤剂与人民币放在一起。

⑤ 用机具收付款时，应注意避免损伤人民币。

⑥ 不要在金属币上凿字、打眼、锤击、折弯等，以免使硬币变形和受损。

⑦ 对不宜继续使用的残缺人民币要及时粘补，及时到银行营业部门办理兑换。

⑧ 对在人民币上乱写、乱画的不良行为，要进行批评教育。

2.3.2 损伤、残缺人民币的处理办法

依据中国人民银行颁布的《残缺人民币兑换办法》，损伤、残缺人民币可以进行兑换。其具体规定如下。

1. 可持币向银行营业部门全额兑换的情况

① 票面残缺部分不超过 1/5，其余部分的图案、文字能照原样连接者。

② 票面污损、熏焦、水湿、油浸、变色，但能辨别真假，票面完整或残缺不超过 1/5，票面其余部分的图案、文字能照原样连接者。

2. 可半额兑换的情况

票面残缺 1/5～1/2，其余部分的图案、文字能照原样连接者，应持币向银行营业部门照原面额的半数兑换，但不得流通使用。

3. 不予兑换的情况

① 票面残缺 1/2 以上者。

② 票面污损、熏焦、水湿、变色不能辨别真假者。

③ 故意挖补、涂改、剪贴、拼凑、揭去一面者。

不予兑换的残缺人民币由中国人民银行收回销毁，不得流通使用。

及时回收市场流通中的损伤、残缺人民币，保持人民币的整洁，维护国家货币的信誉，需要企事业单位、广大群众、银行等各方面的配合。无论是单位还是个人，如果留有不宜流通的损伤、残缺人民币，不应再次使用或对外找付，应挑拣、粘补整理好，及时送存银行或办理兑换。

2.3.3 不宜流通人民币的挑拣标准

① 纸币票面缺少面积在 20 平方毫米以上的。

② 纸币票面裂口在两处以上，长度每处超过 5 毫米的；裂口一处，长度超过 10 毫米的。

③ 纸币票面有纸质较绵软，起皱较明显，脱色、变色、变形，不能保持其票面防伪功能等情形之一的。

④ 纸币票面污渍、涂写字迹面积超过 2 平方厘米的；不超过 2 平方厘米，但遮盖了防伪特征之一的。

⑤ 硬币有穿孔、裂口、变形、磨损、氧化，文字、面额数字、图案模糊不清等情形之一的。

2.3.4 法律常识

1. 《中国人民银行假币收缴、鉴定管理办法》第六条

金融机构在办理业务时发现假币，由该金融机构两名以上业务人员当面予以收缴。对假人民币纸币，应当面加盖“假币”字样的戳记；对假外币纸币及各种假硬币，应当面以统一格式的专用袋加封，封口处加盖“假币”字样戳记，并在专用袋上标明币种、券别、面额、张（枚）数、冠字号码、收缴人、复核人人名章等细项。收缴假币的金融机构向持有人出具中国人民银行统一印制的《假币收缴凭证》，并告知持有人如对被收缴的货币真伪有异议，可向中国人民银行当地分支机构或中国人民银行授权的当地鉴定机构申请鉴定。收缴的假币，不得再交予持有人。

2. 《中国人民银行假币收缴、鉴定管理办法》第十条

持有人对被收缴货币的真伪有异议，可以自收缴之日起 3 个工作日内持《假币收缴凭证》直接或通过收缴单位向中国人民银行当地分支机构或中国人民银行授权的当地鉴定机构提出书面鉴定申请。

中国人民银行分支机构和中国人民银行授权的鉴定机构应当无偿提供鉴定货币真伪的服务，鉴定后应出具中国人民银行统一印制的《货币真伪鉴定书》，并加盖货币鉴定专用章和鉴定人人名章。

3. 《中华人民共和国人民币管理条例》第三十二条

中国人民银行、公安机关发现伪造、变造的人民币，应当予以没收，加盖“假币”字

样的戳记，并登记造册；持有人对公安机关没收的人民币的真伪有异议的，可以向中国人民银行申请鉴定。公安机关应当将没收的伪造、变造的人民币解缴当地人民银行。

4.《中华人民共和国中国人民银行法》第四十二条

伪造、变造人民币，出售伪造、变造的人民币，或者明知是伪造、变造的人民币而运输，构成犯罪的，依法追究刑事责任；尚不构成犯罪的，由公安机关处15日以下拘留、10 000元以下罚款。

实训2

1. 手工点钞的基本方法有哪些？

2. 用手持式单指单张点钞法，对100张钞券抽张、清点、捆扎。考核标准如表2.1所示。

表2.1 考核标准

考核方式	考核标准	成 绩	备 注
单把	30秒以内	优	点钞方式：单指单张 考核内容：100张抽张点、捆 在正确率100%的基础上计算成绩；捆钞美观，且符合标准
	30～35秒	良	
	36～40秒	中等	
	41～45秒	及格	
	超过46秒	不及格	
多把	8把	优	点钞方式：单指单张 考核内容：5分钟计时点、捆 在正确率100%的基础上计算成绩；捆钞美观，且符合标准
	7把	良	
	6把	中等	
	5把	及格	
	低于5把	不及格	

3. 用手持式单指多张、多指多张、扇面式点钞法，对100张钞券抽张、清点、捆扎。

4. 用手按式单张、双张、三张、四张点钞法，对100张钞券抽张、清点、捆扎。

5. 什么是假人民币？假人民币有哪些主要类型？

6. 识别人民币真伪的基本方法是什么？

7. 发现假人民币后应如何处理？

8. 点钞机最重要的日常保养是什么？

9. 怎样处理损伤、残缺的人民币？

10. 不易流通人民币的挑拣标准是什么？

11. 怎样爱护与使用人民币？

第3章 珠算的加减计算技能

职业教育的学习目标

根据会计基础工作的规范要求，学生应熟练地掌握珠算加减法的运算方法，准确、快速地进行加减法的计算。

典型职业工作任务描述

1. 工作任务简述

根据经济业务的计算要求，准确地计算各种凭证、票据、会计账簿、会计报表等。

2. 涉及的业务领域

在会计、审计、统计、金融、税务和营销等工作中办理经济业务的所有岗位。

3. 其他说明

珠算加减法是会计职业的基本功。虽然计算机日益普及，但是在会计凭证的日常审核、会计报表的编制过程中，仍需要手工计算，因此提高珠算加减法的运算能力十分重要。

职业描述

1. 工作对象

各种会计凭证、会计账簿、会计报表。

2. 劳动工具

签字笔、算盘。

3. 劳动场所

从事各种经济工作的场所。

4. 资格和能力

持有会计专业技术资格证书，或者具有会计类专业学历（学位）或相关专业学历（学位）证书，且持续参加继续教育，具备从事会计工作所需要的专业能力。

能力训练

能力训练项目名称	拟实现的能力目标	相关支撑知识	训练方式、手段及步骤
珠算加法	① 能用算盘准确、迅速地进行加法运算 ② 能用一目两行的方法快速运算	① 加法拨珠方法 ② 加法口诀	① 直接加 ② 凑五加 ③ 进十加 ④ 破五进十加
珠算减法	① 能用算盘准确、迅速地进行减法运算 ② 能掌握算盘加减运算规律	① 减法拨珠方法 ② 减法口诀	① 直接减 ② 破五的减 ③ 退十的减 ④ 退十补五的减

3.1 珠算的基础知识

珠算是我国以算盘作为计算工具的一种传统算术方法，从古到今发挥了巨大的作用。2013年，中国第五大发明——珠算成功列入教科文组织人类非物质文化遗产目录。当今世界进入了电子时代，算盘受到了极大的冲击，但是根据我国的传统习惯和现实条件，以及财会、金融等实际工作的具体要求，珠算在经济工作中的作用仍然很大。因此，从事财会、金融工作的人员必须掌握这门计算技术。

3.1.1 算盘的种类和结构

1. 算盘的种类

算盘多种多样，目前常见的算盘有以下3种。

(1) 圆珠大算盘

算珠为圆形，上二珠下五珠，适用于三指拨珠，是我国传统算盘。其主要使用区域是山海关以南各省、市、区。

(2) 菱珠小算盘

算珠为菱形，传统型为上一珠下五珠，现多为上一珠下四珠，适用于二指拨珠。其主

要使用区域是东北地区。

（3）中型算盘

算珠多为菱形，上一珠下四珠，是圆珠大算盘的改进型，应该是三指拨珠，如果用二指拨珠则运算速度较慢。

现在人们普遍使用经过改进后的算盘，它增加了清盘器、计位点、垫脚等装置。

2. 算盘的结构

算盘一般是由以下几个部分组成的，如图 3.1 所示。

① 框。框是指算盘的四边——有上边、下边、左边、右边。

② 梁。梁是指算盘中间的横木。它将算珠分成上珠和下珠，以靠梁算珠表示数字。

③ 档。档是指串算珠的直杆，是表示数位的。

④ 珠。珠分为上、下珠，代表数字。上珠每颗代表 5，下珠每颗代表 1。

图 3.1

⑤ 定位点。定位点是指梁上的标记。在梁上每 3 位有一个黑点，与数字中的分节号相对应，起着定位、找位的作用。

⑥ 清盘器。清盘器是指算盘上边左侧的按钮。按动它，靠梁的算珠便会全部离梁靠边。清盘器用于清盘。

3. 珠算的常用名词

① 算盘。算盘是我国古代劳动人民创造的一种计算工具，是指按一定规格构成的算珠系统。古书中也称珠盘。

② 算珠（珠、珠子、算盘珠）。在计算中，由于其所处的空间位置不同，因此可以有不同赋值的珠子。算珠有圆珠和菱珠两种。

③ 内珠（梁珠）。靠梁的算珠叫内珠，又叫梁珠。它表示数字。

④ 外珠（框珠）。离梁靠框的算珠叫外珠，也叫框珠。它通常表示 0 和无数字，做补数运算时，也表示补数。

⑤ 带珠。拨珠时，把本档或者邻档不应拨入或拨去的算珠带入或者带出叫带珠。

⑥ 漂珠（漂子）。拨珠时用力过轻或过重，造成不靠边、不靠梁、漂浮在档中间的算珠叫漂珠。

⑦ 空盘。算盘上所有档上的算珠全部靠框不靠梁叫空盘。空盘表示算盘里没有记数。

⑧ 空档。上下珠都不靠梁的档叫空档。0 是以空档来表示的。

⑨ 隔档。隔档也称隔位，一般称本档的左二档或右二档为隔档。

⑩ 前档（上位）。算盘本位的左一档（位）比本位大10倍。

⑪ 下档（下位）。算盘本位的右一档（位）是本位的1/10。

⑫ 借档（串档）。运算过程中未将算珠拨入应拨的档位。

4．算盘的认位、看数、置数

（1）认位

算盘是用档表示数位的，每一档表示一个数位。通常选用一个有定位点的档作为个位档，从个位档向左依次为十位档、百位档、千位档、万位档、……，从个位档向右依次为十分位档、百分位档、千分位档、……

在认位时一定要利用算盘上的定位点与数字中分节号的对应关系来找位。算盘的记位采用国际上通用的三分位节制，用横梁上的定位点表示。为了读写方便，可记住记位口诀：梁上定位点，三位分节段，一节前千位，二节前百万，三节前十亿，四节前万亿。

（2）看数或计数

珠算运算多数时都是看算，因而看数的能力就很关键。初学者最忌念数、背数，要练习“看”，看数的速度与准确性直接关系到运算的结果。

正确的看数方法是：按照分节，顺序看数，从高位开始，“每次一节，一节一看，一节一拨数”。运算时算盘应放在离所计算行次尽可能近的位置，并充分使用眼睛的余光看数，随着水平的提高达到看拨一致，边看边拨，拨珠看数不间断，保持运算的连续性。

（3）清盘与置数

所谓清盘，就是把靠梁的算珠用手指拨去成为空盘。清盘的方法因使用的算盘不同而有所不同，目前大多数算盘均设有清盘器，运算前按一下清盘器即可清盘。

算盘以靠梁的算珠表示数值，每颗靠梁上珠代表5，每颗靠梁下珠代表1。拨算珠靠梁为加，拨算珠离梁为减，每档最大数值为9，9＋1为10，向前档进1，前档的1是后档的10，空档（无靠梁算珠）表示0。置数时，按照从高位到低位，由左到右按其位数拨入算盘相应的正确档中。

3.1.2 拨珠方法

珠算运算是依靠手指拨动算珠来进行计算的，手指拨珠的方法就叫指法。指法是学好和用好珠算技术的基础，要做到拨珠迅速、准确，必须在初学时掌握使用正确、规范的指法动作。手指拨动算珠时，拨珠的力度要均匀适当，轻巧灵活，落子要稳、准、快，拨珠时手指与盘面的角度要略呈垂直，用指尖准确地拨算珠的刃边，要求手指拨珠灵活，手臂不要摆动，一拨到位，避免多拨和少拨算珠。

1．打算盘的姿势

打算盘的姿势与我们传统看书或写字的正确姿势一致：面桌而坐，坐姿要端正，身体略前倾；算盘放置在胸前桌面上，拨珠时右手臂略抬起，不要靠在桌面上。

使用菱珠小算盘时，左手握住算盘的左端，要让算盘与计算题目尽可能接近，以达到边看边拨的效果，当盘面需要移动时，用左手握盘做上下或左右平稳的平行移动。

使用圆珠大算盘做看算时，所计算题目应放在算盘下，计算时边算边用左手向上推动纸张。

2. 持笔方法

打算盘时，要养成持笔拨珠的习惯。持笔的方式多种多样，但较好的方法有以下 3 种。

① 中指、无名指持笔法。笔尖向右，笔杆通过虎口，从中指和无名指之间穿出。

② 掌心持笔法。用不拨珠的各指把笔直接握在掌心中。

③ 把笔横插在右手拇指和食指之间，笔杆上端伸出虎口，笔尖露出于食指与中指的指根间。这样持笔毫不妨碍拨珠，可节省时间。

3. 二指拨珠法

① 上推。用拇指推动下珠靠梁，如加 1、加 2、加 3、加 4。

② 下拨。用食指拨动上珠靠梁或下珠离梁，如加 5、减 4、减 3、减 2、减 1。

③ 上挑。用食指挑动上珠离梁，如减 5。

④ 双合。用食指和拇指使上珠与下珠同时靠梁，如 3＋6、2＋7、1＋8、0＋9 等。

⑤ 双分。用食指和拇指使上珠与下珠同时离梁，如 9－9、8－8、7－7、6－6 等。

⑥ 双上。用拇指推动下珠靠梁的同时，用食指挑动上珠离梁，如 5－1、6－2、7－3、8－4 等。

⑦ 双下。用食指拨上珠靠梁的同时，用拇指压动下珠离梁，如 4＋1、3＋2、2＋3、1＋4 等。

4. 三指拨珠法

① 上托。用拇指托动下珠靠梁，如加 1、加 2、加 3、加 4。

② 下拨。用中指拨动上珠靠梁，如加 5；或者用食指拨下珠离梁，如减 4、减 3、减 2、减 1。

③ 上挑。用中指挑动上珠离梁，如减 5。

④ 双合。用拇指和中指使上珠与下珠同时靠梁，如 0＋9、1＋8、2＋7、3＋6 等。

⑤ 双分。用中指和食指使上珠与下珠同时离梁，如 9－9、8－8、7－7、6－6 等。

⑥ 双上。用拇指托动下珠靠梁的同时，用中指挑动上珠离梁，如 5－1、6－2、7－3、8－4 等。

⑦ 双下。用中指拨动上珠靠梁的同时，用食指拨动下珠离梁，如 1＋4、2＋3、3＋2、4＋1 等。

3.2　无诀加减法

珠算加减法在珠算运算中具有举足轻重的地位。珠算四则运算是以珠算加减法为基础的运算，珠算乘除法是通过迭加或迭减来完成乘（除）的运算。在财会和金融实际工作中，加减法的计算量占很大比重，如在实际工作中比较常见的传票算、账表算是以珠算加减法的运算方法进行的。因此，无论从提高实际工作中的工作效率，还是为珠算乘除法的学习打下良好的基础，必须熟练地掌握珠算加减法。

珠算加减法的运算规则是：个位固定，数位对齐，从左到右，同位数相加减。

3.2.1 直接加减

1. 直接加

在珠算加法运算中，本档靠边算珠（外珠）够加数直接拨入时，称为直接加。

运算方法为：加看外珠，够加直加。

例 3-1 742＋157＝899

拨入被加数742，如图3.2所示。

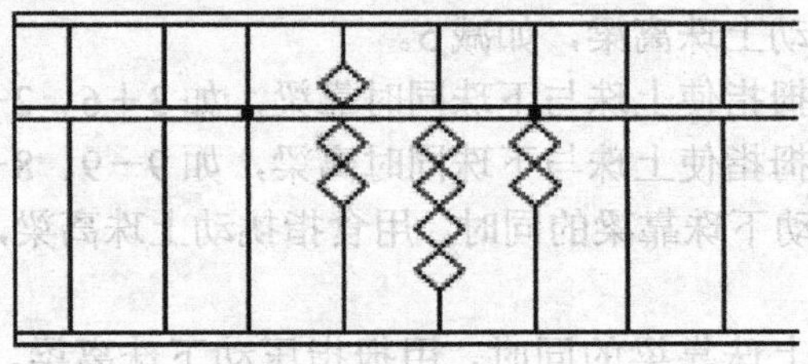

图3.2

拨入加数157（百位＋1，十位＋5，个位＋7），如图3.3所示。

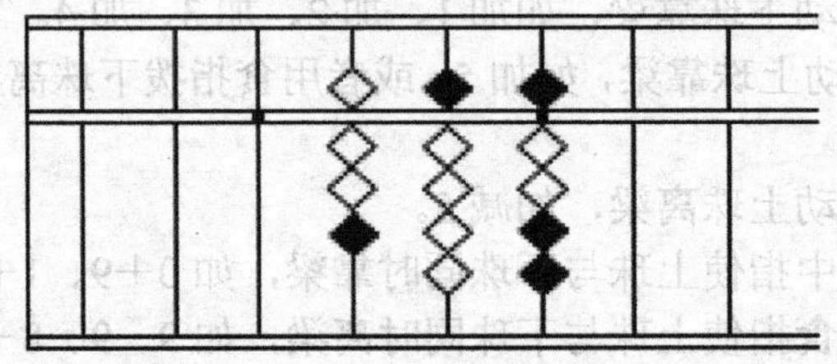

图3.3

阶段性练习（5分钟内完成）

1	4 365＋5 624＝	6	3 162＋6 327＝
2	1 253＋8 731＝	7	5 027＋4 812＝
3	3 641＋1 256＝	8	1 503＋3 476＝
4	5 012＋3 976＝	9	4 123＋5 715＝
5	2 506＋7 183＝	10	6 301＋1 697＝

2. 直接减

在珠算减法运算中，本档靠梁算珠（内珠）够减数直接拨去时，称为直接减。

运算方法为：减看内珠，够减直减。

例 3-2 846－635＝211

拨入被减数 846，如图 3.4 所示。

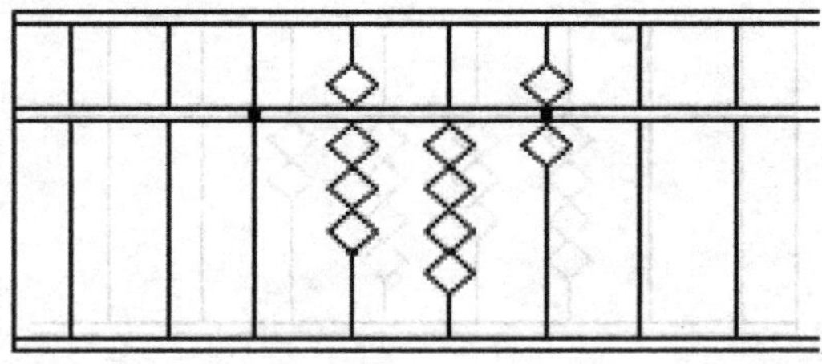

图 3.4

拨去减去 635（百位－6，十位－3，个位－5），如图 3.5 所示。

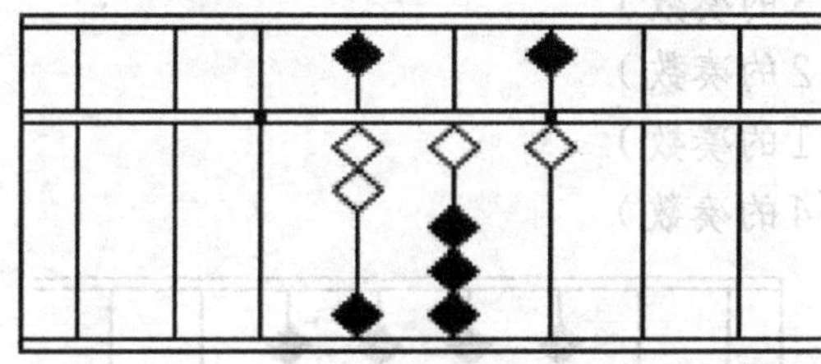

图 3.5

阶段性练习（5 分钟内完成）

1	8 437－6 325＝	6	5 676－4 342＝
2	4 796－2 541＝	7	6 557－3 124＝
3	6 382－1 272＝	8	8 675－4 342＝
4	3 579－2 518＝	9	6 578－3 244＝
5	7 438－6 327＝	10	7 856－3 412＝

3.2.2 凑五加和破五减

在珠算加减法运算中，在加或减小于 5 的数时，往往会出现外珠（下珠）不够加数或内珠（下珠）不够减数的情况，这时需要通过“凑数”的组成或分解来进行上、下珠的转换。“凑数”就是两数之和等于 5，称该两数互为凑数。例如，1 是 4 的凑数，4 也是 1 的凑数；2 是 3 的凑数，3 也是 2 的凑数。

1. 凑五加

在珠算加法运算中，盘面上已有部分下珠靠梁，而上珠未靠梁，这时要加入小于 5 的数，而下珠的外珠不够，就需要拨入上珠靠梁，同时要把多加的数（加数的凑数）从已有下珠中拨去，这种运算称为凑五加。

运算方法为：下珠不够，加五减凑。

例 3-3　4 342+3 214=7 556

拨入被加数4 342，如图3.6所示。

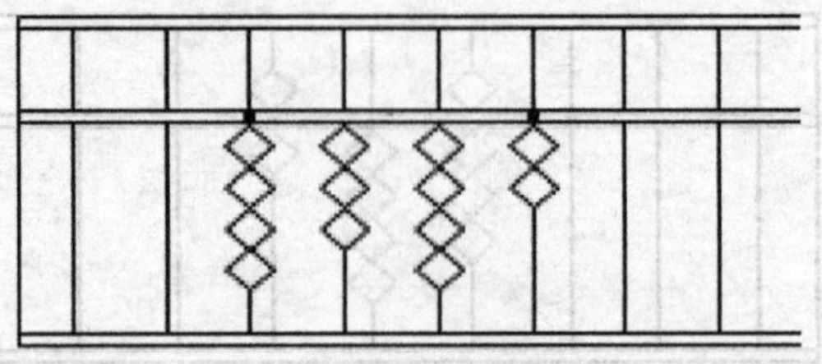

图 3.6

拨入加数3 214，如图3.7所示。

千位+3=+5−2（3的凑数）

百位+2=+5−3（2的凑数）

十位+1=+5−4（1的凑数）

个位+4=+5−1（4的凑数）

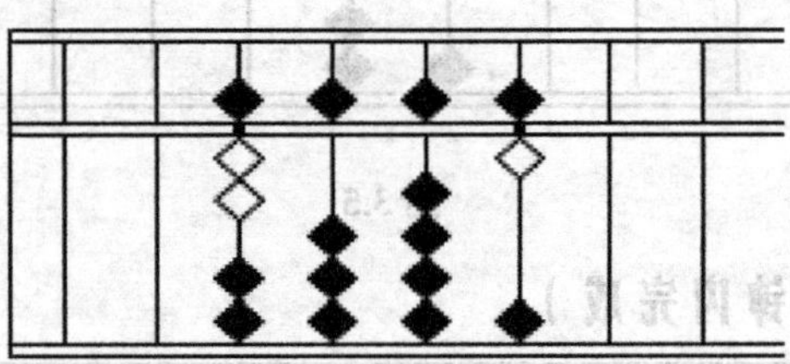

图 3.7

阶段性练习（8分钟内完成）

1	4 312+2 344=	6	4 123+3 442=
2	1 344+4 431=	7	1 243+4 312=
3	3 244+2 431=	8	3 124+2 443=
4	2 434+4 234=	9	2 341+4 244=
5	3 413+4 142=	10	4 134+3 422=

2. 破五减

在珠算减法运算中，盘面上已有上珠靠梁，这时要减去小于5的数，而下珠的内珠不够减，就需要拨去上珠离梁，同时要把多减去的数（减数的凑数）在下珠中加入，这种运算称为破五减。

运算方法为：下珠不够，加凑减五。

例 3-4　8 756−4 312=4 444

拨入被减数8 756，如图3.8所示。

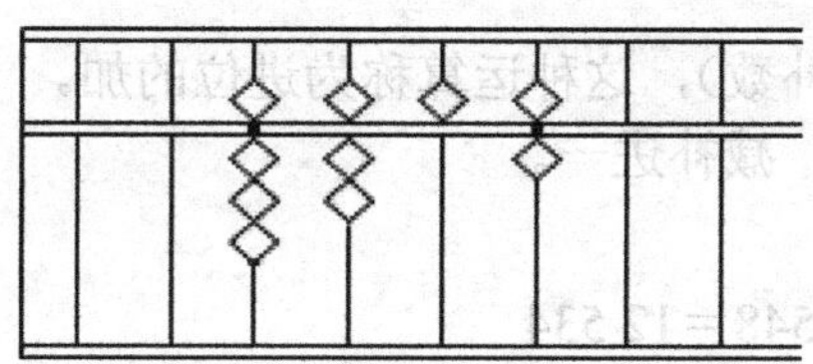

图 3.8

拨去减数 4 312，如图 3.9所示。

千位－4＝－5＋1（4的凑数）

百位－3＝－5＋2（3的凑数）

十位－1＝－5＋4（1的凑数）

个位－2＝－5＋3（2的凑数）

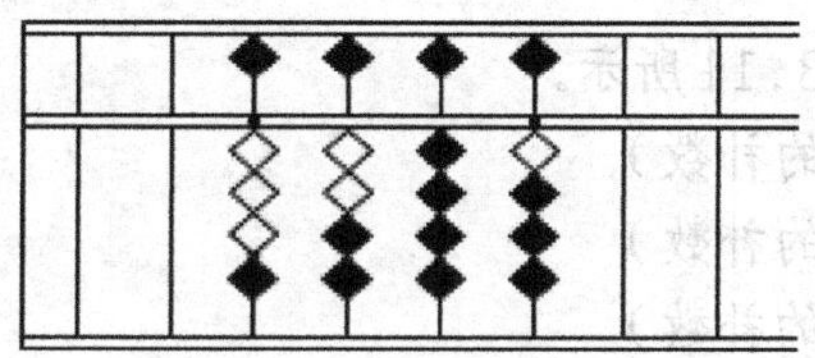

图 3.9

阶段性练习（8 分钟内完成）

1	4 856－3 412＝	6	5 678－1 344＝
2	5 676－4 342＝	7	6 785－2 441＝
3	6 557－3 124＝	8	8 576－4 232＝
4	8 675－4 342＝	9	7 655－3 421＝
5	6 578－3 244＝	10	5 678－3 244＝

在进行凑五加和破五减的运算时，应采用双下和双上的拨珠指法。如果采用单指独拨的指法，在运算时，凑五加应先加 5 再减凑，而破五减应先加凑再减 5，以避免影响运算速度。

3.2.3　进位的加和退位的减

在珠算加减法运算中，当两数之和满 10 或本档被减数小于减数时，需要通过补数的组成或分解来进行前、后档算珠的调整。

补数就是两数之和等于 10（或 10 的乘方数），称该两数互为补数。例如，1 和 9、2 和 8、3 和 7、4 和 6、5 和 5 互为补数。也就是说，1 的补数是 9，2 的补数是 8，3 的补数是 7，4 的补数是 6，5 的补数是 5，6 的补数是 4，7 的补数是 3，8 的补数是 2，9 的补数是 1。

1. 进位的加

在珠算加法运算时，当被加数与加数之和大于 10（或等于 10）时，需要向前档进 1，本档减去多加的数（加数的补数），这种运算称为进位的加。

运算方法为：本档满十，减补进一。

例 3-5　4 986+7 548=12 534

拨入被加数 4 986，如图 3.10所示。

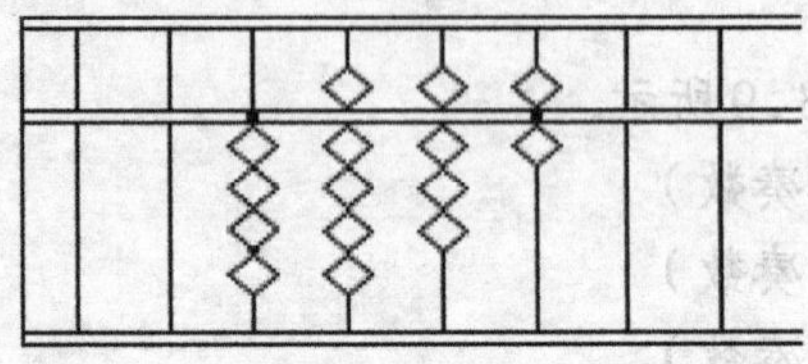

图 3.10

拨入加数 7 548，如图 3.11所示。

千位+7=+10−3（7的补数）

百位+5=+10−5（5的补数）

十位+4=+10−6（4的补数）

个位+8=+10−2（8的补数）

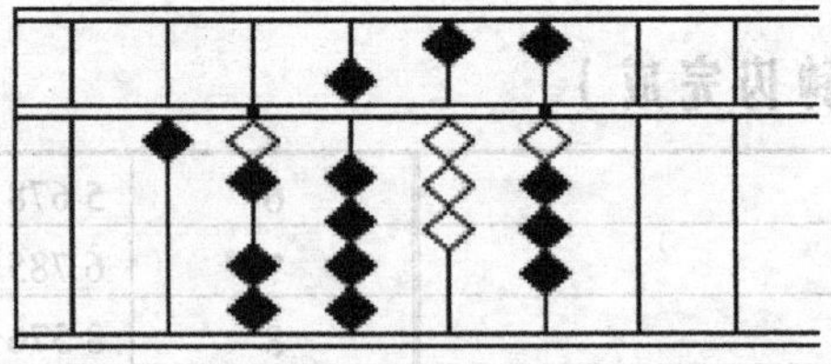

图 3.11

阶段性练习（10分钟内完成）

1	4 568+7 592=	6	4 779+9 847=
2	8 724+8 597=	7	6 428+5 894=
3	6 417+5 694=	8	3 293+8 917=
4	5 763+4 889=	9	5 317+3 995=
5	9 578+7 484=	10	4 238+6 973=

2. 退位的减

在珠算减法运算时，当本档被减数小于减数（本档不够减）时，需要从前档减 1，本档加上多减的数（减数的补数），这种运算称为退位的减。

运算方法为：本档不够，退十加补。

例 3-6　12 063−3 596=8 467

拨入被减数 12 063，如图 3.12所示。

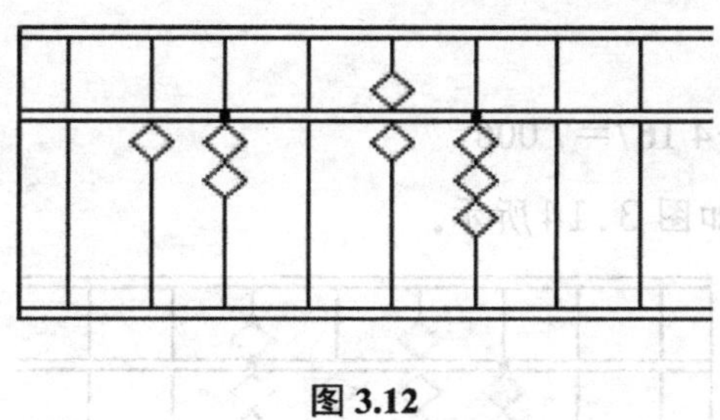

图 3.12

拨去减数 3 596，如图 3.13 所示。

千位－3＝－10＋7（3 的补数）

百位－5＝－10＋5（5 的补数）

十位－9＝－10＋1（9 的补数）

个位－6＝－10＋4（6 的补数）

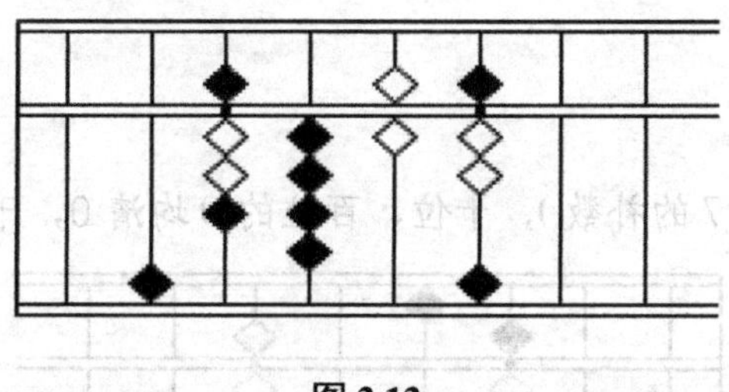

图 3.13

在进行进位的加和退位的减的运算时，如果采用单指独拨的指法，进位的加应该先减补后进 1，而退位的减应该先退 10 后加补，以避免影响运算速度。

在算盘上减 6、7、8、9 四个数时，本档不够减，需要左档退 1，本应在本档加上 4、3、2、1，可是本档下珠不够加，需要用凑五的加法。其运算规律也是“左档退 1，本档加补”。它与退 10 的减法的区别在于加补数时要用凑五的加法。

阶段性练习（10 分钟内完成）

1	25 734－8 956＝	6	14 087－5 898＝
2	53 208－6 399＝	7	20 453－9 867＝
3	15 742－6 857＝	8	14 603－7 859＝
4	81 432－7 568＝	9	15 624－8 765＝
5	13 654－8 976＝	10	14 316－7 859＝

3.2.4　3 种特殊类型的进、退位加减法

1. 连续进位加

在珠算加法运算中，本档被加数与加数相加满 10，应向前档进 1，如果前档为 9，9＋1 又满 10，需要再向 9 的前档（本档的前二档）进 1，遇此情况前档的 9 清成 0，在 9 的前一档加 1。如果前几档连续是 9，那么在本档减补后，连续是 9 的各档均清 0，然后在最高位 9 的前档加 1。

例 3-7　2 839＋4 167＝7 006

拨入被加数 2 839，如图 3.14 所示。

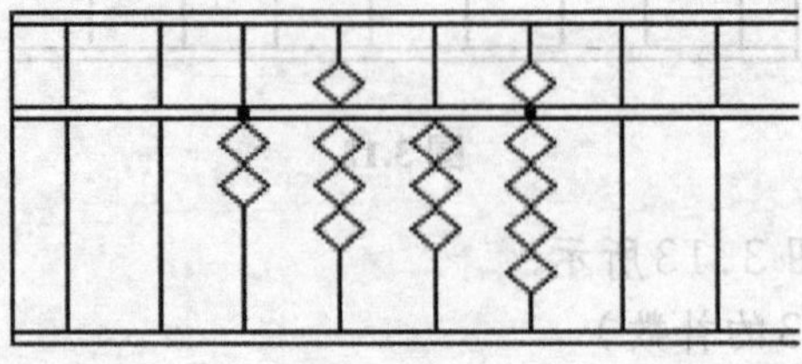

图 3.14

拨入加数 4 167，如图 3.15 所示。

千位＋4

百位＋1

十位＋6

个位＋7＝＋10－3（7 的补数），十位、百位的 9 均清 0，千位＋1。

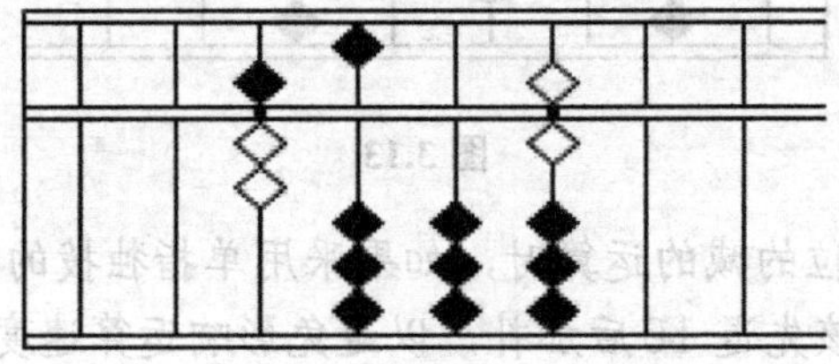

图 3.15

阶段性练习

（1）	（2）	（3）	（4）	（5）
1 257	2 845	3,194	1,345	2,248
2 419	1 326	2 078	3 256	1 593
5 241	3 188	2 926	1 793	3 485
＋1 085	＋2 641	＋1 802	＋3 606	＋2 447

（6）	（7）	（8）	（9）	（10）
1 167	3 251	1 409	2 637	3 068
3 254	1 387	2 573	2 395	1 942
1 087	1 026	3 282	1 064	2 586
＋4 498	＋4 339	＋2 745	＋3 906	＋2 405

2. 隔档退位减

在珠算减法中，本档不够减，需要从前一档退 1，但如果前一档或前几档连续为 0，就需要从最高位为 0 的前档退位。具体方法为：本档不够减，从前档借位，前档为 0，则从 0 的前档借 1，借位档和本档之间的空档均加 9，然后本档加补。

例3-8 4 062－65＝3 997

拨入被减数4 062，如图3.16所示。

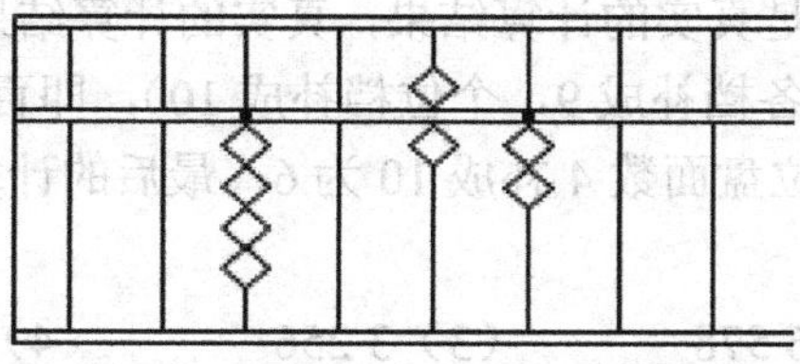

图3.16

拨去减数65，如图3.17所示。

十位－6

个位－5＝千位－1，百位＋9，十位＋9，个位＋5（5的补数）

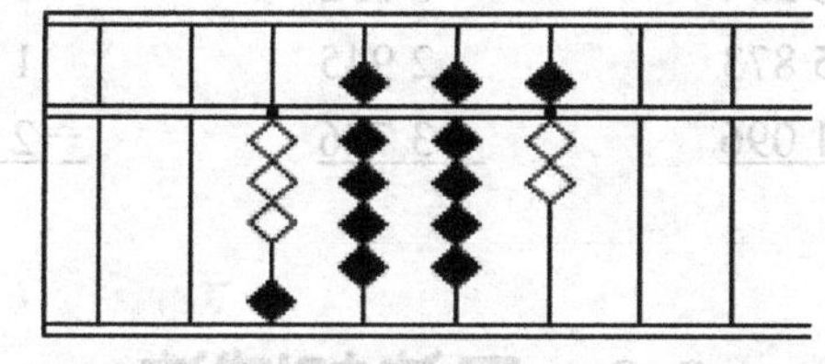

图3.17

阶段性练习

（1）	（2）	（3）	（4）	（5）
2 378	6 754	4 678	3 574	2 297
－246	－938	－823	－297	－874
379	459	745	689	625
－596	－276	－609	－968	－949

（6）	（7）	（8）	（9）	（10）
5 673	6 379	4 932	8 237	2 635
－832	－843	－617	－952	－843
458	257	225	369	706
－846	－785	－548	－657	－499

3. 倒减法

在多笔珠算加减混合的运算中，可能遇到被减数小于减数的情况，此时可以采用倒减法来完成。具体方法是：在运算过程中盘面被减数小于减数时，就在发生不够减的前档虚借1，人为加大被减数，然后继续运算。发生倒减法后的计算结果有以下两种情况。

（1）可归还虚借数

例如，387－456＋675，387－456发生不够减，此时千位虚借1（心中默记或千位档悬空一下珠），减456后的盘面数为931，再加675，百位加6后出现向千位进位的情况，此时立即归还在千位虚借的1。继续计算十位加7，个位加5，完成计算，最后盘面数606为计算结果。

（2）未归还虚借数

例如，256－829＋157，256－829发生不够减，此时千位虚借1（心中默记或千位档悬空一下珠），减829后盘面数为427，再加157盘面数为584。结束运算后千位虚借1未归还上，那么盘面数584就不是真实的计算结果，真实的计算结果应为盘面数（584）的负补数（虚借档与个位档之间的各档补成9，个位档补成10），即百位盘面数5补成9为4，十位盘面数8补成9为1，个位盘面数4补成10为6，最后的计算结果为－416。

阶段性练习

（1）	（2）	（3）	（4）	（5）
4 537	6 578	3 256	8 764	2 635
－5 268	－2 276	－8 407	－2 578	－8 264
－3 576	－4 165	9 823	－7 653	7 508
8 029	9 874	－1 235	4 326	－1 363

（6）	（7）	（8）	（9）	（10）
3 384	9 437	4 576	7 234	1 648
－6 537	－6 254	－6 032	－8 419	－8 964
2 845	－5 873	2 945	1 756	2 817
－4 578	1 096	－3 726	－2 938	－7 369

3.3 口诀加减法

利用加减法口诀学习珠算加减法是学习珠算的传统方法，它采用一套完整的口诀来指导拨珠的动作。其优点在于比较直观，初学者能够正确掌握指法，且心算压力小；缺点是需要背诵口诀，比较烦琐。因此，现在学习珠算加减法多采用无诀加减法。无诀加减法易学，但较为抽象，如果在讲授时适当引入较直观的加减法口诀，就会有良好的效果。

3.3.1 口诀加法

加法口诀如表3.1所示。

表3.1 加法口诀

直接的加	补五的加	进十的加	破五进十的加
一上1	一下5去4	一去9进1	
二上2	二下5去3	二去8进1	
三上3	三下5去2	三去7进1	
四上4	四下5去1	四去6进1	
五上5		五去5进1	
六上6		六去4进1	六上1去5进1
七上7		七去3进1	七上2去5进1
八上8		八去2进1	八上3去5进1
九上9		九去1进1	九上4去5进1

表 3.1 所示的口诀中，中文数字表示加数，阿拉伯数字表示拨珠数，汉字表示拨珠动作和方向。其中，“直接的加”的“几上几”类口诀就是无诀加减法中“直接加”的“加看外珠，够加直加”；“补五的加”类中的第 1 个中文数字是加数，最后一个阿拉伯数字是加数的凑数，与无诀加减法中“凑五加”的“下珠不够，加五减凑”相同；“进十的加”类中的第 1 个中文数字是加数，“去几”中的阿拉伯数字是加数的补数，整句口诀与无诀加减法的“减补进一”相同。至于“破五进十的加”，与无诀加减法的“减补进 1”完全相同，只是在“减补”过程中增加了一个减法中的“破五的减”的拨珠动作。

3.3.2 口诀减法

减法口诀如表 3.2 所示。

表 3.2 减法口诀

直接的减	破五的减	退十的减	退十补五的减
一上 1	一上 4 去 5	一退 1 还 9	
二上 2	二上 3 去 5	二退 2 还 8	
三上 3	三上 2 去 5	三退 1 还 7	
四上 4	四上 1 去 5	四退 1 还 6	
五上 5		五退 1 还 5	
六上 6		六退 1 还 4	六退 1 还 5 去 1
七上 7		七退 1 还 3	七退 1 还 5 去 2
八上 8		八退 1 还 2	八退 1 还 5 去 3
九上 9		九退 1 还 1	九退 1 还 5 去 4

表 3.2 所示的口诀中，中文数字表示减数，阿拉伯数字表示拨珠数，汉字表示拨珠动作和方向。其中,“几去几”类口诀就是无诀加减法中“直接减”的“减看内珠，够减直减”；“破五的减”类中的第 1 个中文数字是减数，“上几”中的阿拉伯数字是减数的凑数，与无诀加减法中“破五减”的“下珠不够，加凑减 5”相同；“退 10 的减”类中的第 1 个中文数字是减数，最后一个阿拉伯数字是减数的补数，整句口诀与无诀加减法的“退 10 加补”相同。至于“退十补五的减”，与无诀加减法的“退 10 加补”完全相同，只是在“加补”过程中增加了一个加法中的“凑五的加”的拨珠动作。

3.4 一目多行加减法

珠算加减法水平的高低，是通过在单位时间内正确计算字数的多少进行评价的。提高单位时间内计算字数的方式有两种：其一是提高手指的拨珠频率，这也是熟练珠算运算的最基本的要求；其二是通过心算减少拨珠次数，相应的在单位时间内多计算字数，达到提高珠算加减法水平的目的，如一目多行加减法就是比较好的方式。一目多行加减法一般有二行、三行、四行、五行等方式。采用几行方式应根据各自的心算能力和训练强度来进行。

3.4.1 一目二行提前进位法

一目二行提前进位法也叫先十法，采用“算本位，看后家”“本个加后进”的方法进行计算。它先计算同位两数之和，再考虑后位两数之和是否满 10（大于 10 或等于 10）。其运算方法为：算本位，看后位，后位满 10，本个加 1，后位不满，本个照常。

例 3-9　1 478＋3 256＝4 734

千位：＝4；4（本个）＋0（后进）	1	4	7	8
	3	2	5	6
	4			
百位：＝7；6（本个）＋1（后进）		7		
十位：＝3；2（本个）＋1（后进）			3	
个位：＝4（本个）				4
盘上得数	4	7	3	4

3.4.2 一目三行弃九法

一目三行弃九法是假设后位之和都大于 10，均可向前位进 1。具体做法是：心算本位三数之和，同位相加，首位（最高位）之和加 1，末位（个位）之和减 10（弃 10），减 10 后的差为正数则加，差为负数则减；首位和末位之间的各档位均称中位，中位运算各位均减 9（弃 9），弃 9 后的差为正数则加，弃 9 后的差为负数则减。其运算方法为：首位加一，中位弃九，超九加差，欠九减差，末位弃十，超十加差，欠十减差。

例 3-10　4 286＋2 054＋5 691＝12 031

		4	2	8	6
首位加一：＝12		2	0	5	4
		5	6	9	1
	1	2			
中位弃九：＝－1，则减			－1		
中位弃九：＝13，则加			1	3	
末位弃十：＝1，则加					1
盘面得数	1	2	0	3	1

多行加法还有二行直加法、三行直加法、三行提前进位法、五行弃双九法，可根据心算能力适当选用。

3.4.3 多行加减抵消法

多行加减混合算通常采用抵消法，即心算多行同位正负数的代数和。其计算方法为：

心算多行，正负抵消，正大加余，负大减差。

1. 二行抵消法

例 3-11　6 349－2 584＝3 765

		6	3	4	9
千位：＝4，则加	—	2	5	8	4
		4			
百位：＝－2，则减			－2		
十位：＝－4，则减				－4	
个位：＝5，则加					5
盘上得数		3	7	6	5

2. 三行抵消法

例 3-12　5 207＋3 615－6 483＝2 339

		5	2	0	7
		3	6	1	5
千位：＝2，则加	—	6	4	8	3
	2				
百位：＝4，则加			4		
十位：＝－7，则减				－7	
个位：＝9，则加					9
盘上得数		2	3	3	9

实训 3

1．加法运算练习。

（1）用直接的加法计算下列各题。

① 4 615＋5 263＝　　⑤ 6 137＋2 861＝

② 2 463＋5 536＝　　⑥ 6 251＋2 738＝

③ 1 680＋8 219＝　　⑦ 3 529＋6 470＝

④ 6 412＋2 571＝　　⑧ 1 273＋3 605＝

（2）用凑五的加法计算下列各题。

① 4 434＋3 433＝　　⑤ 3 241＋3 424＝

② 4 242＋4 433＝　　⑥ 13 243＋43 421＝

③ 2 234＋3 342＝　　⑦ 2 234＋3 342＝

④ 2 324＋1 432＝　　　　⑧ 42 341＋34 123＝

（3）用进十的加法计算下列各题。

① 6 754＋2 439＝　　　　⑤ 4 879＋7 341＝

② 3 947＋8 745＝　　　　⑥ 7 536＋3 529＝

③ 4 276＋3 895＝　　　　⑦ 8 432＋4 627＝

④ 7 598＋3 512＝　　　　⑧ 9 583＋2 329＝

（4）用破五进十的加法计算下列各题。

① 9 676＋5 768＝　　　　⑤ 6 768＋6 576＝

② 6 987＋7 565＝　　　　⑥ 6 789＋9 876＝

③ 7 678＋7 876＝　　　　⑦ 7 678＋8 766＝

④ 7 878＋6 767＝　　　　⑧ 6 776＋8 667＝

2．减法运算练习。

（1）用直接的减法计算下列各题。

① 3 516－2 516＝　　　　⑤ 1 895－1 865＝

② 2 097－1 096＝　　　　⑥ 9 576－4 525＝

③ 4 109－3 108＝　　　　⑦ 4 927－3 817＝

④ 2 734－1 624＝　　　　⑧ 7 341－2 341＝

（2）用破五的减法计算下列各题。

① 5 867－2 434＝　　　　⑤ 7 565－4 134＝

② 8 757－4 324＝　　　　⑥ 6 776－3 433＝

③ 6 757－3 424＝　　　　⑦ 8 576－4 144＝

④ 7 586－3 442＝　　　　⑧ 5 665－1 423＝

（3）用退十的减法计算下列各题。

① 22 131－9 654＝　　　　⑤ 21 231－8 693＝

② 61 807－3 928＝　　　　⑥ 32 671－4 893＝

③ 11 201－8 974＝　　　　⑦ 12 120－3 453＝

④ 15 042－6 153＝　　　　⑧ 24 315－5 436＝

（4）用退十补五的减法计算下列各题。

① 32 414－7 969＝　　　　⑤ 43 342－8 696＝

② 84 354－6 978＝　　　　⑥ 48 344－9 767＝

③ 2 434－687＝　　　　⑦ 31 243－6 767＝

④ 67 945－7 868＝　　　　⑧ 96 543－8 976＝

3．直接加，直接减。

（1）	（2）	（3）	（4）	（5）
4 567	1 458	6 534	9 328	3 688
－3 515	－1 253	－5 513	－8 125	－2 536
6 837	9 684	7 458	6 785	8 747
－6 384	－7 162	－3 269	－5 453	－8 196

（6）6 437	（7）5 237	（8）6 359	（9）8 678	（10）4 672
−5 312	−5 125	−1 257	−7 657	−3 521
7 614	9 637	4 536	8 976	7 895
−8 226	−2 548	−9 127	−6 897	−8 746

4．凑五加，破五减。

（1）6 587	（2）7 658	（3）5 678	（4）8 576	（5）5 678
−2 343	−3 414	−1 234	−4 233	−2 334
4 214	2 431	4 321	3 213	4 321
−4 124	−3 244	−4 432	−3 142	−3 424

（6）7 558	（7）6 575	（8）5 785	（9）8 576	（10）6 786
−4 134	−3 142	−1 342	−4 132	−2 344
3 442	4 234	2 413	3 214	1 434
−2 434	−3 324	−4 432	−4 334	−2 443

5．进位加，退位减。

（1）6 537	（2）4 678	（3）7 524	（4）5 392	（5）3 269
8 695	7 456	8 796	7 849	8 953
−7 358	−5 869	−9 643	−4 365	−3 849
4 697	8 975	5 634	2 737	4 968
−8 796	−6 483	−7 468	−3 848	−9 453

（6）4 678	（7）3 259	（8）5 792	（9）8 474	（10）2 569
9 563	8 963	6 839	3 967	8 754
−5 687	−3 685	−7 948	−6 578	−3 496
4 768	6 794	8 527	7 489	7 386
−6 493	−7 568	−4 672	−4 673	−6 937

6．综合计算。

（1）3 457	（2）4 635	（3）8 349	（4）4 606	（5）7 307
−598	−2 468	−2 805	−3 598	−318
4 385	7 391	3 291	9 673	1 017
−6 073	−8 074	−7 162	−684	−6 209
9 310	5 946	3 248	1 007	5 241

（6）9 623	（7）8 136	（8）9 468	（9）4 058	（10）9 876
−8 210	−2 274	−4 750	−2 376	−6 347
1 394	8 159	1 302	9 147	4 580
−2 568	−6 487	−3 597	−6 349	−6 016
8 357	2 093	2 638	1 653	2 439

(11)	(12)	(13)	(14)	(15)
8 673	6 734	7 439	6 083	9 354
−3 210	−6 238	−2 521	−2 624	−6 584
5 398	9 264	6 403	9 351	4 351
−1 552	−5 384	−3 628	−4 652	−6 245
6 327	3 052	6 256	1 462	2 589

7．普通五级加减法。

一	二	三	四	五
5 927	3 715	2 897	3 057	2 369
462	952	143	−265	805
738	863	485	178	−651
2 531	2 731	7 596	9 716	7 028
610	364	275	−405	−465
825	601	302	641	241
4 398	7 548	6 503	−4 095	8 904
256	982	867	612	−829
967	410	348	939	593
7 508	6 059	1 025	2 407	−7 980
816	734	604	−624	2 403
394	219	716	358	−147
4 079	8 507	9 148	8 713	776
104	296	209	928	136
367	408	913	−836	315
六	七	八	九	十
3 426	2 589	6 475	2 847	9 507
709	871	562	764	−181
436	215	483	−658	457
1 380	3 866	9 916	3 967	−6 639
857	242	240	524	485
109	690	801	−190	204
8 451	3 963	5 189	6 471	5 138
746	839	324	−106	−234
862	107	735	380	380
3 629	6 415	1 371	−5 093	2 527
508	740	203	847	−974
950	473	698	301	766
3 217	5 159	9 067	5 223	9 039
942	208	205	−125	−816
517	470	478	798	120

8．普通四级加减法。

一	二	三	四	五
405	718	69 538	6 502	579
2 069	289 385	1 624	−617	327 808
32 215	978	318	97 808	−1 516
493	6 945	316 968	−3 372	187
9 878	40 529	7 623	156	51 914
106	251	20 839	515 829	−2 469
6 671	7 127	501	−982	340
793	405	9 047	9 780	−5 733
293 521	9 612	286	26 734	80 205
3 758	889	5 578	961	680
407	564 162	414	−3 630	−403
64 160	5 037	972 892	401	762 328
1 309	703	750	−5 974	994
848	36 031	5 134	403	−4 651
257 584	4 604	740	241 485	2 679
六	**七**	**八**	**九**	**十**
340	5 405	260 841	4 906	138 074
13 962	971	206	862	−7 360
5 034	726 497	8 317	649 232	914
775	125	20 892	−3 854	96 257
806 187	3 617	779	709	−5 936
705	26 301	7 953	−79 484	371
4 198	659	402	5 169	504 843
92 327	8 260	7 189	502	208
902	403	615	780 614	−1 052
829	9 148	419 464	−721	87 508
3 675	830	3 595	3 517	293
6 510	245 183	304	20 691	−1 172
128	3 875	57 838	−508	596
356 481	729	5 661	3 253	−4 962
9 446	40 968	302	−731	684

第 4 章

珠算的乘除计算技能

职业教育的学习目标

掌握珠算乘法的定位方法，了解不同类型乘法的基本算法，并能熟练地运用空盘前乘法进行乘法运算；掌握除法的定位方法，了解两种不同类型除法的基本算法，并能熟练地运用商除法进行除法运算。

典型职业工作任务描述

1. 工作任务简述

根据各种凭证、票据、会计账簿、会计报表中的数据，进行简单的乘除运算。

2. 涉及的业务领域

在会计、审计、金融等工作中办理统计和数据核算业务的所有岗位。

3. 其他说明

乘除法是会计基本技能的重要组成部分，也是会计、金融、统计的基本功，只有不断地练习，才能提高运算能力和运算速度。

职业描述

1. 工作对象

各种会计凭证、会计报表、统计表。

2. 劳动工具

算盘。

3. 劳动场所

从事各种经济工作的场所。

4. 资格和能力

持有会计专业技术资格证书，或者具有会计类专业学历（学位）或相关专业学历（学位）证书，且持续参加继续教育，具备从事会计工作所需要的专业能力。

能力训练

能力训练项目名称	拟实现的能力目标	相关支撑知识	训练方式、手段及步骤
空盘前乘法	① 能用固定个位档定位法定位 ② 能用空盘前乘法运算	① 大九九乘法口诀 ② 加减珠算规律	熟记口诀，摆脱口诀 ① 看数、计数的训练 ② 看数、写数、清盘的训练
商除法	① 能用商除法估商 ② 能会补商 ③ 能会退商	① 大九九乘法口诀 ② 加减乘珠算规律	① 估商 ② 减积 ③ 补商、退商

4.1　珠算乘法的基础知识

求一个数的几倍是多少的运算方法叫作乘法，也是求几个相同加数之和的简便运算方法。例如，5+5+5+5+5+5=30，进行简便运算则是 5×6=30，其中 5 是被乘数，6 是乘数，30 为积数。古时把被乘数称为实数，乘数称为法数，现在仍在沿用。

4.1.1　乘积的定位

在前几章的学习中，已经了解到在算盘上是以空档表示数字 0 的，因此乘算后，在算盘上乘积的末尾是否有 0，有几个 0，是否有小数位，个位档是哪一档，就不像笔算那样一看即知了。例如，0.5×0.4 与 50×40，在算盘上，靠梁的算珠表示的都是 1，而实际上前者运算结果的数值为 0.2，后者运算结果的数值则是 2 000，所以用珠算计算必须掌握定位方法，即定出得数的个位。

1. 数的定位

珠算的乘法定位是根据被乘数和乘数的定位来决定的，因此学习积的定位方法之前，必须先了解数的定位，以及定位与算盘档位的关系。一个数的定位是由这个数的最高位所处的位置来确定的。一个数的最高位是指最先不是 0 的那一位，如 7 200、7.2、0.007 2 这

3个数的最高位都是7，因为7是最先不是0的那一位。由于这3个数最高位7所处的位置不同，所以它们的定位也就不同。数的定位可分为以下3类。

① 正数位。凡是数的最高位在小数点的前面，则在小数点前有几位数字，或者说是有几位整数就叫正几位（不论其带有几位小数）。

例 4-1　1 234——正四位（+4位）；1.234 5——正一位（+1位）；100.234——正三位（+3位）。

② 零位。凡是数的最高位在小数点的后面，它和小数点之间没有0，就是零位。

例 4-2　0.123 4——零位（0位）；0.102 3——零位（0位）；0.100 3——零位（0位）。

③ 负数位。凡是数的最高位在小数点的后面，最高位和小数点之间有几个0，就是负几位。

例 4-3　0.012 34——负一位（−1 位）；0.001 004——负二位（−2 位）；0.000 04——负四位（−4位）。

数的定位在算盘上的表示是：以十分位档为0位档，从0位档往左数，顺次是+1位档、+2位档、+3位档、……；从0位档往右数，顺次是−1位档、−2位档、−3位档、……。数位在算盘上的档次如图4.1所示。

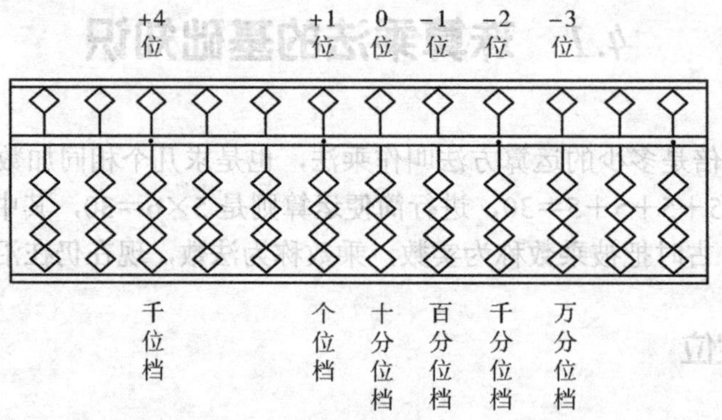

图4.1

2. 乘积的定位法

(1) 公式定位法

乘积的公式定位法有以下两种形式。

$$乘积的定位=M+N \qquad (4\text{-}1)$$

$$乘积的定位=M+N-1 \qquad (4\text{-}2)$$

式中，M表示被乘数的位数，N表示乘数的位数。

当进行乘法运算时，需要根据首积（乘数的最高位与被乘数最高位相乘的积）的积首

（即首积的第1位数）是否有进位来判断选择定位公式。

① 当首积有进位时，用公式（4-1）定位。

例 4-4 69×25.34=1 748.46

因为首积 2×6=12，有进位，所以定位公式为 2位+2位=+4位。

② 当首积未进位时，用公式（4-2）定位。

例 4-5 32×1.47=47.04

因为首积 1×3=3，未进位，所以定位公式为 2位+1位-1位=+2位。

③ 在某些情况下，首积并未进位，但在次积或以后乘积相加时，却形成了进位，这时用公式（4-1）定位。

例 4-6 25×4=100

这里首积为 4×2=8，未进位，但次积 4×5=20，运用乘法的递位迭加，8+2=10，形成了进位，因此定位公式为 2位+1位=3位。

总之，应用公式定位法时积的定位规律可归结为一句话：首积进位位数相加，未进位位数相加减1。

（2）固定个位法

固定个位法是在乘法运算前先将积的个位固定在算盘上，然后根据被乘数的定位（用 m 表示）加上乘数的定位（用 n 表示）和是几，在几位档上布入两首数相乘积的十位数的定位方法。

其法则为：用被乘数的定位加上乘数的定位，等于几，就在第几位档上拨入两个首数相乘积的十位，即两首数相乘积的十位应布的档位=$m+n$（具体应用结合例题进行介绍）。

4.1.2 乘法口诀

珠算乘法一般是由一句口诀累加进行计算的，要使珠算乘法打得既准又快，必须熟记口诀，默诵如流。

乘法口诀分“大九九”和“小九九”两种。“小九九”是指口诀的前两个数字中，小数在前，大数在后（包括两数字相同）。例如，二五10，四六24，七七49，因此，“小九九”通常又叫“顺九九”，共45句。另外，在珠算的乘法运算过程中，还编有36句大数在前、小数在后的“逆九九”口诀。“顺九九”和“逆九九”共同构成“大九九”口诀。

现将“大九九”口诀排列，如表4.1所示。

表4.1 乘法“大九九”口诀

单积乘数 被乘数	一	二	三	四	五	六	七	八	九
一	一一01	二一02	三一03	四一04	五一05	六一06	七一07	八一08	九一09
二	一二02	二二04	三二06	四二08	五二10	六二12	七二14	八二16	九二18

（续表）

单积乘数 被乘数	一	二	三	四	五	六	七	八	九
三	一三 03	二三 06	三三 09	四三 12	五三 15	六三 18	七三 21	八三 24	九三 27
四	一四 04	二四 08	三四 12	四四 16	五四 20	六四 24	七四 28	八四 32	九四 36
五	一五 05	二五 10	三五 15	四五 20	五五 25	六五 30	七五 35	八五 40	九五 45
六	一六 06	二六 12	三六 18	四六 24	五六 30	六六 36	七六 42	八六 48	九六 54
七	一七 07	二七 14	三七 21	四七 28	五七 35	六七 42	七七 49	八七 56	九七 63
八	一八 08	二八 16	三八 24	四八 32	五八 40	六八 48	七八 56	八八 64	九八 72
九	一九 09	二九 18	三九 27	四九 36	五九 45	六九 54	七九 63	八九 72	九九 81

表 4.1 中，每一句口诀的第 1 个汉字数字表示乘数，第 2 个汉字数字表示被乘数，后两个阿拉伯数字表示乘积。其中，第 1 个阿拉伯数字表示乘积的十位数字，第 2 个阿拉伯数字表示乘积的个位数字。

“大九九”口诀有很多优点，是一套完整的口诀，能完全适应各种乘法算题和计算式，不用颠倒乘数和被乘数的顺序，因而不易发生差错，有助于提高运算质量。尤其在空盘乘算中，它的优点更加突出。

例如，计算 1 784×5 用“大九九”口诀，读的口诀是五一 05、五七 35、五八 40、五四 20，一律是乘数读在前，被乘数读在后，顺序不变，因此运算时不仅可以减少差错，而且可以提高速度。

4.2 空盘前乘法

珠算乘法的运算方法很多，按照相乘顺序的不同可分为前乘法和后乘法；按被乘数和乘数置在算盘上的不同可分为置数乘法和不置数（空盘）乘法，其中置数乘法又可分为破头乘法、留头乘法和隔位乘法等。另外，在空盘前乘法的基础上针对一些特殊乘数可以运用简捷乘法，即补数乘法，“1、2、5、9”乘法和跟踪乘法等。对于珠算乘法的运算方法只有熟练掌握、灵活应用，才能提高运算速度，保证运算结果的准确。本节主要介绍空盘前乘法。

在空盘前乘法中，所谓空盘就是不在算盘上放置乘数和被乘数。前乘是指乘数的首位先同被乘数的首位相乘，然后自左向右、从高位到低位逐位相乘，把积数逐位拨加入盘。

4.2.1 一位数乘法

乘数或被乘数中至少有一个是一位非 0 数字的乘法，叫一位数乘法。

1. 公式定位法

采用公式定位法进行一位数乘法运算时，首先在算盘上确定一个定位点作为首积的十位数档，然后默记乘数，眼看被乘数，把乘数同被乘数从首位起自左而右逐位相乘，运用

“大九九”口诀计算乘积，递位迭加（指加积时，本次乘积的十位数加在上次乘积的个位数档上，本次乘积的个位数加在右一档）到算盘上。

例 4-7　529×7=3 703

步骤1　选一带有定位点的档作为首积的十位数档，用乘数 7 乘被乘数首位 5，“七五 35”，首积的十位数为 3。将 3 拨加到＋4 位档上，把首积的个位数 5 拨加在右一档上，并把手指停留在本次乘积的个位档上（拨加 5 的档），如图 4.2 所示。

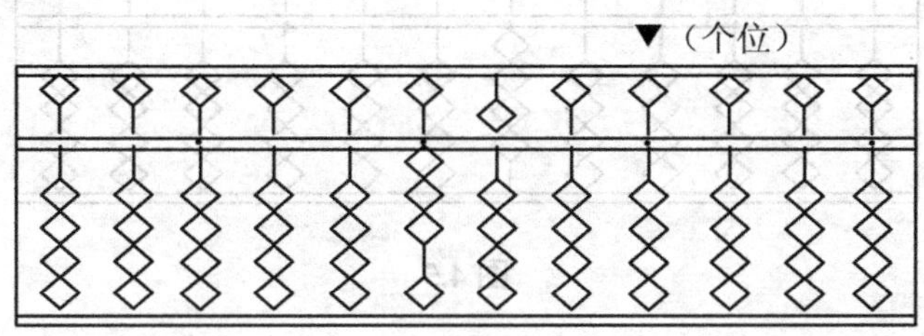

图 4.2

步骤2　用乘数 7 乘被乘数第 2 位数 2，“七二 14”，把积的十位数 1 加在上次手指停留的档上（上次乘积的个位档），在其右一档加上积的个位数 4，手指停留在该档，如图 4.3 所示。

图 4.3

步骤3　用乘数 7 乘被乘数第 3 位数 9，“七九 63”，积的十位数为 6。将 6 拨加在上次手指停留的档上，在其右一档拨加积的个位数 3，盘面数字为 3 703，如图 4.4 所示。

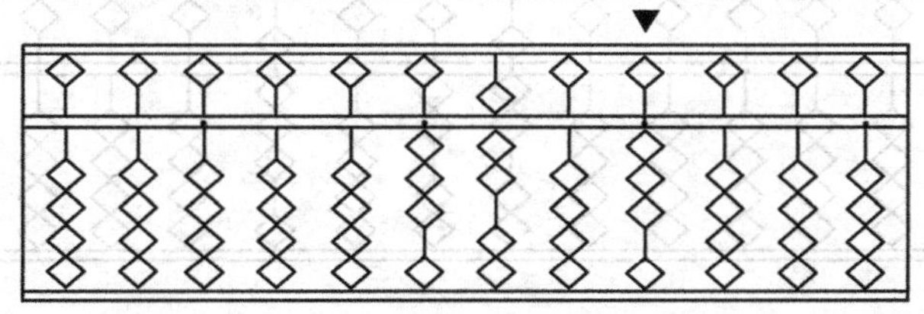

图 4.4

由于定位点档（作为拨置首积的十位数的那个定位点档）上有数字（数字 3），此乘积用公式定位法的公式（4-1）定位，$M+N$=3 位＋1 位，所以乘积为正四位数 3 703。

例 4-8 180.25×40=7 210

步骤1 选一带定位点的档作为首积的十位数档，用乘数4乘被乘数首位1，“四一04”，首积的个位数为4。将4拨加到+4位档上，然后把手指停留在本次乘积4的档上，如图4.5所示。

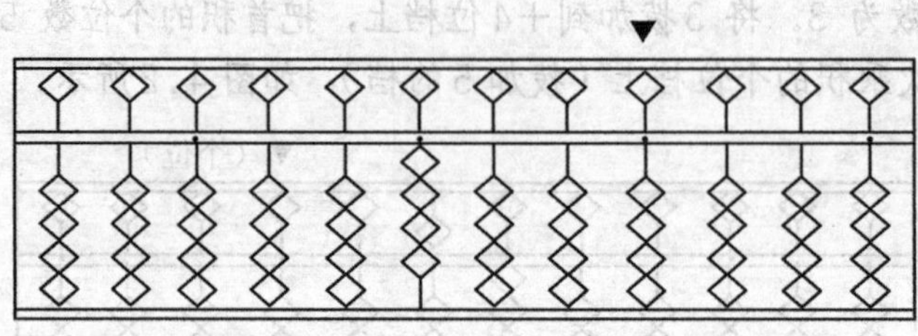

图 4.5

步骤2 用乘数4乘被乘数第2位数8，“四八32”，把积的十位数3加在上次手指停留的档上，在其右一档加上积的个位数2，手指停留在该档上，如图4.6所示。

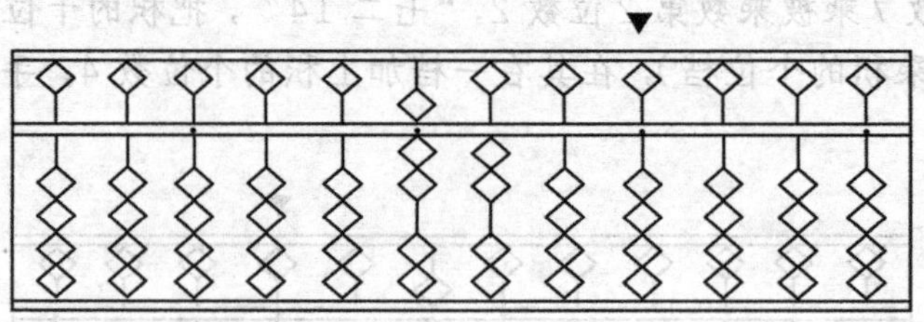

图 4.6

步骤3 用乘数4乘被乘数第3位数0，由于0与任何数相乘积都为0，而0在算盘上以空档表示，因此，把手指从上次停留的档上向右顺移一档，并把手指头停留在此档上。

步骤4 用乘数4乘被乘数第4位数2，“四二08”，积的十位数为0。把手指头右移一档，随即在该档加上积的个位数8，手指停留在该档上，如图4.7所示。

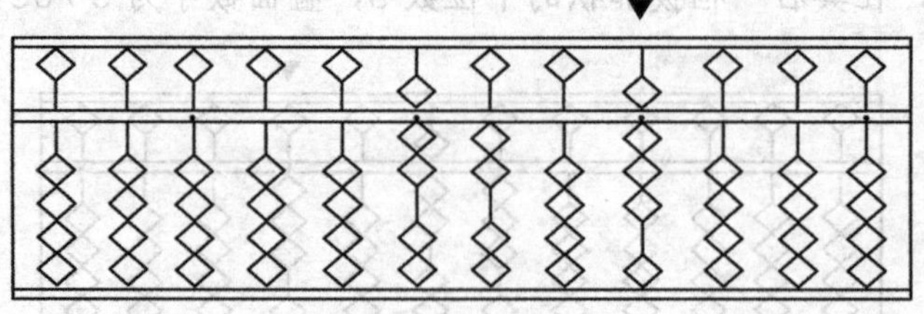

图 4.7

步骤5 用乘积4乘被乘数第5位数，“四五20”，把积的十位数2加在上次手停留的档上，盘面数字为721，如图4.8所示。

由于选定的定位点所对应档上没有数字，其右一档为首位数字7，所以乘积用公式定位法的公式（4-2）定位，$M+N-1$=3位+2位−1位=+4位，因此乘积为7 210。

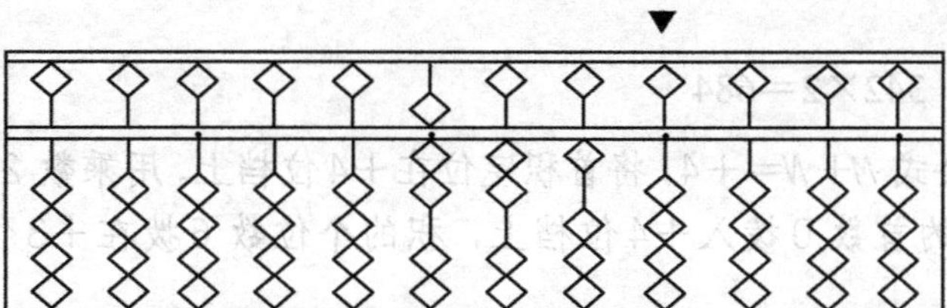

图 4.8

2. 固定个位法

采用固定个位法进行一位数乘法运算时，是乘前先定位，如例题 4-9 所示。

例 4-9 63×7=441

步骤 1 运用公式 $M+N=+3$，将首积定位在+3 位档上。用乘数 7 乘被乘数的首数 6，"七六 42"，将首积十位上的 4 拨入+3 位档上，将个位上的 2 拨入+2 位档上，如图 4.9 所示。

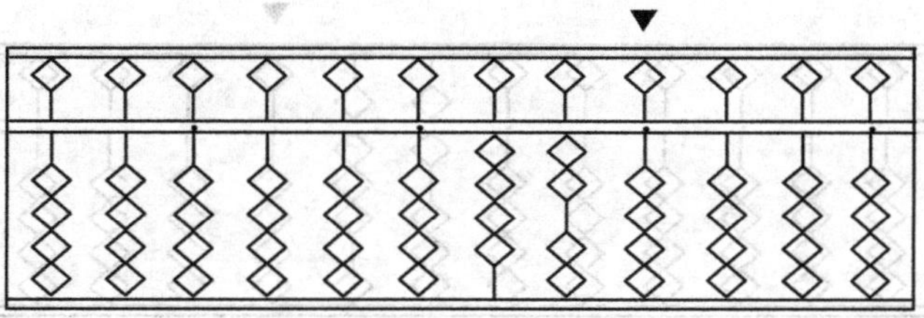

图 4.9

步骤 2 用乘数 7 乘被乘数个位数 3，"七三 21"，将首积十位上的 2 拨在+2 位档上，将次积 1 拨在+1 位档上，得积数 441，如图 4.10 所示。

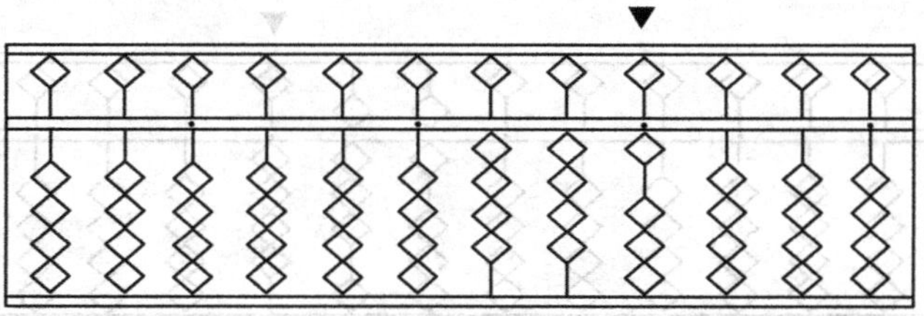

图 4.10

阶段性练习

1	63×9=	6	83×4=
2	78×2=	7	79×2=
3	42×8=	8	62×9=
4	35×7=	9	47×3=
5	63×6=	10	93×5=

 例 4-10 342×2＝684

步骤1 运用公式 $M+N=+4$，将首积定位在＋4位档上。用乘数2乘被乘数的首数3，“二三06”，将积的首数0拨入＋4位档上，积的个位数6拨在＋3位档上，如图4.11所示。

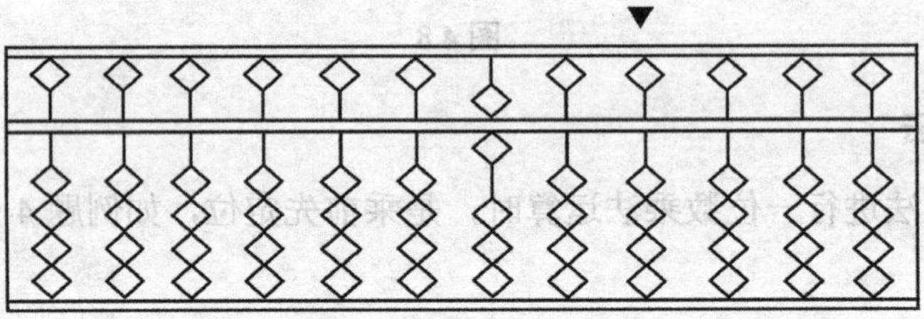

图 4.11

步骤2 用乘数2乘被乘数的4，“二四08”，将积的十位数0拨入＋3位档上，积的个位数8拨在＋2位档上，如图4.12所示。

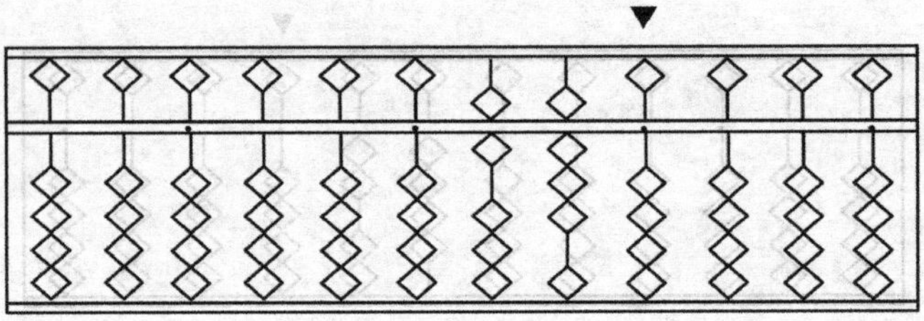

图 4.12

步骤3 用乘数2乘被乘数的2，“二二04”，将积的十位数0拨在＋2档位上，积的个位数4拨在＋1位档上，得积数684，如图4.13所示。

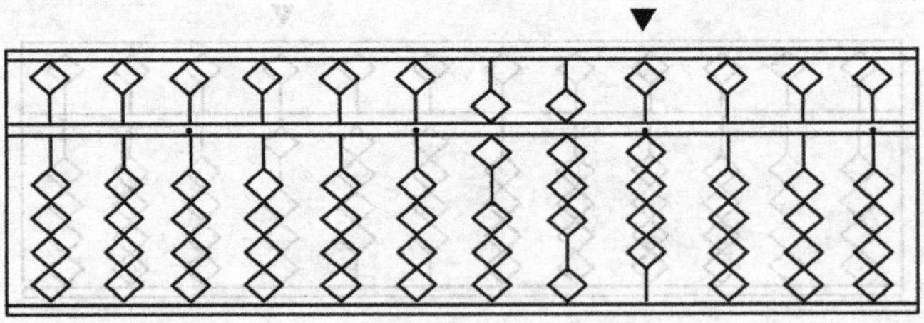

图 4.13

阶段性练习

1	138×3＝	6	652×4＝
2	642×2＝	7	391×3＝
3	513×6＝	8	723×9＝
4	891×5＝	9	215×5＝
5	147×7＝	10	337×2＝

例 4-11　607×5=3 035

步骤1　运用 $M+N=+4$，将乘积的首位定位在+4档位上。用乘数5乘被乘数的首位数6，“五六30”，积的首数3拨在+4位档上，积的个位数0拨在+3位档上，如图4.14所示。

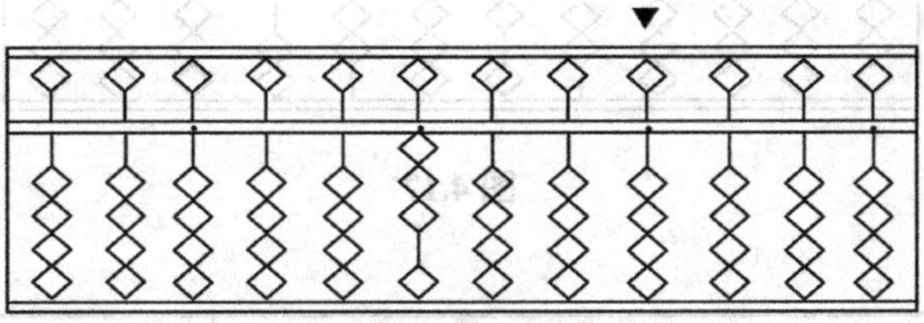

图 4.14

步骤2　用乘数5乘被乘数第2位数0，由于0与任何数相乘积都为0，而0在算盘上以空档表示，因此把手指从上次停留的档上向右顺移一档，并把手指停留在此档上。

步骤3　用乘数5乘被乘数的个位数7，“五七35”，将积的首数3拨在+2位档上，积的个位数5拨在+1位档上，得积数3 035，如图4.15所示。

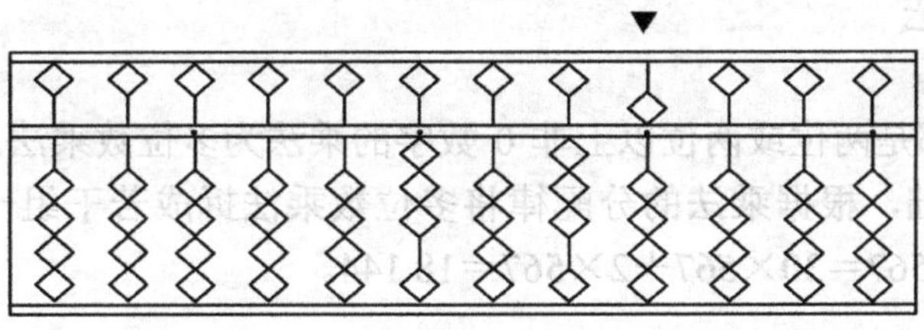

图 4.15

例 4-12　8 007×6=48 042

步骤1　运用 $M+N=+5$，将乘积的首位定位在+5档位上。用乘数6乘被乘数的首位数8，“六八48”，将积的首数4拨在+5位档上，积的个位数8拨在+4位档上，如图4.16所示。

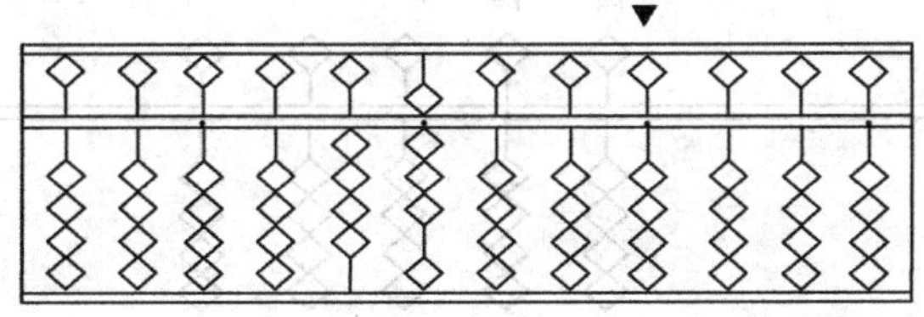

图 4.16

步骤2　用乘数6乘被乘数第2位数和第3位数0，由于0与任何数相乘积都为0，而0在算盘上以空档表示，因此把手指从上次停留的档上向右顺移两档，并把手指停留在此档上。

步骤3　用乘数 6乘被乘数的个位数 7，“六七 42”，将积的首数 4拨在＋2位档上，积的个位数 2拨在＋1位档上，得积数 48 042，如图 4.17所示。

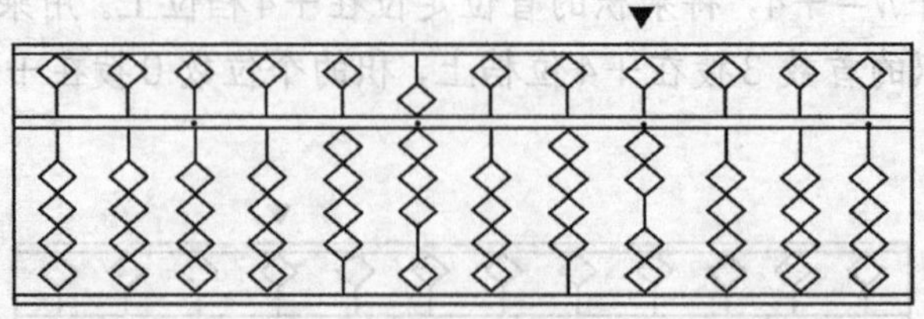

图 4.17

阶段性练习

1	703×5＝	6	9 004×5＝
2	906×4＝	7	7 009×3＝
3	308×5＝	8	6 002×7＝
4	402×6＝	9	4 006×5＝
5	603×7＝	10	2 008×4＝

4.2.2　多位数乘法

乘数与被乘数都是两位或两位以上非 0 数字的乘法为多位数乘法。多位数乘法算法是以一位数乘法为基础，根据乘法的分配律将多位数乘法拆成若干组一位数乘法。例如，32×567＝(30＋2)×567＝30×567＋2×567＝18 144。

1. 公式定位法

用空盘前乘法进行多位数乘法运算时，容易因各位数积加错档次而产生运算错误。因此，根据多年实践总结及同行之间的相互交流，这里设计了一个置积档次图，按照图示位置拨置积数，有利于运算准确。置积档次如图 4.18 所示。

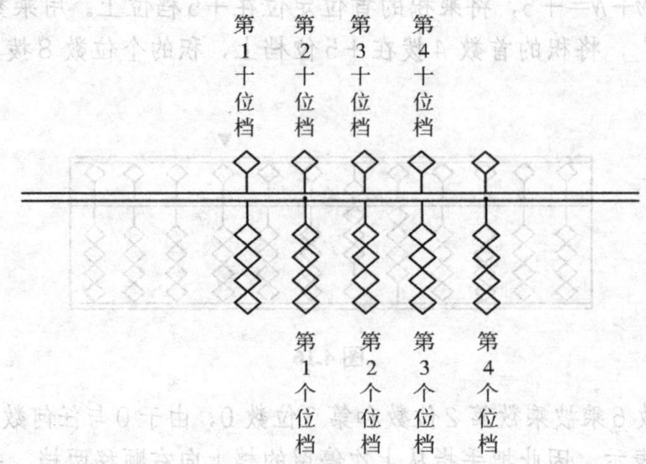

图 4.18

如图 4.18 所示，采用公式定位法进行多位数乘法运算时，需要根据首积的积首是否有进位来判断选择哪个定位公式。把这个档位作为首积的十位数档，称为第 1 十位档，顺次向右为第 2 十位档、第 3 十位档……；把第 1 十位档的右一档作为首积的个位数拨置档，即第 1 个位档。所谓“第 1、第 2、……”，依乘数为第几位（从最高位开始）而定。运算时，第几位乘数同被乘数首位相乘，其积的十位数就拨加在第几十位档上，积的个位数就拨加在第几个位档上，菱珠算盘每 3 档就有一个定位点，从一个定位点往左数，带有定位点的档顺次为第 1、4、7、10 位档。按照图 4.18 所示置积，可以避免因置积时串位而造成计算错误，从而加快运算速度。

运算方法及步骤如下。

步骤 1 计算时首先清盘，形成空盘，然后眼看被乘数，默记乘数，直接拨积入盘。

步骤 2 乘序。先用乘数的最高位数同被乘数最高位依次从左向右逐位相乘，依次乘算加积。乘完后，再用乘数的第 2 位同被乘数的各位相乘，依次乘算加积，直至乘数末位同被乘数各位乘完为止，如图 4.19 所示。

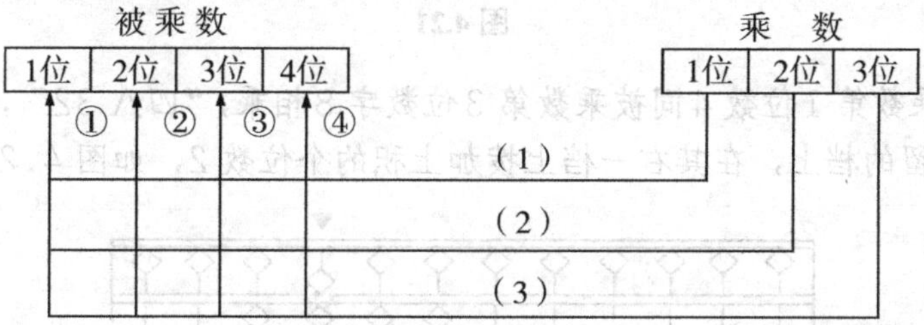

图 4.19

步骤 3 加积档次。首先将首积的十位数拨加在第 1 十位档上，把首积的个位数拨加在第 1 个位档上，然后按第几位乘数与被乘数的乘积的十位数拨加在第几十位档上，积的个位数拨加在其右一档上。这种连续地、依次地将被乘数与乘数乘积的十位数拨加到上次积的个位数档上，积的个位数拨加在其右一档的现象，称为递位迭加。递位迭加是对乘法运算过程中的加积的最直观的体现。为了保证运算的准确，运算时要注意“手不离盘，指不离档”。

步骤 4 乘积定位。采用公式定位法定位时，如果第 1 十位档上有算珠，用公式（4-1）定位；如果第 1 十位档上没有算珠，则用公式（4-2）定位。

例 4-13 548×0.46=252.08

步骤 1 首先选一定位点档作为首积的十位档，即第 1 十位档，其右一档为第 1 个位档。

步骤 2 用乘数首位数 4 同被乘数首位数 5 相乘，“四五 20”，积为两位数，把积的十位数 2 拨到第 1 十位档上，积的个位数为 0，则在第 1 个位档以空档表示，手指停留在该档上，如图 4.20 所示。

步骤 3 用乘数的第 1 位数字 4 同被乘数第 2 位数相乘，“四四 16”，将积的十位数 1 加在上次手指停留的档上，积的个位数 6 在其右一档拨加，手指停留在本次积的个位档上，如图 4.21 所示。

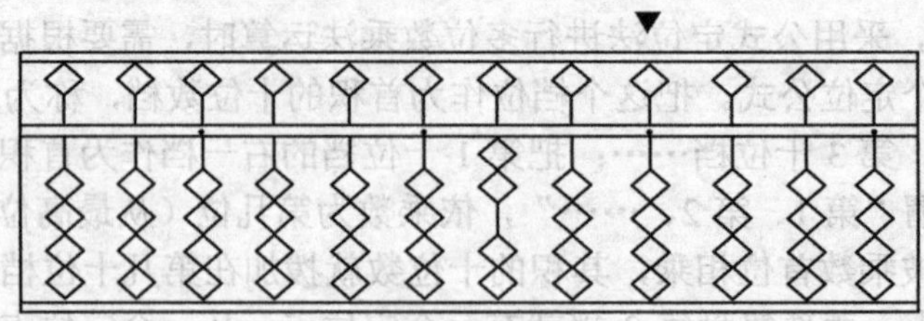

图 4.20

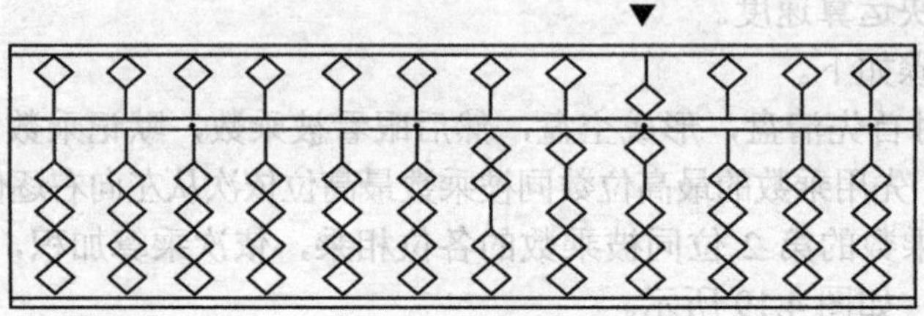

图 4.21

步骤4　用乘数第1位数4同被乘数第3位数字8相乘，“四八32”，将积的十位数3加在上次手指停留的档上，在其右一档上拨加上积的个位数2，如图4.22所示。

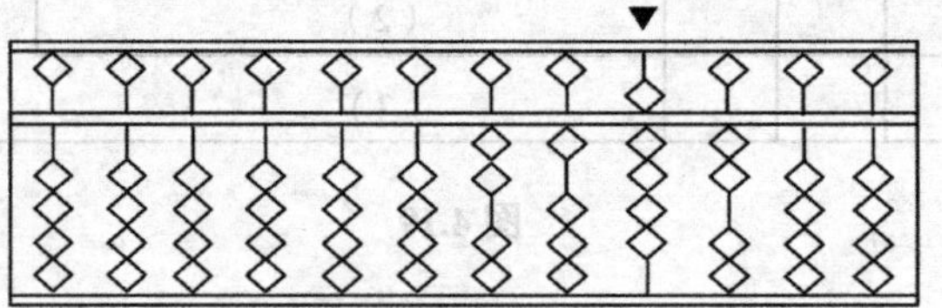

图 4.22

步骤5　用乘数第2位数6同被乘数首位数5相乘，“六五30”，将积的十位数3拨加在第2十位档，积的个位数为0，手指退后一位（即往右移一位为第2个位档），手指停留在本次积的个位档上，如图4.23所示。

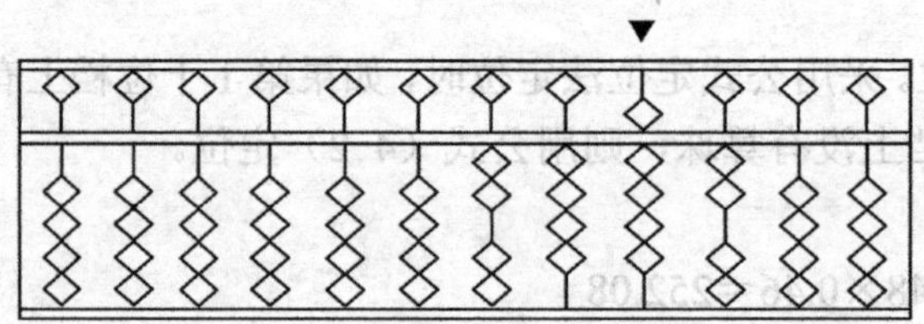

图 4.23

步骤6　用乘数第2位数6同被乘数第2位数4相乘，“六四24”，将积的十位数2加在上次手指停留的档上，积的个位数4加在其右一档，手指停留在该档上，如图4.24所示。

步骤7　用乘数第2位数6同被乘数第3位数8相乘，“六八48”，将积的十位数4加在上次手指停留的档上，积的个位数8加在其右一档，手指停留在该档上，如图4.25所示。

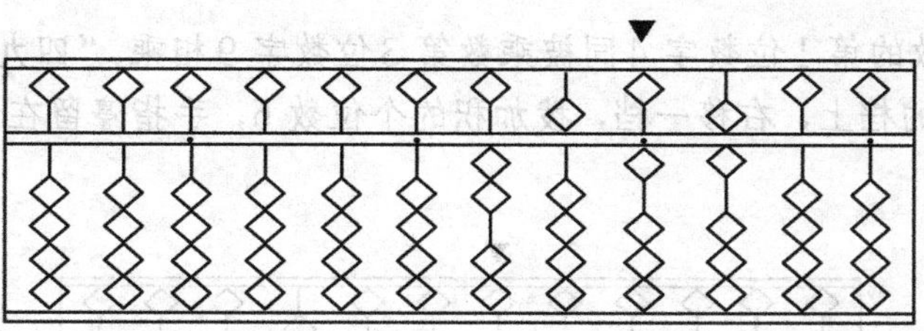

图 4.24

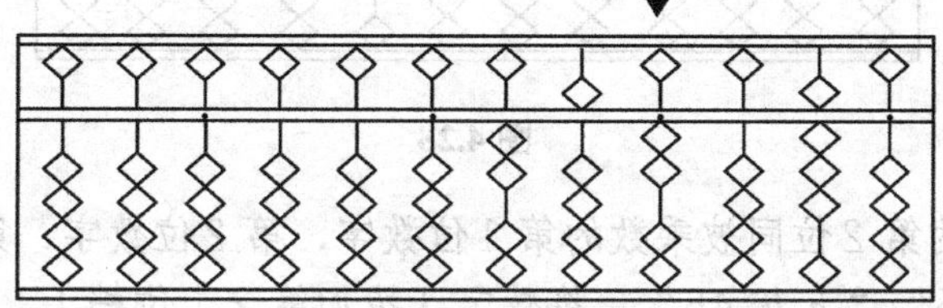

图 4.25

乘积定位用公式定位法，由于第1十位档上（选定的定位点档）有算珠，运用公式（4-1），$M+N$=3位+0位=+3位，因此乘积为 252.08。

例 4-14 0.259×4.5=1.17（保留两位小数）

步骤1 首先选一定位点档作为首积的十位档，即第 1十位档，其右一档即为第 1个位档。

步骤2 用乘数首位数字 4同被乘数首位数字 2相乘，“四二 08”，积的十位数为 0，将 8拨在第 1个位档上，手指停留在此档上，如图 4.26所示。

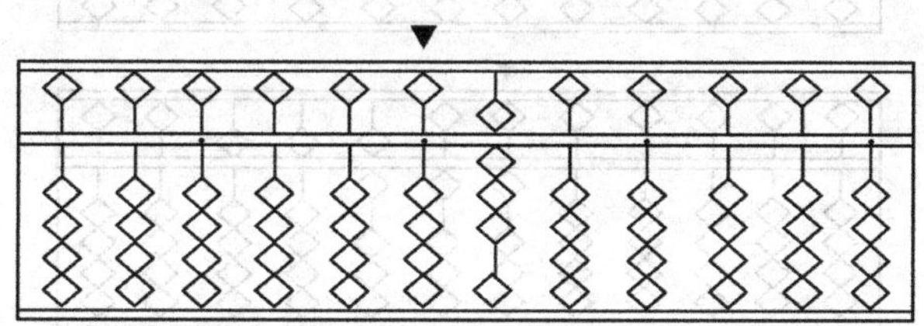

图 4.26

步骤3 用乘数第 1位数字 4与被乘数第 2位数字 5相乘，“四五 20”，将积的十位数 2拨加在手停留的档上，积的个位数为 0，手指向右移一档，停在本次积的个位档上，如图 4.27所示。

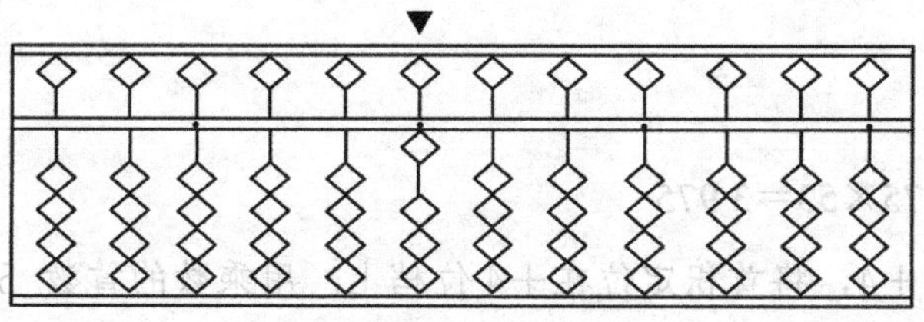

图 4.27

步骤4　用乘数的第1位数字4同被乘数第3位数字9相乘，“四九36”，将积的十位数3拨加在手停留的档上，右移一档，拨加积的个位数6，手指停留在该档上，如图4.28所示。

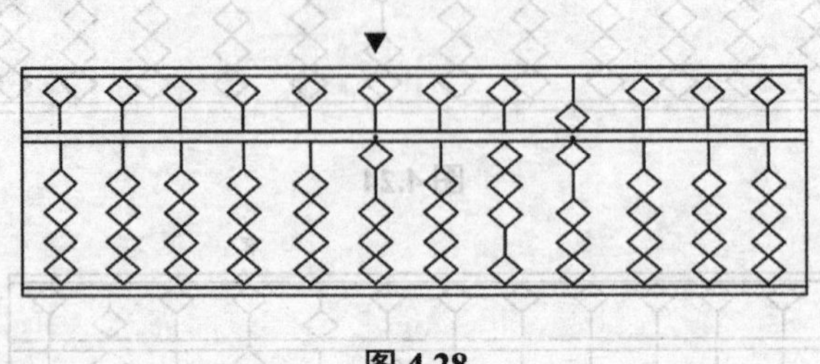

图4.28

步骤5　用乘数的第2位同被乘数的第1位数字、第2位数字、第3位数字分别相乘。“五二10”“五五25”“五九45”，将数字1拨加第2十位档上，依次采用递位迭加将25、45拨珠上盘，如图4.29所示。

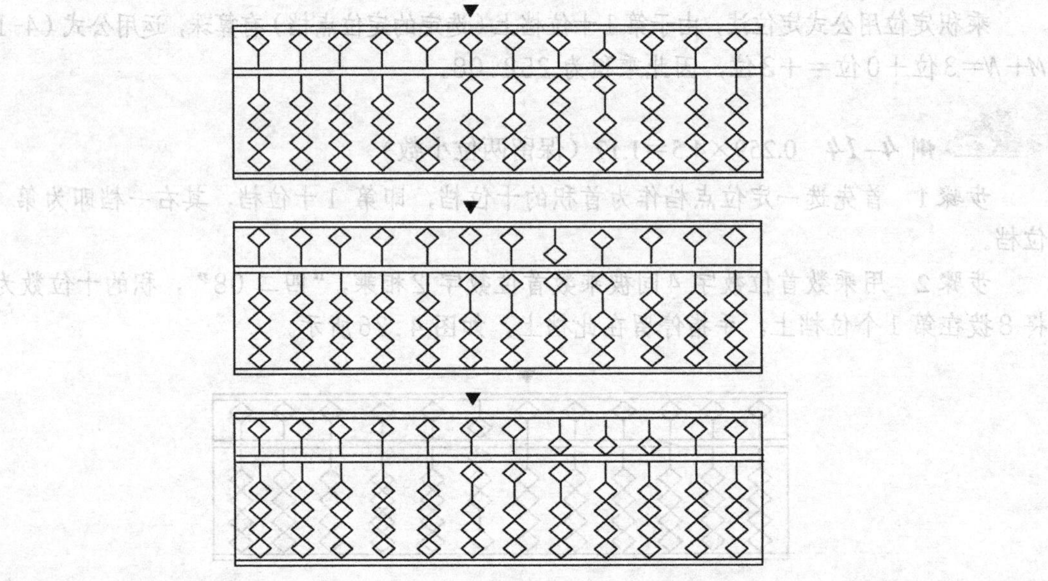

图4.29

本例的特点是：首积“四二08”，积为一位数，第1十位档上没有数字，但在运算中，加积形成进位，而使第1十位档上有算珠。这样在乘积定位时运用公式（4-1）定位。因此，对于定位公式的选用，应在得出运算结果后通过第1十位档上是否有算珠来判断。

2. 固定个位法

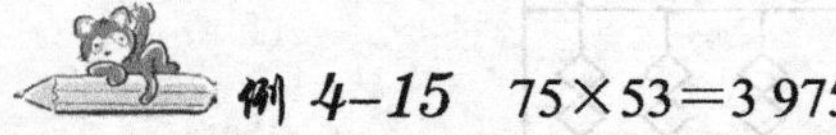

例4-15　75×53=3 975

步骤1　$M+N=+4$，将首积定位在+4位档上。用乘数的首数5乘被乘数的首数7，“五七35”，将3拨在+4位档上，5拨在+3位档上。用5乘被乘数个位上的5，“五五

25”，将 2 拨在＋3 位档上，5 拨在＋2 位档上，如图 4.30 所示。

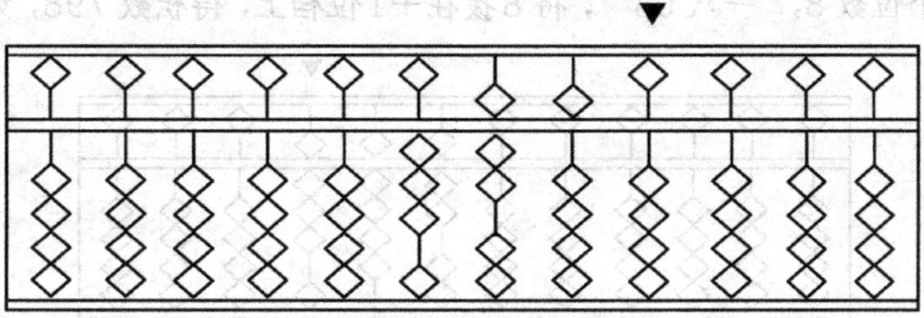

图 4.30

步骤 2　用乘数个位上的 3 乘被乘数的首数 7，“三七 21”，将 2 拨在＋3 位档上，1 拨在＋2 位档上，5 拨在＋1 位档上，得积数 3 975，如图 4.31 所示。

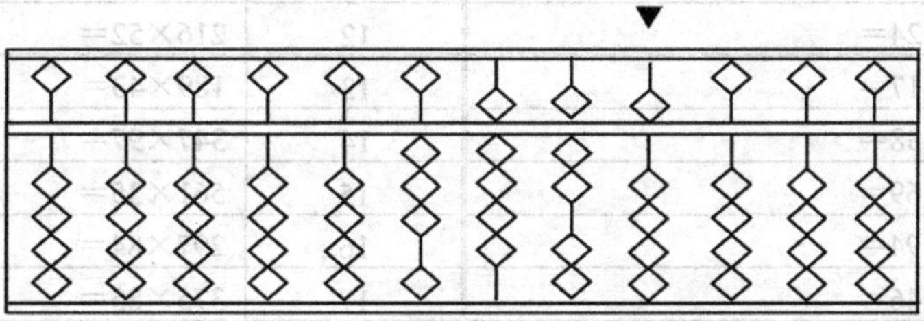

图 4.31

阶段性练习

1	87×59＝	6	78×92＝
2	69×34＝	7	95×35＝
3	53×71＝	8	23×89＝
4	86×43＝	9	45×67＝
5	47×86＝	10	56×72＝

例 4-16　38×21＝798

步骤 1　$M+N=+4$，将首积定位在＋4 位档上。用乘数的首位数 2 乘被乘数的首数 3，“二三 06”，将 6 拨在＋3 位档上；再用 2 乘被乘数的个位数 8，“二八 16”，将 1 拨在＋3 位档上，6 拨在＋2 位档上，如图 4.32 所示。

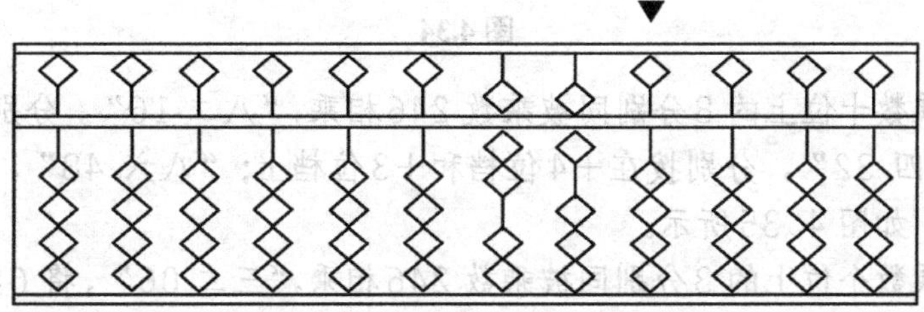

图 4.32

步骤2　用乘数个位上的1乘被乘数的首数3，“一三 03”，将3拨在+2位档上；再用1乘被乘数的个位数8，“一八 08”，将8拨在+1位档上，得积数798，如图4.33所示。

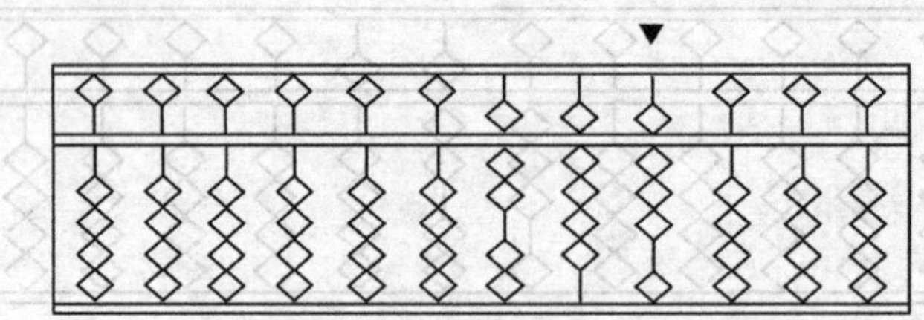

图 4.33

阶段性练习

1	12×83=	11	463×16=
2	42×24=	12	216×52=
3	73×17=	13	189×43=
4	12×38=	14	347×97=
5	65×69=	15	561×35=
6	57×94=	16	297×84=
7	84×46=	17	375×85=
8	98×57=	18	508×21=
9	16×91=	19	802×40=
10	39×25=	20	504×76=

例 4-17　246×783=192 678

步骤1　$M+N=+6$，将首积定位在+6位档上。用乘数7分别同被乘数246相乘，“七二 14”，分别拨在+6位档和+5位档上；“七四 28”，分别拨在+5位档和+4位档上；“七六 42”，分别拨在+4位档和+3位档上，如图4.34所示。

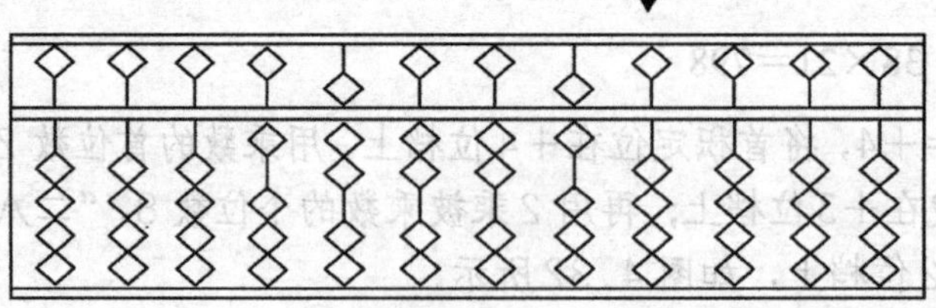

图 4.34

步骤2　用乘数十位上的8分别同被乘数246相乘，“八二 16”，分别拨入+5位档和+4位档上；“八四 32”，分别拨在+4位档和+3位档上；“八六 48”，分别拨在+3位档和+2位档上，如图4.35所示。

步骤3　用乘数个位上的3分别同被乘数246相乘，“三二 06”，将6拨在+3位档上；“三四 12”，将1拨在+3位档上，2拨在+2位档上；“三六 18”，将1拨在+2位档上，8拨在+1位档上，得积数192 618，如图4.36所示。

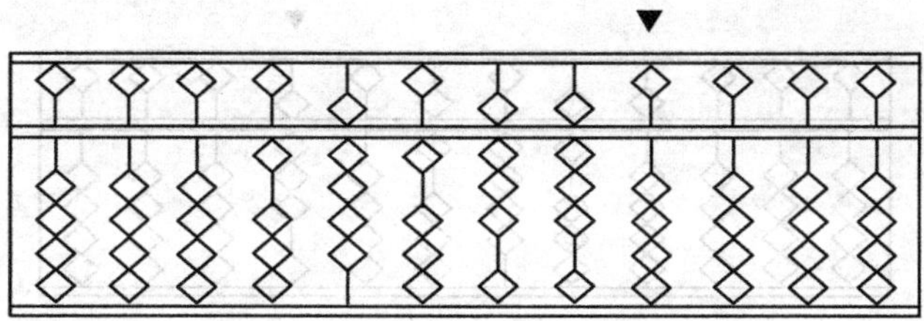

图 4.35

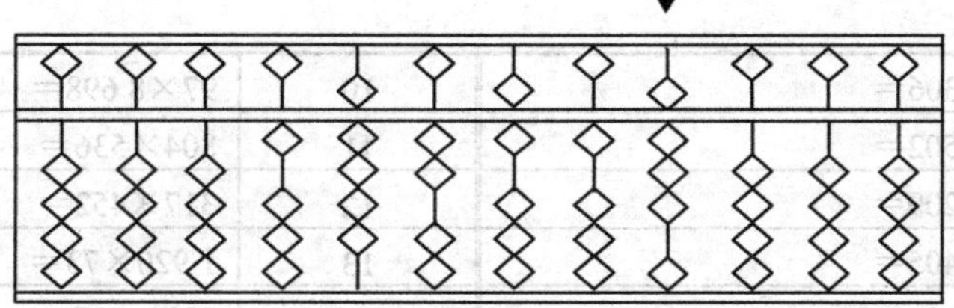

图 4.36

阶段性练习

1	52×329=	7	163×205=
2	18×481=	8	724×402=
3	93×276=	9	506×591=
4	62×154=	10	501×496=
5	27×963=	11	387×903=
6	84×812=	12	215×207=

例 4-18 802×704=564 608

步骤 1 $M+N=6$，将首积定位在+6 位档上。用乘数首数 7 乘被乘数首数 8，“七八 56”，将 5 拨在+6 位档上，6 拨在+5 位档上；再用 7 乘被乘数的个位数 2，“七二 14”，将 1 拨在+4 位档上，4 拨在+3 位档上，如图 4.37 所示。

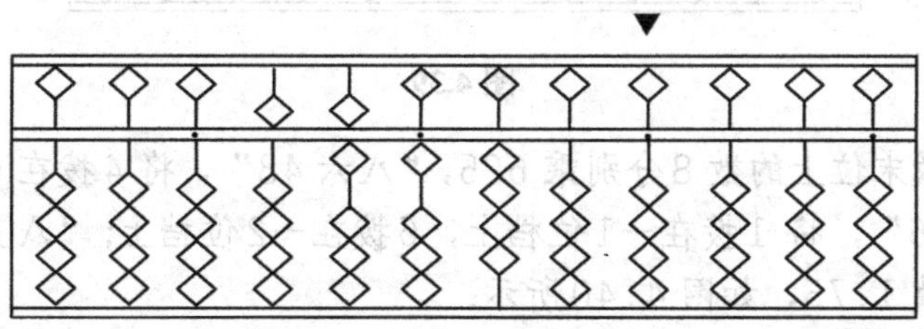

图 4.37

步骤 2 用乘数末位数 4 乘被乘数首数 8，“四八 32”，将 3 拨在+4 位档上，2 拨在+3 档上。再用 4 乘被乘数的末位数 2，“四二 08”，将 8 拨在+1 位档上，得积数 564 608，如图 4.38 所示。

图 4.38

阶段性练习

1	301×306＝	10	97×8 698＝
2	501×502＝	11	804×536＝
3	704×209＝	12	317×452＝
4	407×405＝	13	1 920×73＝
5	805×209＝	14	892×637＝
6	102×603＝	15	5 903×97＝
7	608×106＝	16	425×401＝
8	406×901＝	17	6 495×62＝
9	504×402＝	18	4 007×49＝

例 4-19　6.25×0.28＝1.75

步骤 1　M=1、N=0、$M+N$=1，将首积定位在＋1位档上。用乘数最高位数字 2分别乘 625，“二六 12”，将积的十位数 1 拨在＋1位档上，2拨在 0位档上；“二二 04”，将 4拨在－1位档上；“二五 10”，将 1拨在－1位档上，如图 4.39所示。

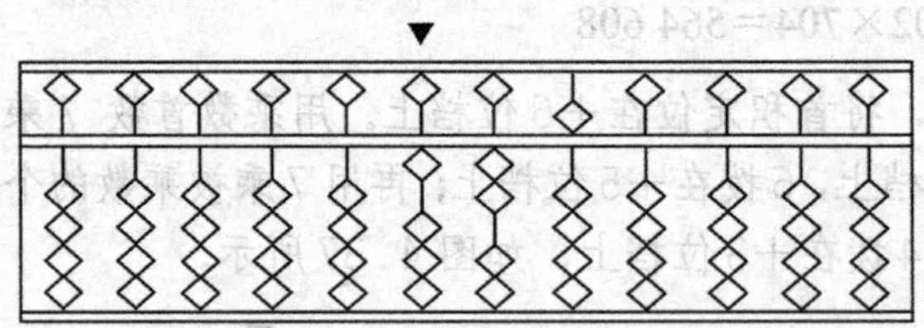

图 4.39

步骤 2　用乘数末位上的数 8分别乘 625，“八六 48”，将 4拨在 0位档上，8拨在－1位档上；“八二 16”，将 1拨在－1位档上，6拨在－2位档上；“八五 40”，将 4拨在－2位档上，得积数 1.75，如图 4.40所示。

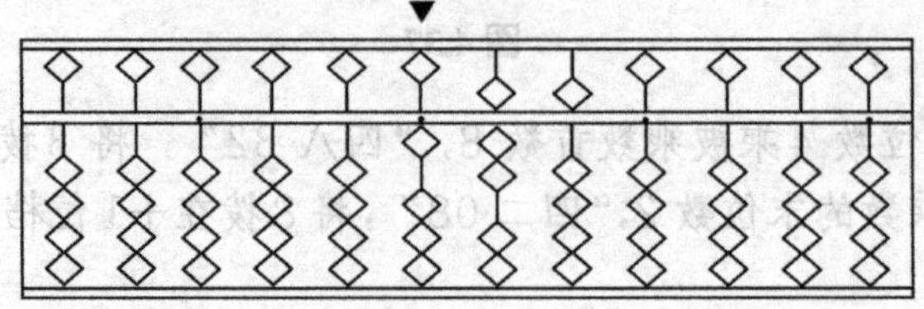

图 4.40

阶段性练习

1	940×0.75＝	7	3 500×0.16＝
2	6.25×0.128＝	8	1 024×0.75＝
3	782×0.45＝	9	4 750×0.64＝
4	104×0.025＝	10	7 680×0.025＝
5	0.625×0.096＝	11	250×0.008＝
6	57.6×0.075＝	12	96 250×0.007 2＝

4.3　乘法的其他方法

4.3.1　破头乘法

在珠算中，破头乘法是指当被乘数与乘数的首位数相乘时，由于被乘数的本位要改拨乘积的十位数而被破掉，因此这种乘法叫破头乘法。其运算步骤与方法如下。

1. 置数和定位

破头乘法与空盘前乘法不同，首先要拨置被乘数，被乘数拨置的位置由采用的定位方法而定。用公式定位法，应首先选一个定位点——被乘数首位非 0 数字的置数档次，然后依次拨入其他数字，运算结束后，如果积的首位落在该定位点上，则采用公式（4-1）确定乘积的位数；如果积的首位落在定位点的右一档上，则采用公式（4-2）确定乘积的位数。

2. 运算顺序

在破头乘法中，当被乘数各位与乘数的某位相乘时，其顺序与空盘前乘法的运算顺序正好相反。

首先用被乘数的末位数（非 0 数）与乘数的首位（非 0 数）相乘，乘积为首积。再用被乘数的末位数与乘数的第 2 位、第 3 位……从右至左依次相乘，直到乘数的末位同被乘数的末位乘完为止。最后用被乘数的第 2 位数采用同样的运算顺序从右至左依次乘算，直至被乘数的最高位同乘数的末位乘完为止，如图 4.41 所示。

乘数				被乘数		
1位	2位	3位		1位	2位	3位
③	②	①	（3）			
③	②	①	（2）			
			（1）			

图 4.41

3. 加积档次

① 被乘数的末位与乘数的最高位的乘积为首积，首积的十位由被乘数末位改拨而成，其右一档拨入首积的个位数，此次乘积的个位档为下次乘积的十位所拨加的档次，其右一档为下次乘积的个位拨加的档次，依次递位迭加。

② 乘积的顺序为：首先由被乘数的末位与乘数的各位（从高位到低位）相乘，递位迭加拨珠入盘；然后，由被乘数的末2位、末3位……分别与乘数的各位相乘，将乘积拨入正确的档次。运算如图4.42所示。

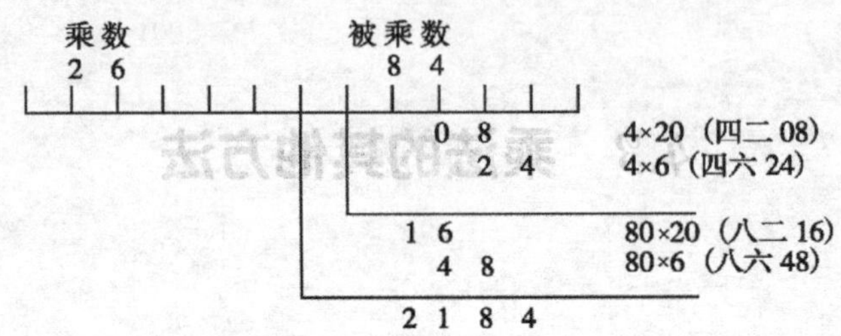

图4.42

在运算中，为了避免出现将乘积加错档次的问题，可以运用以下规律进行拨加：先牢记被乘数，被乘数的哪一位与乘数的最高位相乘，就在被乘数哪一档上拨入积的十位数，右一档拨入积的个位数，然后递位迭加被乘数这一位与乘数各位依次乘积的结果。

 例 4-20　0.84×2.6＝2.18（保留两位小数）

步骤1　采用公式定位法，确定一个定位点档，从此档依次拨入被乘数（从非0数字开始），并默记乘数，如图4.43所示。

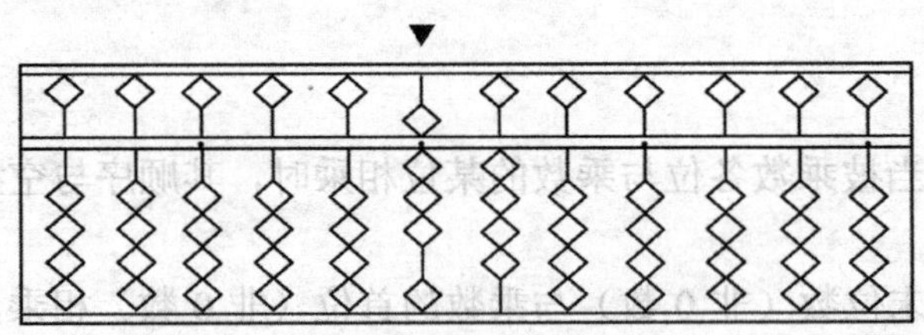

图4.43

步骤2　用被乘数的末位数4同乘数的最高位2相乘，“四二08”，将被乘数本位数字4改成积的十位数0，在右一档加上积的个位数8，将手指停留在该档上，如图4.44所示。

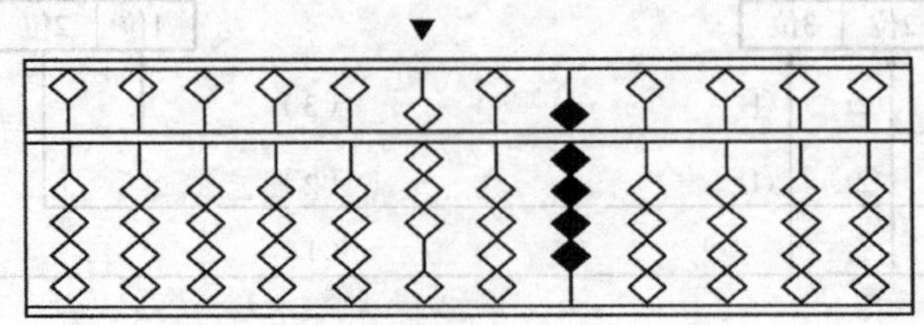

图4.44

步骤3 用被乘数的末位数4同乘数的第2位数6相乘，“四六24”，将积的十位数2加在手指停留的档上，右一档拨加积的个位数4，如图4.45所示。

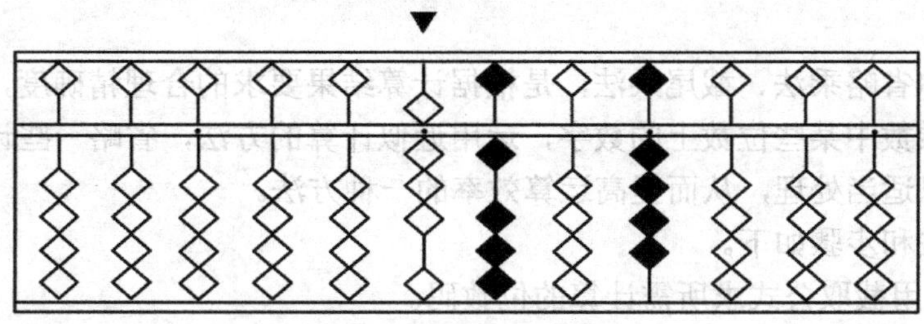

图4.45

步骤4 用被乘数的末2位数8同乘数的最高位相乘，“八二16”，将被乘数8改成积的十位数1，在下一档加上积的个位数6，将手指停留在该档上，如图4.46所示。

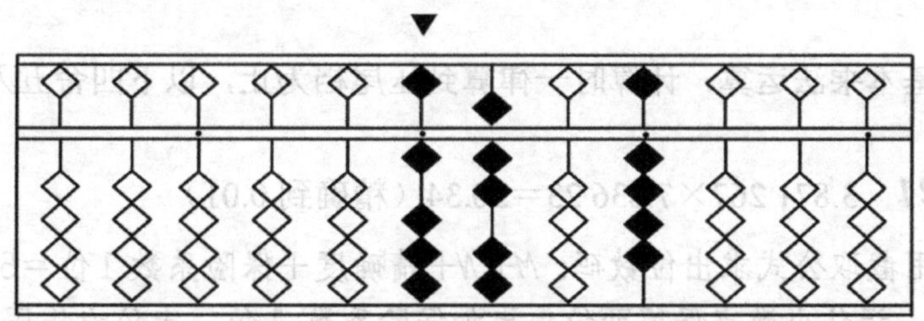

图4.46

步骤5 用被乘数的末2位数8同乘数的第2位数6相乘，“八六48”，将积的十位数4加在手指停留的档上，右一档拨加积的个位数8，如图4.47所示。

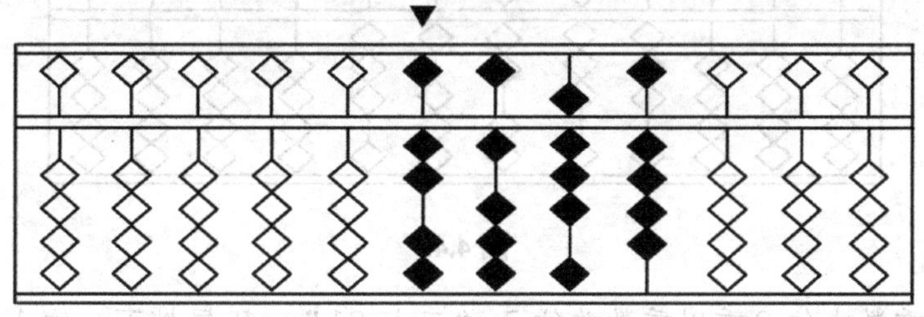

图4.47

采用公式定位法，定位点上有数字2，运用公式（4-1），$M+N=0+1$位$=+1$位，积为2.184。

采用破头乘法运算时，被乘数从末位至首位分别与乘数各位按读数顺序自左向右相乘，同其他乘法相比较，减少了隔位跳位，因此速度快。但是破头乘法在拨加首积时，被乘数即被破掉，以后再与乘数其他位相乘时，必须用脑将原被乘数记住，不能再直观乘算，因此掌握破头乘法的难度比较大，需要熟记、熟用“大九九”口诀，做到脑手合一，才能很好地运用。

4.3.2 省乘法

省乘法也称省略乘法、截尾乘法，是根据计算结果要求的合理精确度，用四舍五入法删掉乘数与被乘数中某些位数上的数字，运用近似计算的方法，省略一些计算过程，并对积数的尾数加以适当处理，从而提高运算效率的一种方法。

其运算方法和步骤如下。

步骤 1　先用截取公式求所需计算的位数码。

截取公式＝M＋N＋精确度＋保险系数 1 位（运用截取公式一般结合固定个位法进行）

步骤 2　在盘上固定个位档。

步骤 3　被乘数按 $M+N$ 定出的位数，按固定个位档定位法拨入盘中。在个位后面留出小数点数码，再加 1 位保险系数。截留位码后，其末位定为压尾档（又称截止档，用“▽”表示）。

步骤 4　用基本乘法运算，计算时一律算到压尾档为止，以下四舍五入。

例 4-21　3.871 267×7.836 23＝30.34（精确到 0.01）

步骤 1　先用截取公式求出位数码：M＋N＋精确度＋保险系数 1 位＝5 位。按固定个位法拨被乘数入盘，记住小数点保留两位，再加保险系数 1位，末位看作压尾档。计算时算到压尾档为止，如图 4.48所示。

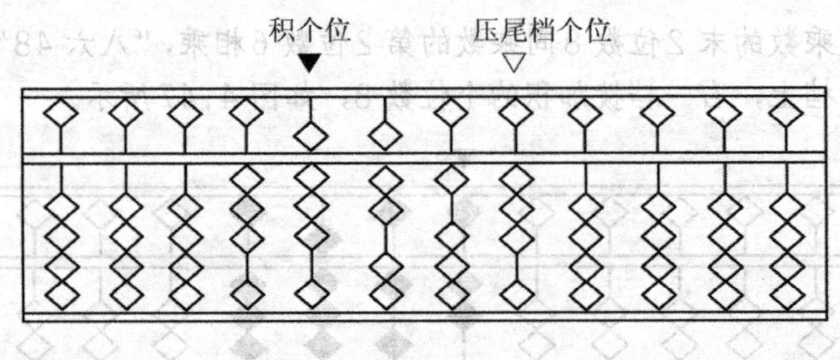

图 4.48

步骤 2　被乘数末位 3 乘以乘数首位 7，“三七 21”，压尾档下一位 1 舍去，乘数 7 以下可不再乘了。盘面数为 38 712，如图 4.49 所示。

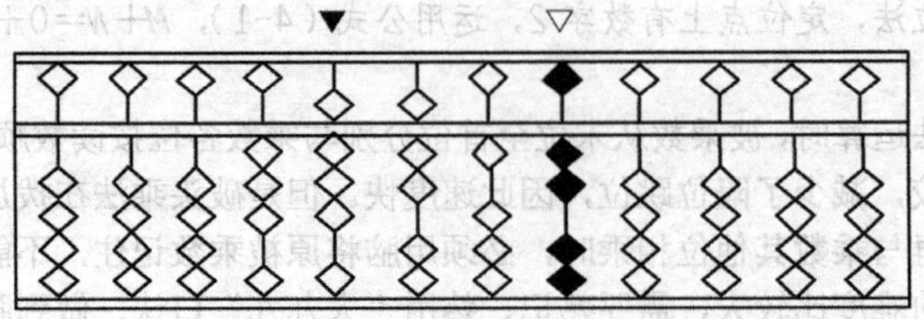

图 4.49

步骤 3　被乘数的倒数第 2 位 1 乘以乘数 78 即可。“一七 07”“一八 08”，压尾档下一位数 8 进上来。盘面数为 38 710，如图 4.50 所示。

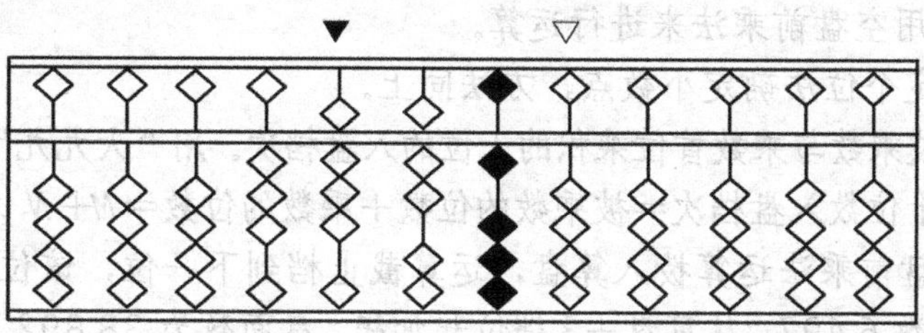

图 4.50

步骤 4　被乘数倒数第 3 位 7 乘以乘数 783 即可。“七七 49”“七八 56”“七三 21”，压尾档下一位数 1 舍去。盘面数为 38 558，如图 4.51 所示。

图 4.51

步骤 5　被乘数倒数第 4 位 8 乘以乘数 7 836 即可。“八七 56”“八八 64”“八三 24”“八六 48”，压尾档下一位 8，四舍五入。盘面数为 36 827，如图 4.52 所示。

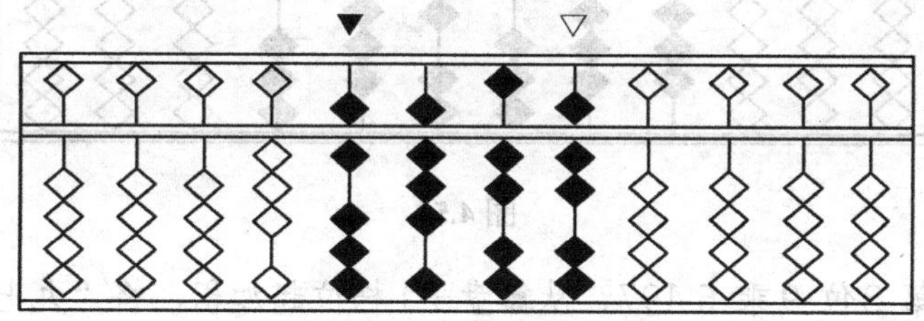

图 4.52

步骤 6　被乘数首位数 3 乘以乘数 78 362 即可。得积数 30 336，如图 4.53 所示。

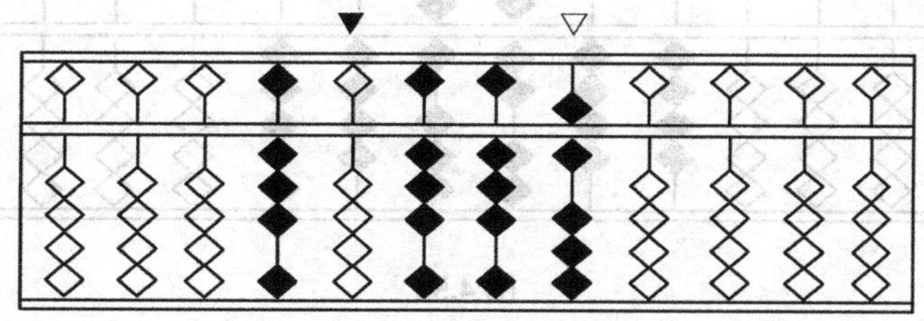

图 4.53

步骤 7　最后得数为 30.34。

例 4-22　64.97×6.893＝447.84

省乘法也可以用空盘前乘法来进行运算。

步骤 1　用固定个位法确定小数点，方法同上。

步骤 2　确定被乘数与乘数首位乘积的十位的入盘档次。用“大九九”口诀乘法，被乘数与乘数首位乘积的十位数入盘档次＝被乘数的位数＋乘数的位数＝$M+N$，本题中为 2＋1＝3。

步骤 3　用空盘前乘法运算拨入算盘，运算截止档到下一位，该位做四舍五入处理。乘数首位 6 乘被乘数 6 497，从算盘＋3 档位起加积，盘面数为 38 892，如图 4.54 所示。

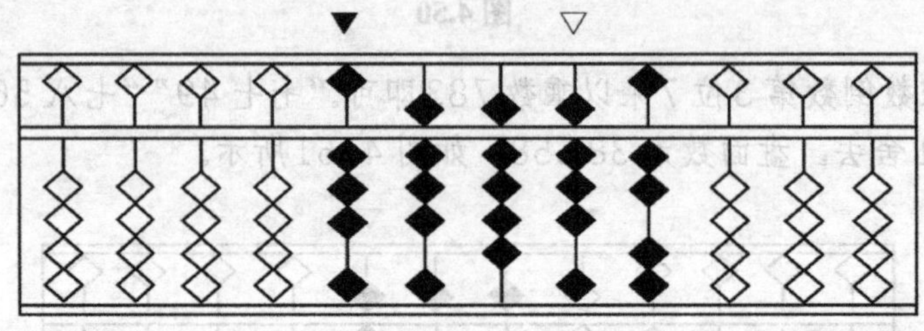

图 4.54

步骤 4　乘数次位 8 乘 6 497，从算盘＋2 档位起加积，盘面数为 441 796，如图 4.55 所示。

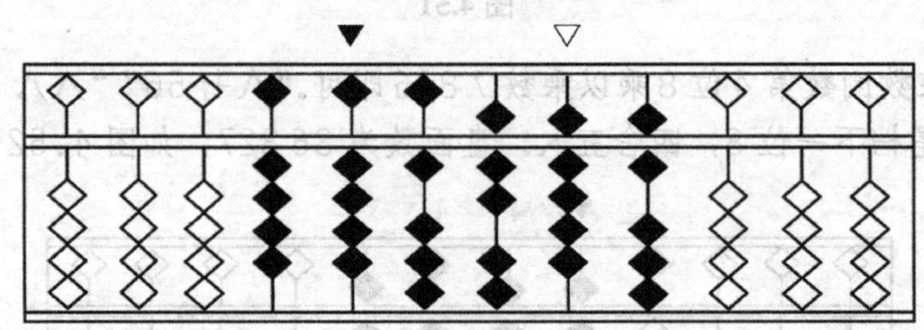

图 4.55

步骤 5　乘数第 3 位 9 乘 6 497，从算盘＋1 档位起加积，将“九七 63”的 3 舍去，盘面数为 447 643，如图 4.56 所示。

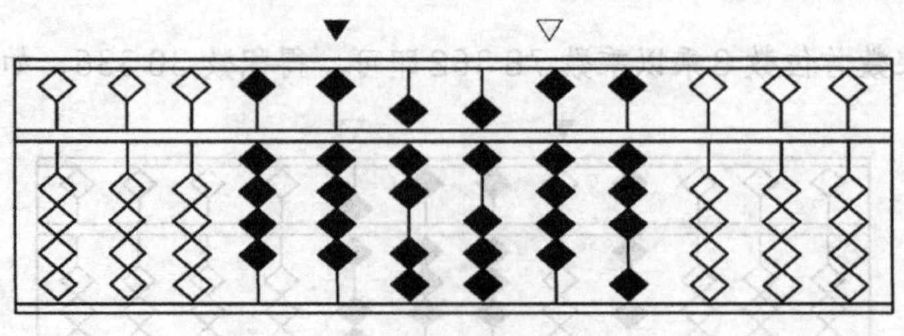

图 4.56

步骤 6　乘数第 4 位 3 乘 6 497，从算盘的 0 档位开始加积，“三六 18”“三四 12”“三九 27”，将 7 进上来，后面就不用再乘了，盘面数为 447 838，如图 4.57 所示。

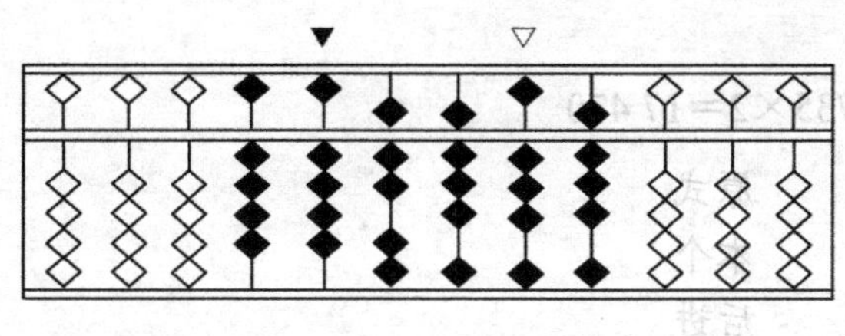

图 4.57

步骤7　截止档上的数四舍五入后，得积 447.84。

4.4 速算乘法

为了介绍速算乘法的方法，这里先定义3个专用名词。

① 本位。实数中正在运算的那个数位，叫本位。

② 本个。本位被乘以后，只取乘积的个位数，对于本位乘积的修正位数叫本个。

③ 后进。本位的下一位被乘以后，需向前一位进位的数，叫后进。

4.4.1 乘数是1的速算技巧

任何数与1相乘，其积不变，本个就是它本身，而进位数一概是0。

4.4.2 乘数是2的速算技巧

6、7、8、9的下珠在算盘上也是1、2、3、4，与1、2、3、4几个数码所不同的是多了一个上珠5，而乘数是2时，只有实数大于或等于5时，积才有进位，而且进位都是1。根据这个规律，把乘数是2的速算归纳总结为：下珠1抵2，上5前位1，即把下珠1个相当于2个，也就是被乘数自身的2位，有上珠就同时向前一位进1。

例 4-23　123×2=246

1 2 3 × 2　　原式
2 4 6　　　　本个
0 0 0　　　　后进
2 4 6 乘积

心算过程如下。

步骤1　实数首位1不进位，1的2倍为2。

步骤2　实数第2位2的2倍为4，无后进，把本个4写在2的下边。

步骤3　实数第3位3的2倍是6，无后进，把本个6写在3的下边。因为123和2相乘无后进，所以乘积为246。

例 4-24　8 735×2＝17 470

```
  8 7 3 5×2    原式
  6 4 6 0      本个
   1 1 0 1     后进
 1 7 4 7 0
```

心算过程如下。

步骤 1　实数的首位 8，有上珠 5。“上 5 前位 1”，积的首位为 1。

步骤 2　实数首位 8 的本个为 6，下一位 7 后进为 1，故 6＋1＝7，乘积的第 2 位是 7。

步骤 3　实数第 2 位 7 的本个为 4，下一位 3 无进位，故乘积的第 3 位是 4。

步骤 4　实数的第 3 位 3 的本个为 6，后位 5 有上珠 5，进位为 1，6＋1＝7，故乘积的第 4 位是 7。

步骤 5　实数末位 5 的本个是 0，没有后进，0 落下，得该题乘积为 17 470。

当掌握了规律后，经过练习能达到“见数一闪而出”，也就是看到数后，在头脑中不经过任何运算过程就能立即闪现出它的“本个”和“后进”来。开始练习时，可反复用横式求一个数的 2 位，并直接写出。例如：

8 325 143×2= ——→ 16 650 286

16 650 286×2= ——→ 33 300 572

33 300 572×2= ——→ 66 601 144

4.4.3　乘数是 5 的速算技巧

乘数是 5 的本个如表 4.2 所示。

表 4.2　本个

实数	1	2	3	4	5	6	7	8	9
本个	5	0	5	0	5	0	5	0	5

由表 4.2 可知，5 与奇数相乘，其本个都是 5，5 与偶数相乘，其本个都是 0。又因当某数乘以 5 和该数除以 2 时，在盘上的数字值是相等的，所以当乘数是 5 时，又叫折半法。其具体方法为：偶折半，奇减 1，前 1（奇）当 10 看，即偶数直接折半，奇数减 1 后折半，所减的 1 并入下位一起折半；尾数是偶数，该数后加 0；尾数是奇数，下位就填 5。

例 4-25　67 425×5＝337 125

```
6   7      4   2   5×5      原式
6   7-1   14   2   5-1      过程
2   2      2   2   2
3   3      7   1   2   5    乘积
```

心算过程如下。

步骤 1　实数首位 6 是偶数，直接折半为 3，故积的首位是 3。

步骤 2　实数第 2 位 7 是奇数，减 1 后折半为 3，所减的 1 并到下位一起折半，14 的一半为 7，故乘积的第 2、3 位数分别是 3 和 7。

步骤 3　实数第 4 位是偶数，直接折半为 1，故乘积的第 4 位数是 1。

步骤 4　实数第 5 位是奇数，减 1 后折半为 2，因为尾数是奇数，下位再填 5，所以 67 425×5 的乘积是 337 125。

例 4-26　用正反反复求数的 5 倍，用横式写出，如初始数是 38 259。

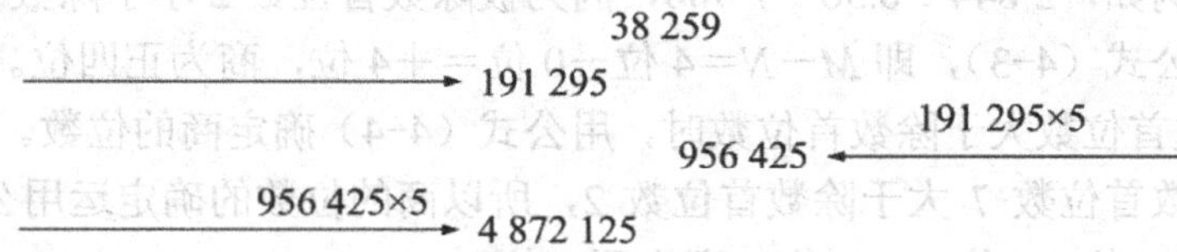

4.5　珠算除法的基础知识

已知两数之积和其中一个因数，求另一个因数的运算叫除法。除法是乘法的逆运算，也是同数连减的简算法，珠算除法的运算原理及求商过程与笔算除法基本相同，只是由于使用工具的不同而稍有区别。

珠算除法的运算方法主要有以下 3 种。

第一种是传统的珠算除法——扒皮法。这是由“金蝉脱壳”发展演变而来的，既不用九归口诀，又不用乘法九九口诀，初学者极易掌握，但因为运算步骤烦琐，运算速度慢，所以已被其他运算方法所代替。

第二种是商除法。商除法也是一种古老的求商法，是用乘法九九口诀乘减，有笔算基础的人很容易掌握。但它的不足是运算时首先必须估商（试商），估商需要心算，增加了退商和补商的可能，相应地增加了拨珠次数。

第三种是归除法。归除法利用前人总结的九归口诀确定试商，不仅可以减轻心算负担，而且估商快，拨珠次数少，计算效率高。但运用归除法必须熟记九归口诀，因此对初学者来说增加了难度。

近年来，人们在实践中，不断改革创新算法，总结出了一种商除法和归除法相结合的改商除法。其特点是：运算方法按商除，置商档次按归除。

以上介绍的几种珠算除法运算方法，学习者可以根据自己的兴趣、特点、需要有选择的掌握。

除法定位是以除数和被除数的位数为依据而进行的，是进行除法运算的前提。商的定位有许多方法，本书只介绍公式定位法和固定个位法。

4.5.1 公式定位法

公式定位法是根据不同情况运用固定公式确定商的位数的方法。如果以 M 代表被除数的位数，N 代表除数的位数，则商的定位公式如下。

$$\text{商的位数}=\begin{cases}M-N & (4\text{-}3)\\ M-N+1 & (4\text{-}4)\end{cases}$$

公式（4-3）和公式（4-4），要依据不同情况使用。

① 当被除数首位数（最高位数）小于除数首位数（指非 0 数字）时，用公式（4-3）确定商的位数。例如，2 844÷0.36＝7 900，因为被除数首位数 2 小于除数首位非 0 数 3，所以商的定位用公式（4-3），即 $M-N$＝4 位－0 位＝＋4 位，商为正四位。

② 当被除数首位数大于除数首位数时，用公式（4-4）确定商的位数。例如，782÷23＝34，因为被除数首位数 7 大于除数首位数 2，所以商的位数的确定运用公式（4-4），即 $M-N+1$＝3 位－2 位＋1 位＝＋2 位，商为正二位。

③ 当被除数的首位数与除数首位数相等时，则比较次高位，次高位也相同时，则依次比较下一位，直至能够比较出大小后确定运用哪一个公式进行商的定位。如果被除数在能够比较出大小的数位上大于除数的那一位数，则属于第 1 种情况，应运用公式（4-3）确定商的位数，反之则属于第 2 种情况，应运用公式（4-4）确定商的位数。由于这种逐位比较确定谁大比较费时，因此可以采用以除数为标准相同有效数（即第 1 个非 0 数字开始的全部数字，如 0.036 的有效数为 36）相比较确定大小的方式。例如，4 321÷41，用 43 同 41 比较，因为 43 大于 41，属于被除数大，所以采用公式（4-4）确定。

④ 当被除数的首位数等于除数的首位数时，则属于第 2 种情况，用公式（4-4）确定商的位数。例如，2 754÷0.027，因为被除数 27 等于除数，所以使用公式（4-4），即 $M-N+1$＝4 位－(－1 位)＋1 位＝＋6 位，确定商的位数为正六位。

4.5.2 固定个位法

固定个位法是指首先在算盘上以一个定位点档作为个位档，然后依次拨珠到盘，并进行运算，计算结束后，盘上的结果即为已经确定了数位的真实结果。由此可见，固定个位法与公式定位法的不同在于：固定个位法是先定位，后计算，而公式定位法是先计算，后定位。

由于固定个位法是运算前确定了个位档，因此被除数置入盘中的位置就尤为重要。对于不同的计算方法，被除数首位数所置的档位的确定方法也各不相同，但总体上可为两大类：一类是隔位置商方法（如商除法）；另一类是挨位置商方法（如归除法）。

如果以 A 代表被除数的位数，B 代表除数的位数，D 代表被除数首位所拨档次，则有：

$$D=\begin{cases}A-B & \text{（归除法、改商除法）}\\ A-(B+1) & \text{（商除法）}\end{cases}$$

例如，16 882÷367，采用归除法或改商除法运算时，被除数首位数 1 拨置的档次为 5

－3＝＋2 位，然后依次拨入 6 882，并进行运算。采用商除法运算时，被除数首位数 1 拨置的档次为 5－(3＋1)＝＋1 位，然后依次拨入 6 882，并进行运算。

4.6　商除法

珠算的商除法是一种古老的求商方法。这里的“商”是指试商、估商；“除”是指除去，即试商与除数的乘积从被除数上拨减。商除法与笔算除法的计算方法基本相同，主要是先心算估商，将估商置于被除数左侧（笔算是将商写于算式的上方），然后用估商与除数的最高位及依次各位（笔算是从除数的末位开始依次到高位）相乘，其积从被除数上减去。商除法由于方法简单，且不必另记口诀，因此易被初学者掌握。但此方法的主要特点是心算估商，因此如果想提高估算的准确性和运算速度，就必须加强心算练习。

4.6.1　一位数除法

除数是一位非 0 数字的除法为一位除法。其运算方法的步骤如下。

1. 定位和置数

如果用公式定位法，是依据被除数首位与除数首位的非 0 数字相比较的结果确定选用定位公式：如果被除数大，则位数相减加 1；如果被除数小，则位数相减。如果用固定个位法确定商的位数，则首先确定一个带定位点的档为个位档，然后运用置被除数首位数档次公式（以下简称置数公式）$D=A-(B+1)$确定被除数首位所在档位，依次拨珠入盘。

2. 估商

运用九九口诀试商，使试商与除数乘积小于且最接近于被除数。

3. 置商

当被除数大于除数时，商置在被除数（或除数）首位的左二档上，其左一档为空档，因此称为隔位商；当被除数小于除数时，商置在被除数首位的左一档上，因此称为挨位商。由此，商除法的置商可以归结为一句话：数大隔位商，数小挨位商。

4. 减积

用试商与除数相乘，其积的十位数从商的右一档减去，积的个位数从商的右二档减去。

5. 运算结果

遇到除不尽的情况时，可按照计算要求保留相应位数的小数（如国家珠算等级鉴定要求中规定普通 1 至 6 级，除算保留两位小数）。传统方法是：如果结果要求保留 N 位小数，则除算到小数点后 $N+1$ 位，然后做四舍五入处理。除这种方法外，还可采用减少一步除算，即不计算小数点后 $N+1$ 位的商，直接判断是否“舍去”或“入 1”的问题，即计算到

小数点后 N 位商时，按余数是否等于或大于 1/2 除数来判断。也就是说，余数大于或等于 1/2 除数时，小数点后 N 位商数加 1，为“入 1”；反之，商数不变为“舍去”。需要注意的是，由商除法得出的余数首位与商数应相隔一档（即余数首位在商右二档上），要防止看错余数的位数。

例 4-27 4 557÷7=651

步骤 1 用商除法中固定个位法的置数公式 $D=A-(B+1)=4$ 位 $-(1$ 位 $+1$ 位$)=+2$ 位，确定从＋2位档开始拨被除数，如图 4.58所示。

图 4.58

步骤 2 将被除数前两位与除数比较，用九九口诀心算估商 6。“数小挨位商”，将试商 6拨到被除数首位的左一档上，如图 4.59所示。

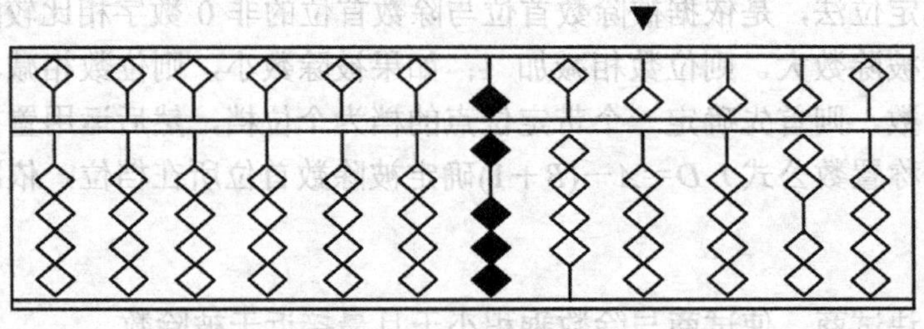

图 4.59

步骤 3 从试商 6右一档起，减去试商 6与除数 7的乘积 42，如图 4.60所示。

图 4.60

步骤 4 将余数 357看作被除数重新估商 5。“数小挨位商”，把试商 5拨到余数首位的左一档上，如图 4.61所示。

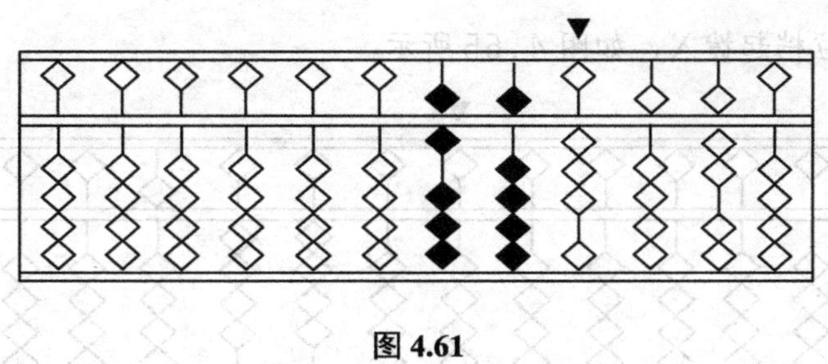

图 4.61

步骤 5　将试商 5 与除数 7 的乘积 35 从商的右一档开始拨减，如图 4.62 所示。

步骤 6　将余数 7 看作被除数，重新估商 1。“数大隔位商”，把试商 1 拨到余数首位的左二档上（隔一档），如图 4.63 所示。

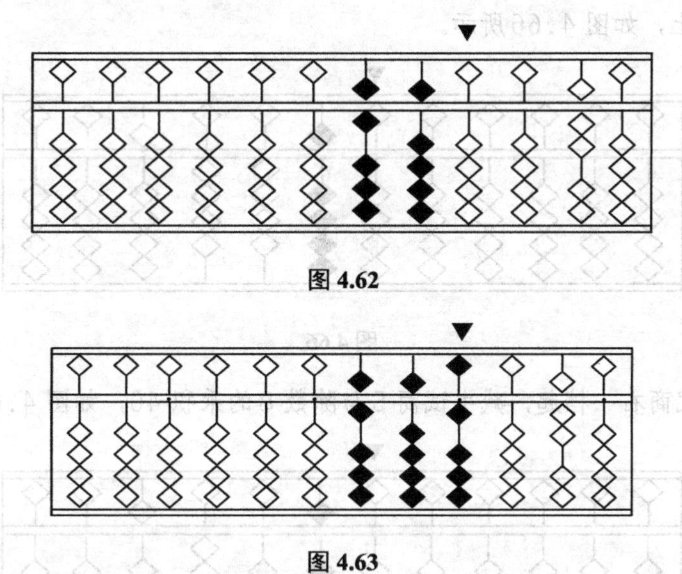

图 4.62

图 4.63

步骤 7　从试商 1 的右二档起，减去试商 1 与除数 7 的乘积 7（九九口诀“一七 07”，积的十位数为 0，个位数为 7），正好除尽。按照固定个位法已确定商的个位，商数为 651，如图 4.64 所示。

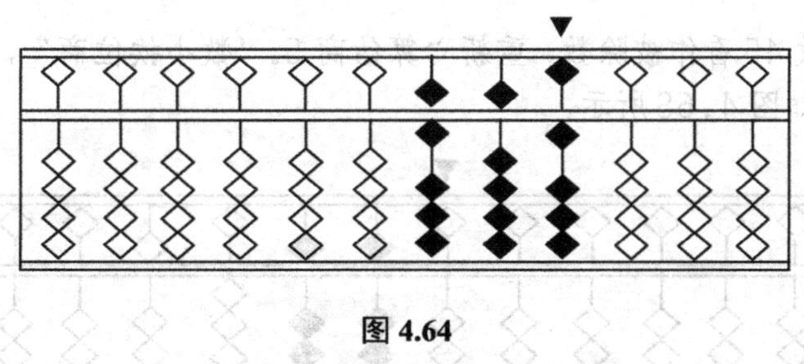

图 4.64

例 4-28　4.45÷8=0.56（保留两位小数）

步骤 1　用商除法中固定个位法的置数公式 $D=A-(B+1)=1$ 位 $-(1+1)$ 位 $=-1$ 位，

确定被除数从－1位档起拨入，如图 4.65所示。

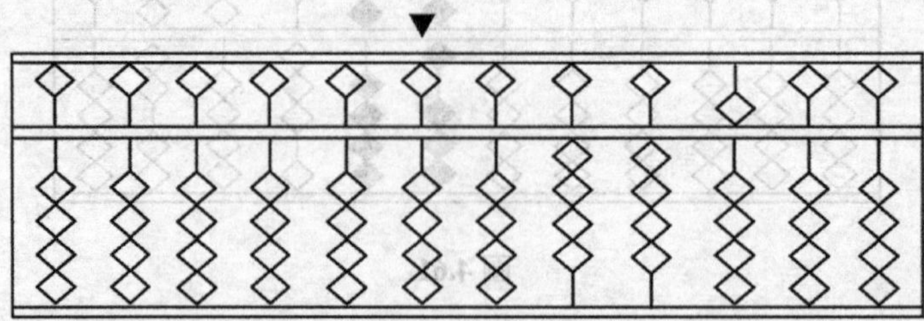

图 4.65

步骤2　用被除数44与除数8比较，心算估商5。“数小挨位商”，将试商5拨到被除数首位的左一档上，如图 4.66所示。

图 4.66

步骤3　从试商右一档起，减去试商5与除数8的乘积40，如图 4.67所示。

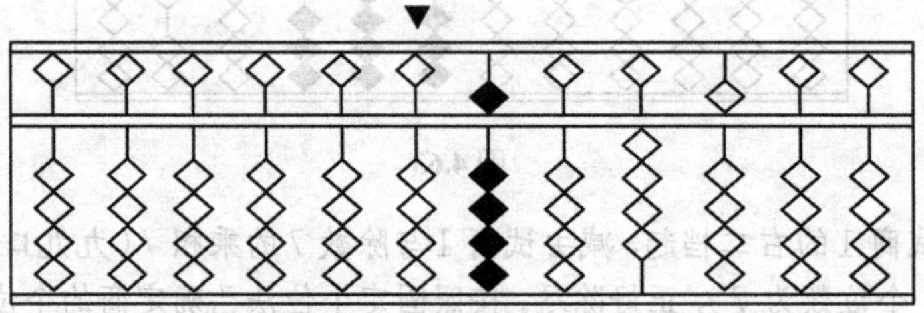

图 4.67

步骤4　将余数45看作被除数，重新心算估商5。“数小挨位商”，将试商5拨到余数首位的左一档上，如图 4.68所示。

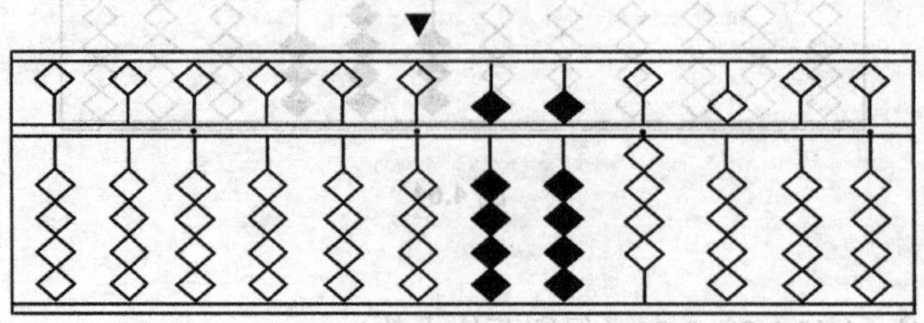

图 4.68

步骤5 从试商右一档起，减去试商 5 与除数 8 的积 40。余数首位在商的右二档上，应看作 5>8/2,“5入进 1”。按固定个位法已确定的+1 位档即为商的个位，故商数为 0.56，如图 4.69所示。

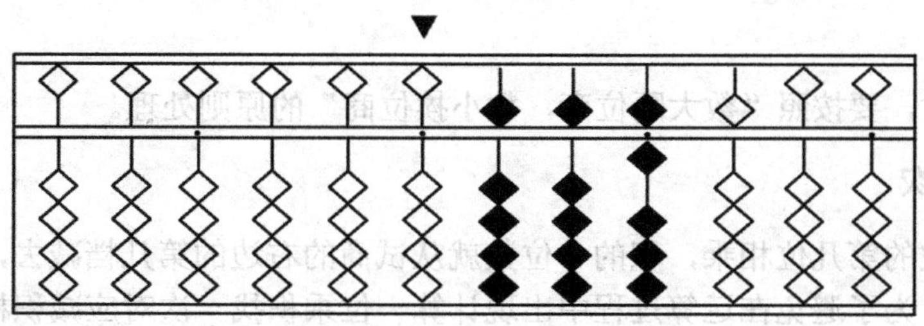

图 4.69

阶段性练习

1	1 855÷7=	6	10 178÷2=
2	3 411÷9=	7	24 012÷6=
3	1 218÷3=	8	46 835÷5=
4	1 472÷8=	9	12 642÷7=
5	3 708÷4=	10	10 827÷9=

4.6.2 多位数除法

除数为两个或两个以上非 0 数字的除法为多位数除法。商除法的多位数除法与一位数除法的运算方法是相同的，只是增加了心算负担和减积步骤。其基本运算步骤和方法如下。

1. 定位和置数

与一位数除法相同，可根据自己掌握的程度选择公式定位法或固定个位法。

2. 估商

多位除法的估商，由于要完成两位或两位以上的除数，因此在估商时不能像一位除法那样简单地用九九口诀心算估商，否则可能出现估商偏大或偏小的现象。估商偏大时，需要退商；估商偏小时，则需要补商。这些都影响运算速度。退商，尤其中途退商，更为繁难，因而估商时，一般情况下要“宁小勿大”。在实际计算中，可以采用“首位加 1”的方法估商，即看除数的第 2 位数，如果此数字大于或等于 5，就用除数首位数加 1 的数字估商。

例如，5 396÷684，除数的第 2 位数字 8 大于 5，就在除数首位数上加 1，把 684 看作一位数 7 去除被除数的头两位数 53，可以很快估商 7。

如果除数的第 2 位数字小于 5，就用除数的首位数字估商。如果很容易看出被除数中有几倍除数，就可以直接求得试商，而不必用“首位加 1”的方法估商。例如，750÷25 可直接估商 3。

如果除数首位数为9，则无论除数的第2位是否大于或等于5（例如，740÷95首次估商为7），一般都估商为被除数的首位数字；如果被除数首位数与除数首位数相同，一般估商为9。

3. 置商

拨置试商时，要按照“数大隔位商，数小挨位商”的原则处理。

4. 减积档次

试商与除数的第几位相乘，积的十位数就从试商的右边的第几档减去，在其右一档减去积的个位数。为了避免在运算过程中出现计算一位乘积找一次对应减积档的影响速度的做法，可以参考减积规律：上次减积的个位档，就是本次减积的十位档，本次减积的个位档，又是下次减积的十位档；手指始终停留在每次减积的个位档上，依次递位迭减。这样运算，既快又不容易减错档次。

5. 运算结果

多位数除法的运算方法与一位数除法相同。

例 4–29　444.6÷7.8=57

步骤1　用固定个位法的置数公式 $D=A-(B+1)=3$ 位 $-(1+1)$ 位 $=+1$ 位，确定被除数从+1位开始入盘，如图4.70所示。

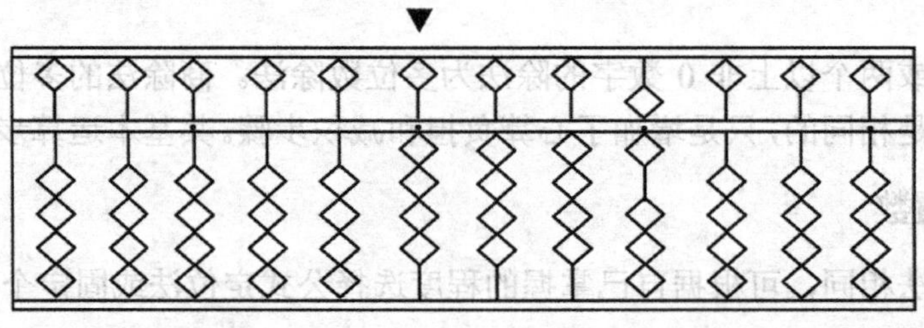

图 4.70

步骤2　用“首位加1”法，把除数首位数当作8（7），与被除数头两位比较估商5。“数小挨位商”，把试商5拨在被除数首位的左一档上，如图4.71所示。

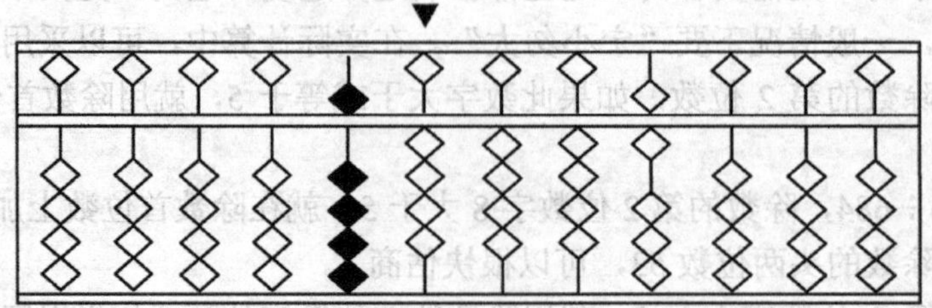

图 4.71

步骤3　从试商右一档起，递位迭减试商5与除数78的乘积，如图4.72所示。

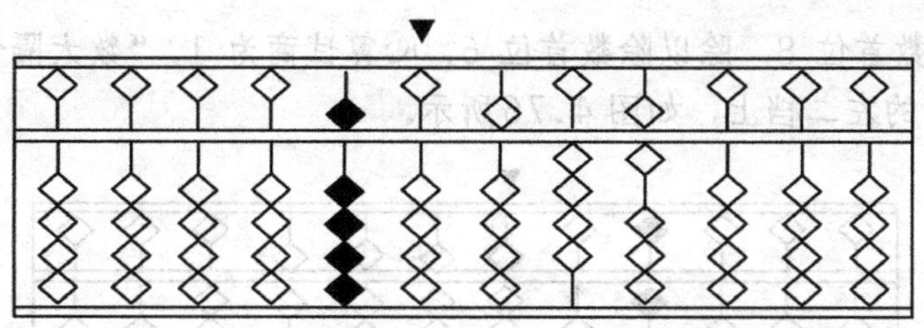

图 4.72

步骤 4　将余数看作新的被除数，把除数与被除数头两位比较估商 7。"数小挨位商"，把试商 7 拨在被除数首位的左一档上，如图 4.73 所示。

步骤 5　从试商右一档起，递位迭减试商 7 与 78 的乘积，正好除尽，商数为 57，如图 4.74 所示。

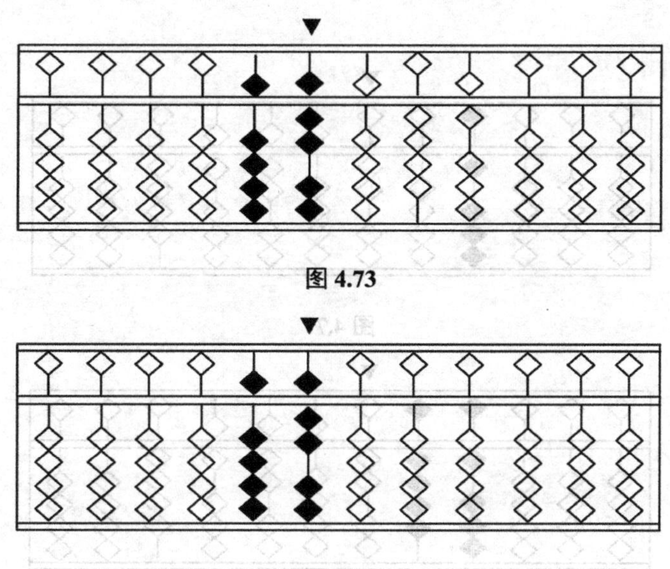

图 4.73

图 4.74

例 4-30　897.64÷6.4＝140.26（保留两位小数）

步骤 1　用固定个位法的置数公式 $D=A-(B+1)$＝3 位－(1＋1) 位＝＋1 位，确定被除数从＋1 位开始入盘，如图 4.75 所示。

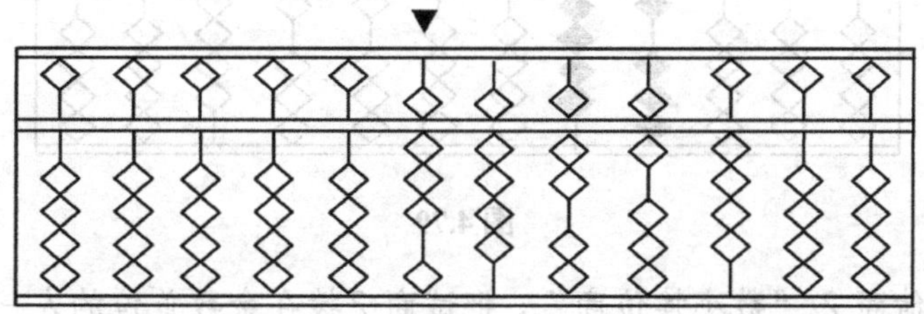

图 4.75

步骤2　被除数首位8，除以除数首位6，心算试商为1。“数大隔位商”，把试商1拨到被除数首位8的左二档上，如图4.76所示。

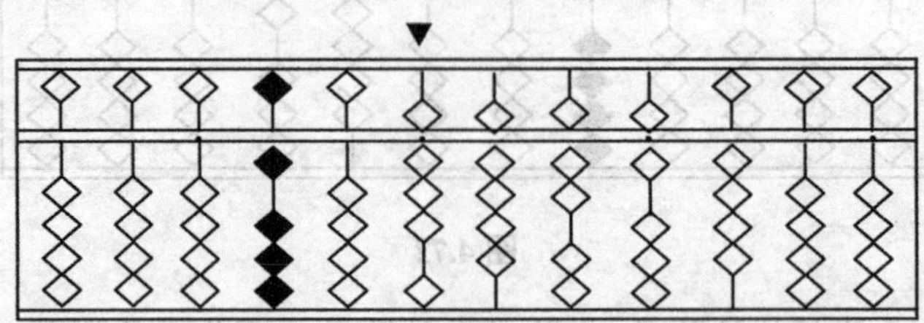

图4.76

步骤3　从试商的右二档起递位迭减试商1与除数64相乘的积，如图4.77所示。

步骤4　心算估商4。“数小挨位商”，把试商4拨在余数首位的左一档上，如图4.78所示。

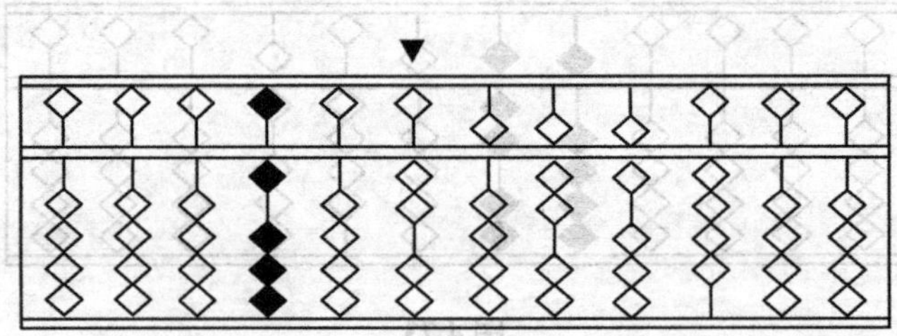

图4.77

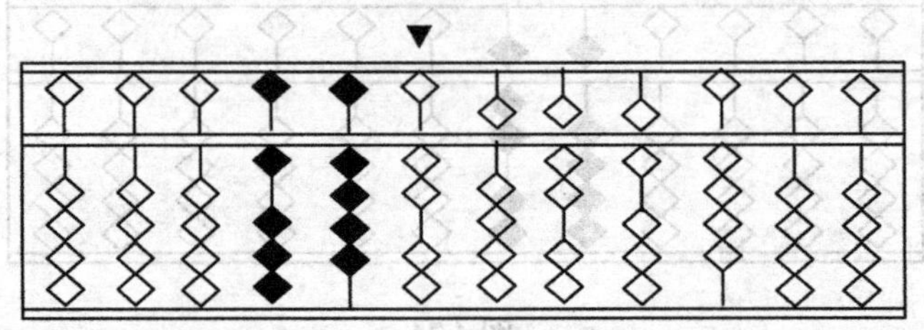

图4.78

步骤5　从试商的右一档起，递位迭减试商4与除数64的乘积，如图4.79所示。

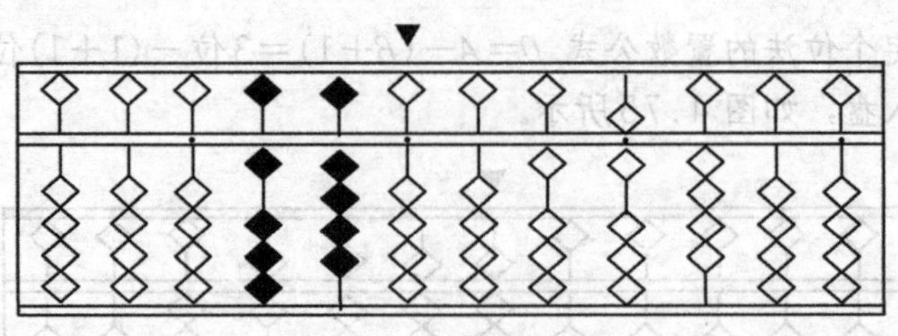

图4.79

步骤6　心算估商2。“数小挨位商”，把试商2拨在余数首位的左一档上，如图4.80所示。

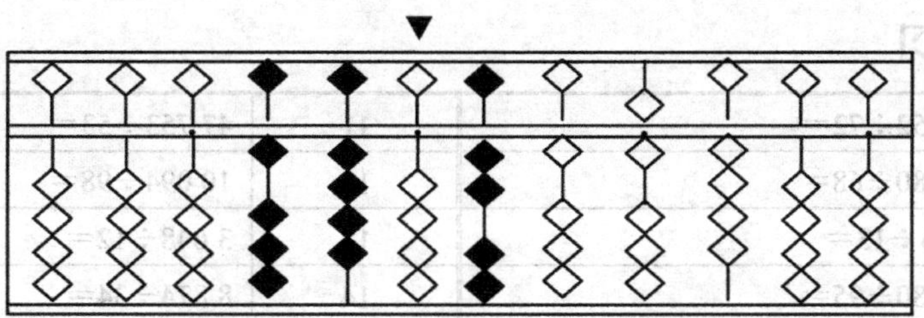

图 4.80

步骤 7　从试商右一档起，递位迭减试商 2 与除数 64 的乘积，如图 4.81 所示。

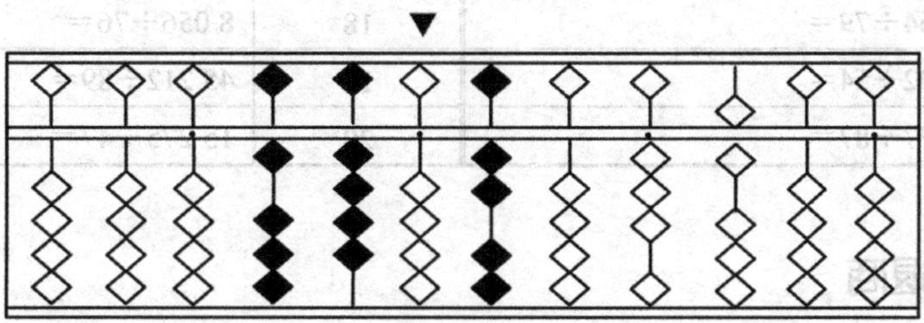

图 4.81

步骤 8　心算估商 5。“数小挨位商”，将试商 5 拨在余数首位的左一档上，如图 4.82 所示。

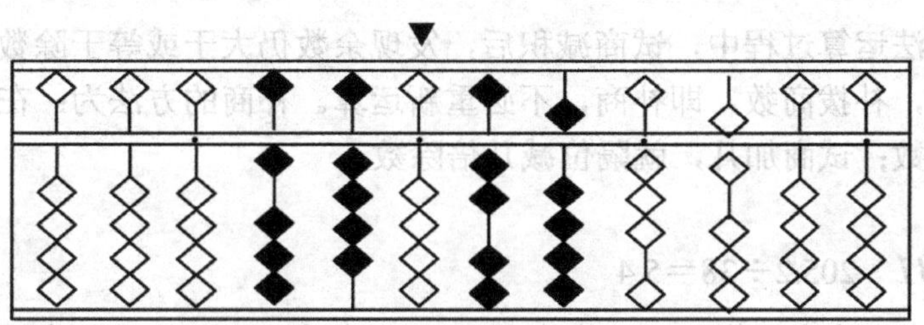

图 4.82

步骤 9　从试商右一档起，递位迭减试商 5 与除数 64 的乘积。余数首位在商的右二档，应看作 40>64/2。“五入进 1”，按固定个位法已确定的正一位档即为商的个位，故商数为 140.26，如图 4.83 所示。

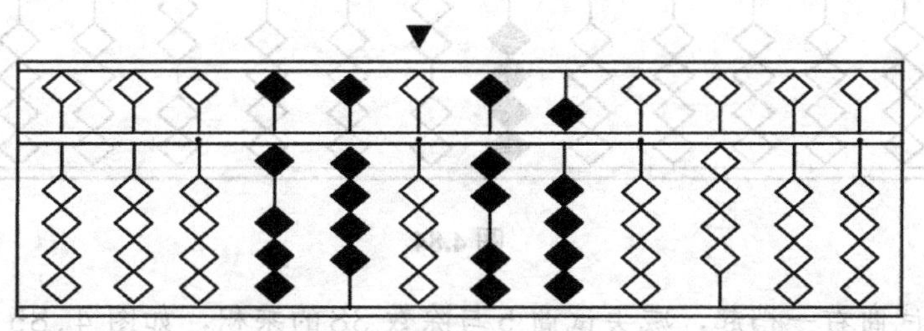

图 4.83

阶段性练习

1	2 952÷72＝	11	47 753÷53＝
2	2 380÷68＝	12	10 094÷98＝
3	156÷13＝	13	3 648÷12＝
4	7 980÷95＝	14	8 874÷34＝
5	3 920÷40＝	15	52 800÷75＝
6	828÷36＝	16	4 284÷21＝
7	1 092÷21＝	17	52 740÷60＝
8	1 264÷79＝	18	8 056÷76＝
9	3 402÷54＝	19	45 212÷89＝
10	6 177÷87＝	20	15 275÷47＝

4.6.3 补商和退商

在估商过程中，试商可能偏小或偏大，这就需要通过采用补商或退商的方法对试商进行调整，即商偏小需要补商，商偏大则需要退商。

1. 补商

在多位数除法运算过程中，试商减积后，发现余数仍大于或等于除数时，说明估商偏小，应及时调整，补拨商数，即补商，不必重新运算。补商的方法为：在试商上加 1，同时隔位减 1 倍除数；试商加几，就隔位减几倍除数。

例 4-31 205.2÷38＝5.4

步骤 1 把被除数拨入算盘，心算估商 5。“数小挨位商”，把试商 5 置在被除数首位的左一档上，如图 4.84 所示。

图 4.84

步骤 2 从试商右一档起，减去试商 5 与除数 38 的乘积，如图 4.85 所示。

步骤 3 心算估商 3。“数小挨位商”，把试商 3 拨置在余数首位的左一档上，如图 4.86 所示。

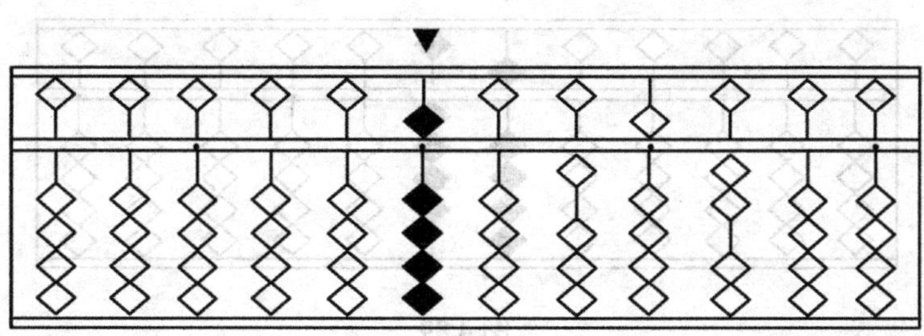

图 4.85

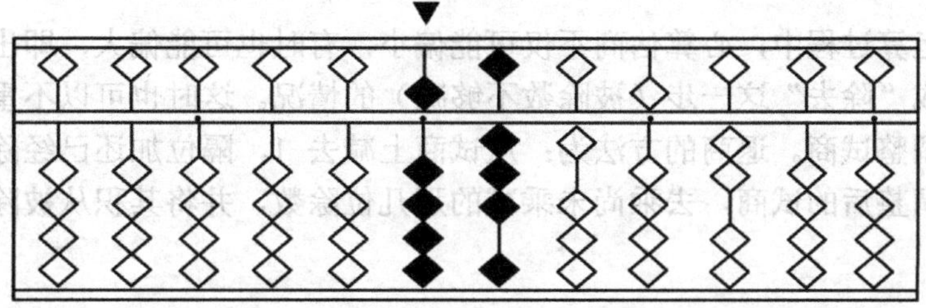

图 4.86

步骤 4　从试商右一档起，减去试商 3 与除数 38 的乘积。乘减后，余数尚有 38，还够商 1，如图 4.87 所示。

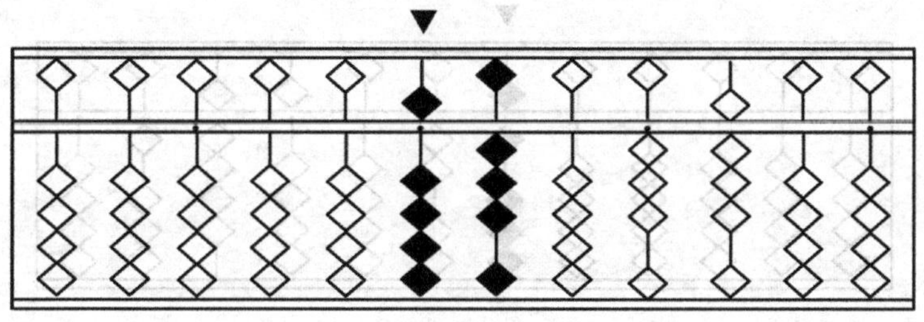

图 4.87

步骤 5　补商 1。“数大隔位商”，在原有的商数上加 1，如图 4.88 所示。

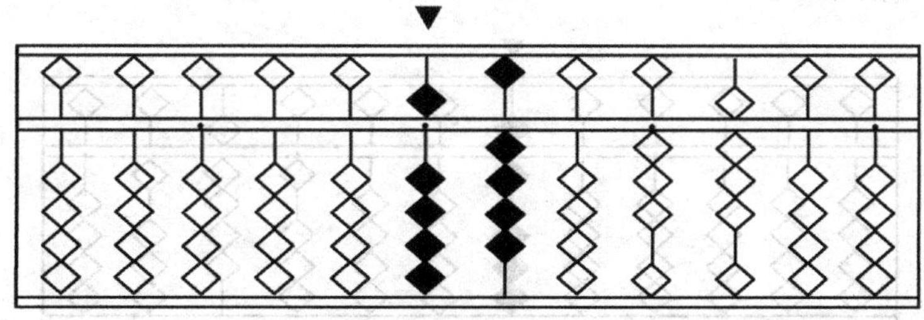

图 4.88

步骤 6　从试商的右二档起，减去 1 倍除数 38，得商数 5.4，如图 4.89 所示。

图 4.89

2. 退商

在商除法运算过程中，心算估商不仅可能偏小，有时也可能偏大，即出现试商与除数的乘积不能完成“除去”这一步（被除数不够减）的情况。这时也可以不重新计算，而以退商的方法来调整试商。退商的方法为：从试商上减去 1，隔位加还已经除过的那几位除数，然后再用调整后的试商，去乘尚未乘减的那几位除数，并将其积从被除数的相应档位中减去。

例 4-32　205.91÷34.9＝5.9

步骤 1　把被除数拨入盘中，看数估商，试商得 6。“数小挨位商”，把试商 6 拨到被除数首位左一档上，如图 4.90 所示。

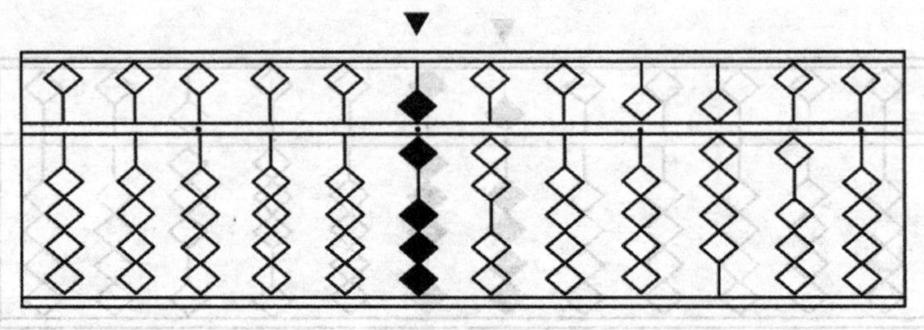

图 4.90

步骤 2　从试商右一档起减去试商 6 与除数 349 相乘的积。减到 6×9 时不够减，需要退商，如图 4.91 所示。

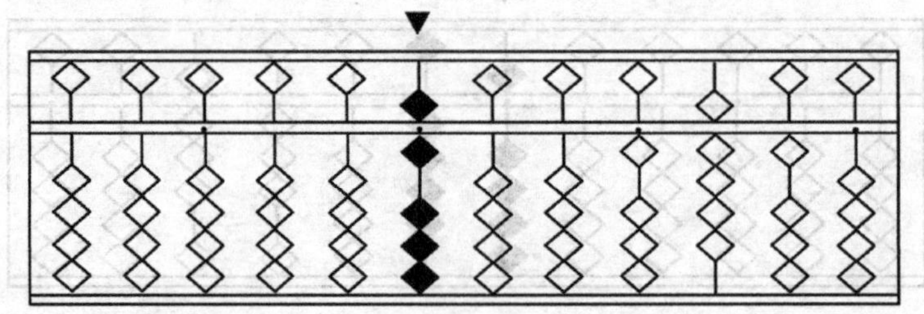

图 4.91

步骤 3　从原试商上减 1，隔位加还除过数 34（即除数第 3 位 9 前面的两位数），如图 4.92 所示。

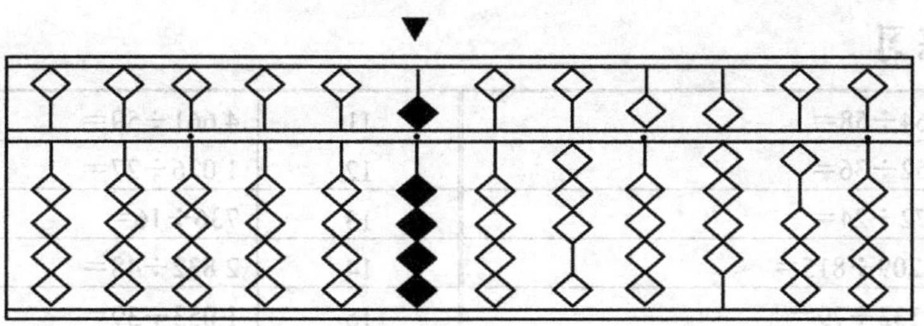

图 4.92

步骤 4　从试商右三档起，减去调整后的试商 5 与除数第 3 位 9 的乘积 45，余数 3 141，如图 4.93 所示。

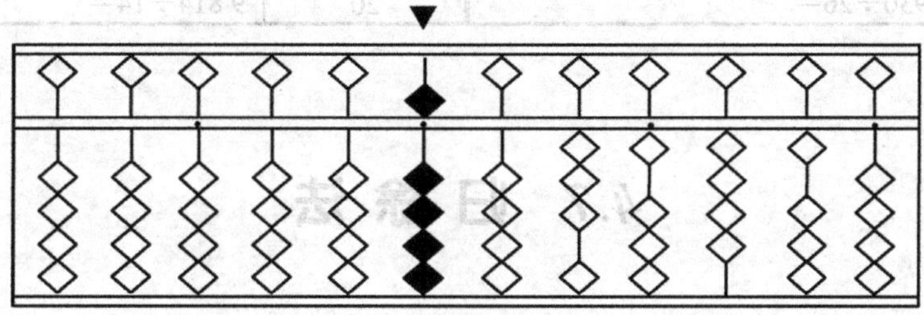

图 4.93

步骤 5　除数首位 3 与余数首位 3 相等，试商 9。“数小挨位商”，把试商 9 拨到余数首位的左一档上，如图 4.94 所示。

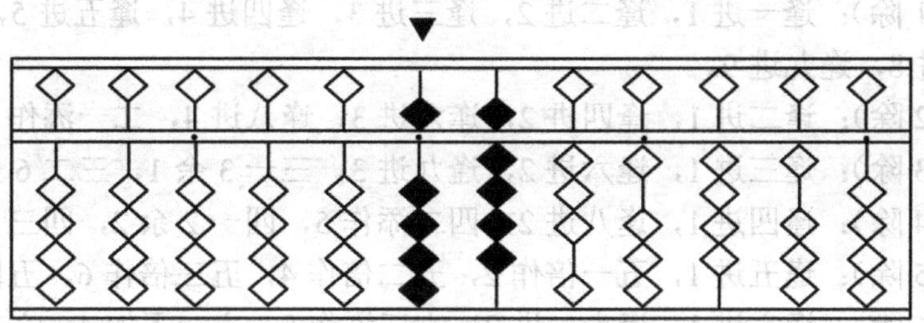

图 4.94

步骤 6　从试商右一档起递位迭减试商 9 与除数 349 的乘积，正好除尽，得商数为 5.9，如图 4.95 所示。

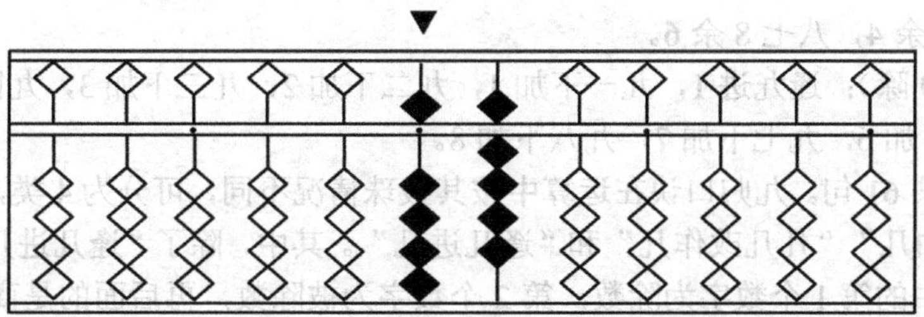

图 4.95

阶段性练习

1	464÷58＝	11	4 661÷59＝
2	252÷36＝	12	1 026÷27＝
3	672÷24＝	13	736÷16＝
4	7 209÷815＝	14	2 832÷48＝
5	2 133÷79＝	15	1 053÷39＝
6	2 303÷49＝	16	8 366÷47＝
7	19 584÷48＝	17	23 608÷26＝
8	7 585÷37＝	18	13 262÷38＝
9	4 628÷52＝	19	40 415÷59＝
10	7 930÷26＝	20	9 814÷14＝

4.7 归除法

归除法也是一种比较古老的传统算法。古以除算为“归”，除数是一位数的除法叫单归，除数是两位或两位以上的除法叫归除。它包括“归”和“除”两个运算步骤，因此用归除法运算时，首先必须熟记九归口诀，背诵如流，这样才能提高运算速度。

九归口诀如下。

一归（用1除）：逢一进1，逢二进2，逢三进3，逢四进4，逢五进5，逢六进6，逢七进7，逢八进8，逢九进9。

二归（用2除）：逢二进1，逢四进2，逢六进3，逢八进4，二一添作5。

三归（用3除）：逢三进1，逢六进2，逢九进3，三一3余1，三二6余2。

四归（用4除）：逢四进1，逢八进2，四二添作5，四一2余2，四三7余2。

五归（用5除）：逢五进1，五一倍作2，五二倍作4，五三倍作6，五四倍作8。

六归（用6除）：逢六进1，逢十二进2，六三添作5，六一下加4，六二3余2，六四6余4，六五8余2。

七归（用7除）：逢七进1，逢十四进2，七一下加3，七二下加6，七三4余2，七四5余5，七五7余1，七六8余4。

八归（用8除）：逢八进1，八四添作5，八一下加2，八二下加4，八三下加6，八五6余2，八六7余4，八七8余6。

九归（用9除）：逢九进1，九一下加1，九二下加2，九三下加3，九四下加4，九五下加5，九六下加6，九七下加7，九八下加8。

九归口诀共61句。九归口诀在运算中按其拨珠情况不同，可分为4类，即“几几几余几”“几几下加几”“几几改作几”和“逢几进几”。其中，除了“逢几进几”类的口诀，另外3类口诀中的第1个数字为除数，第2个数字为被除数，再后面的是商或余数。

现以八归为例（即除数为8），说明九归口诀的用法。

4.7.1 九归口诀的用法

1. “几几几余几”口诀

凡是被除数小于除数但不能整除的，都用这类口诀。

运算时，把本档的被除数改作商数，并在其右一档加上余数。

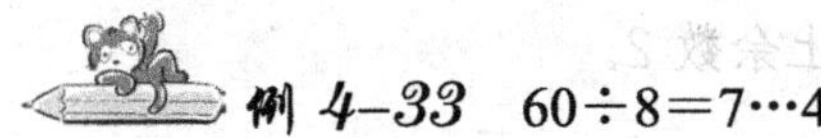

例 4–33　60÷8=7…4

口诀为“八六 7 余 4”。

↓↓↓　↓

除被商　余
　除
数数数　数

步骤 1　算盘上原有被除数 6。

步骤 2　“八六 7 余 4”，把本档被除数 6 改作商数 7，再在右一档加上余数 4。

2. “几几改作几”口诀

凡是被除数小于除数而且能够除尽的，都用这类口诀。

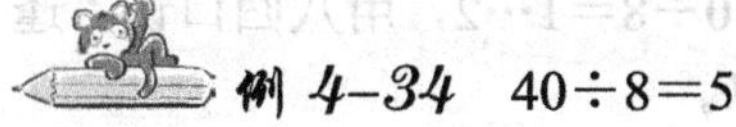

例 4–34　40÷8=5

口诀为“八四改作 5”。

↓↓　↓

除被　商
　除
数数　数

实际上，此例口诀可念作“八四 5 余 0”，因为没有余数，所以把口诀改成“八四改作 5”。运算时，“改作”就是本档把被除数改成商数。

步骤 1　算盘上原有被除数 4。

步骤 2　“八四改作 5”，把本档的被除数 4 改作商数 5，即在本档拨去 4，同时在本档拨入 5。

3. “几几下加几”口诀

凡是被除数小于除数（均以一位数相比较），不够除又不能除尽，而商数恰好等于原被除数的，都用这类口诀。

运算时，被除数在本档不动（即成为商数），“下加”就是在其右一档加上余数。

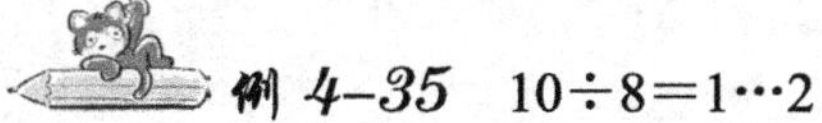

例 4–35　10÷8=1…2

口诀为“八一下加2”。

↓↓　↓

除被　余
　除
数数　数

步骤1　算盘上原有被除数1。

步骤2　“八一下加2”，本档1不动，在右一档加上余数2。

4. “逢几进几”口诀

凡是被除数等于或大于除数（即“够除”），不论是否能除尽，都用这类口诀。

“逢几进几”的口诀全名应为“逢几去几进几”。“逢几”意为“遇到几”，“去几”意为“拨去几”，“进几”就是按商数在左档上加上几颗算珠。把“去几”省略，口诀改为“逢几进几”。其中，“逢几”既包含有“遇到几”，也包含有在本档“拨去几”的意思。

例 4-36　8÷8＝1…0

步骤1　算盘上原有被除数8。

步骤2　“逢八进1”，就是从本档拨去除数8，在左一档加上商数1。

如果遇到被除数大于除数且除不尽的情况，仍用“逢几进几”的口诀，而把余数留下来作为下一次的被除数，再用适当的口诀另做处理。例如，10÷8＝1…2，用八归口诀“逢八进1”后，余数2再用八归的“八二下加4”口诀继续运算。

九归口诀中的拨珠动作，总的来说，“逢”是指拨去本档算珠，“进”是指在左一档加上算珠，“下加”和“余”是指在右一档加上算珠，“改作”是指在本档上改变算珠。

运用九归口诀进行除法运算，试商容易确定，可减少心算，且档次分明，拨珠次数少，可节省运算时间，因而必须熟记口诀。

4.7.2　归除的一位数除法

除数是一位数的除法为一位除法，在归除运算中也称单归或九归，其运算步骤及方法如下。

1. 置数

如果以固定个位法确定商的位数，应首先按归除法对应的置数公式拨置被除数。

2. 求商

除数是几，就是几归口诀，求商的顺序是从被除数最高位开始，从左至右运算。

3. 置商档次

按照九归口诀的拨珠方法置商。

4. 运算结果

除尽的算题，盘上数值即为商数；除不尽，求到精确位数后，看余数是否大于或等于除数的1/2，以确定末商是否加1。

例 4-37 4.45÷6=0.74（保留两位小数）

步骤1 根据固定个位法的置数公式 $D=A-B=1$位-1位$=0$位，将被除数从0位档开始拨入算盘，如图4.96所示。

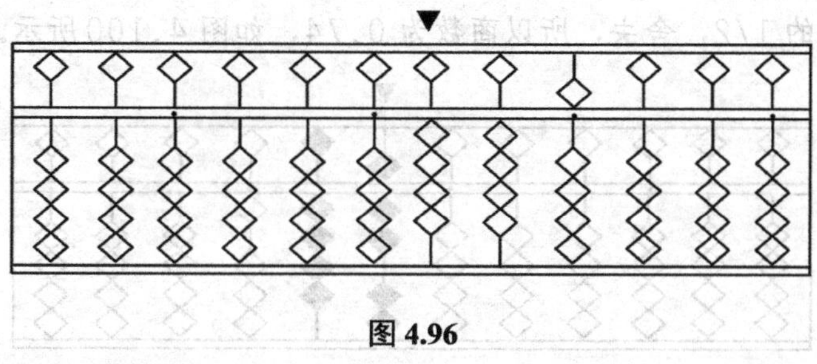

图 4.96

步骤2 除数为6，用九归口诀求商。"六四6余4"，把本档4改作6，把余数4加在右一档上，余数首位得8，如图4.97所示。

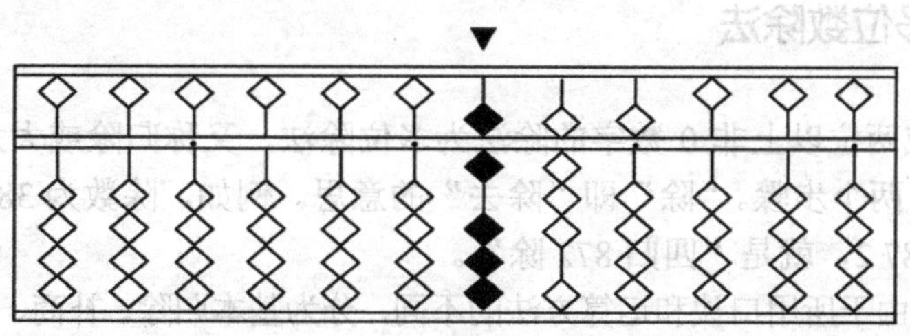

图 4.97

步骤3 "逢六进一"，拨去本档6，在左一档原商数上再加商数1，余数首位为2，如图4.98所示。

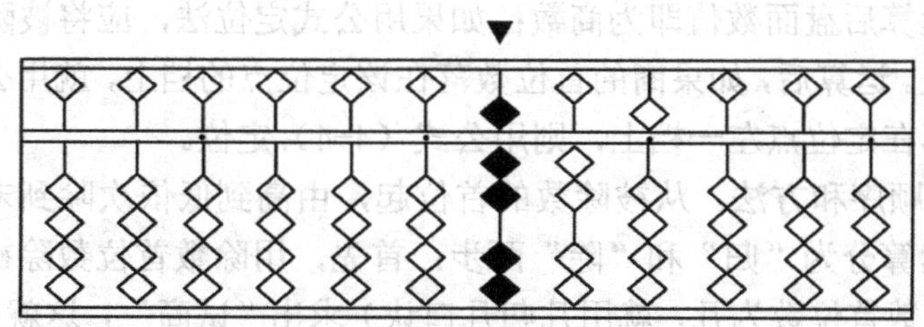

图 4.98

步骤4 "六二3余2"，把本档2改作3，把余数2加在右一档上，余数首位得7，如图4.99所示。

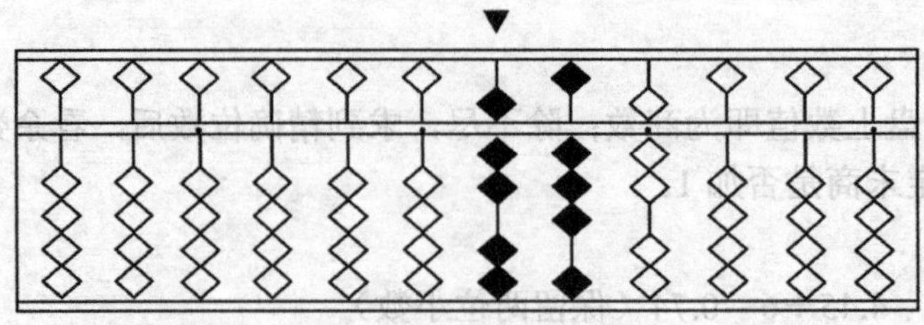

图 4.99

步骤 5　“逢六进 1”，拨去本档 6，在左一档原商数上再加上商数 1，余数为 1。因为余数 1 小于除数的 1/2，舍去，所以商数为 0.74，如图 4.100 所示。

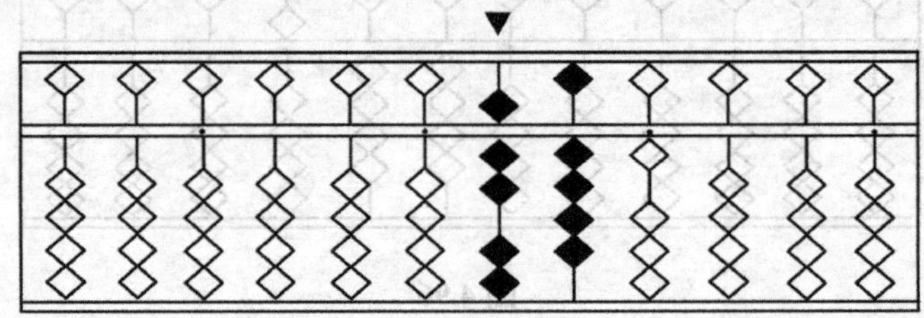

图 4.100

4.7.3　归除的多位数除法

除数是两位或两位以上非 0 数字的除法为多位除法，又称归除或大九归。它的运算分为“归”和“除”两个步骤。“除”即“除去”的意思。例如，除数为 389，就是“三归 89 除”，除数是 0.487 2，就是“四归 872 除”。

在归除法中，由于所用口诀和运算方法的不同，分为基本归除、补商、退商和撞归 4 类。

1. 基本归除

基本归除是归除运算中的基本运算方法。其运算步骤如下。

步骤 1　置数和定位。如果用固定个位法确定商的位数，则按置数公式得出被除数首位所在的档位，运算后盘面数值即为商数；如果用公式定位法，应将被除数首位置在一个带有定位点的档上。运算后，如果商的首位数落在该定位点的档上，就用公式（4-3）定位；如果商的首位数落在定位点左一档上，则用公式（4-4）定位。

步骤 2　运算顺序和方法。从被除数的首位起，由高到低依次除到末位或除到所要求的精确度为止。运算分为“归”和“除”两步：首先，用除数首位数除被除数的首位数，按照九归口诀（除数首位数为几，就用几归几口诀）求出“试商”，这就是“归”；其次，从被除数中减去试商同除数第 2 位及以后各位数字相乘的积，这就是“除”，乘减以后的商叫作“成商”。如果乘减后仍有余数，这时应把余数首位看作被除数首位，再按上述步骤继续运算，直到除尽或除到精确度所要求的位数为止。

步骤 3　减积档次。试商与除数的第几位相乘的个位积，就从试商右边的第几档上减去，在其左一档减去积的十位数，其运算规律是递位迭减。因此，为了避免减错档次，须

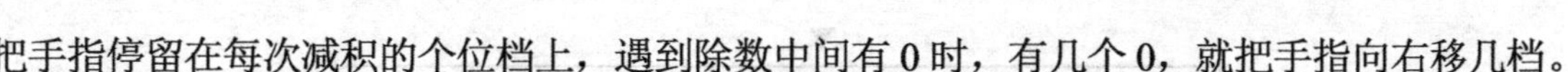

把手指停留在每次减积的个位档上，遇到除数中间有0时，有几个0，就把手指向右移几档。

步骤4　运算结果。采用固定个位法，盘面数值即为商数，遇到除不尽时保留精确位数的方法与一位除法相同。如果采用按公式定位法，则将盘面数字用公式定位后得出商数。

例 4-38　768÷64=12

步骤1　按照固定个位法的置数公式 $D=A-B=3$位-2位$=+1$位，被除数从+1位档起入盘，除数可默记或看算题，如图4.101所示。

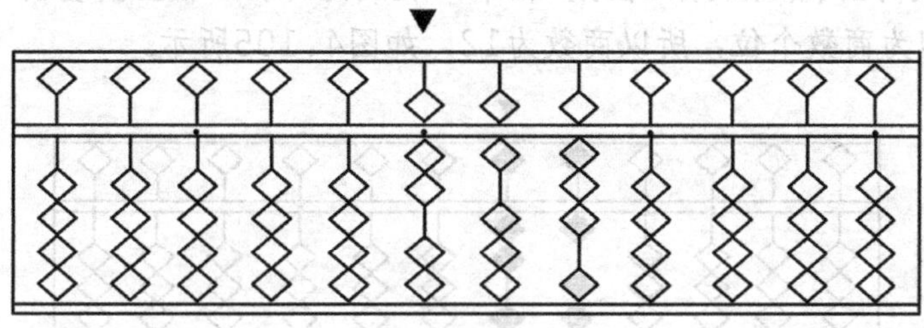

图 4.101

步骤2　除数首位数为6，用六归口诀试商。"逢六进1"，从被除数本位7减去6，在左一档拨入1，得试商1，如图4.102所示。

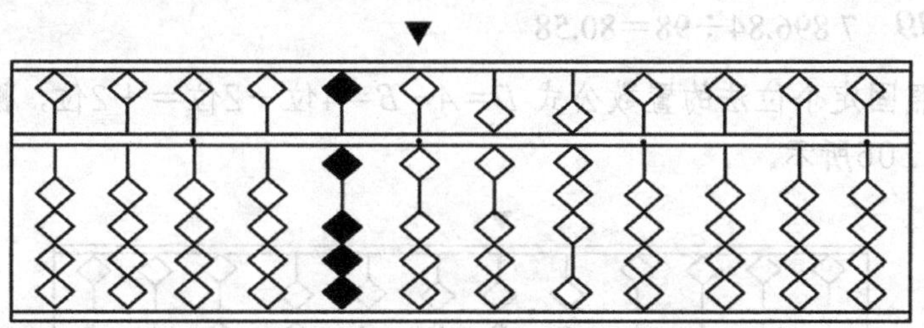

图 4.102

步骤3　用试商1同除数的第2位数4相乘，为一位数，就在试商右二档减4，如图4.103所示。

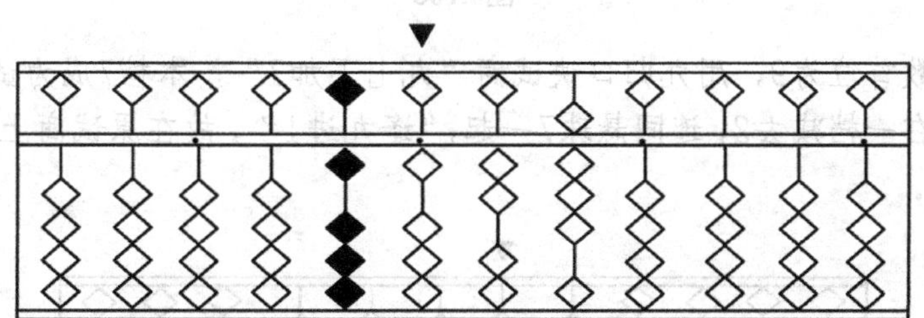

图 4.103

步骤4　余数头两位为12，是除数6的2倍，形成"逢12进2"，将12中的1改作2，拨去12中的2，试商为2，如图4.104所示。

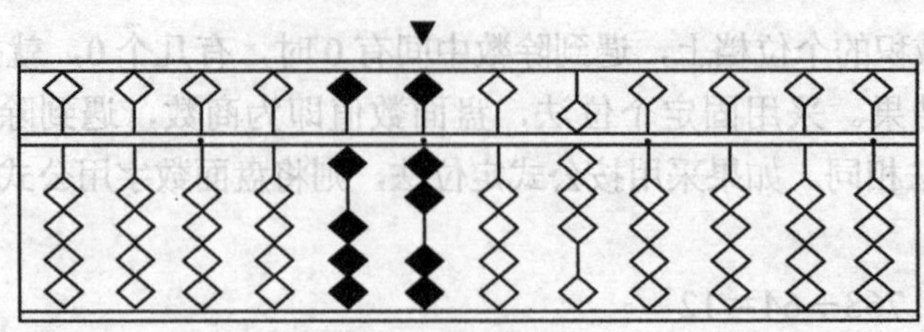

图 4.104

步骤5　用试商2同除数的第2位数4相乘，从试商的右二档上拨去8，正好除尽，原已确定的＋1位档即为商数个位，所以商数为12，如图4.105所示。

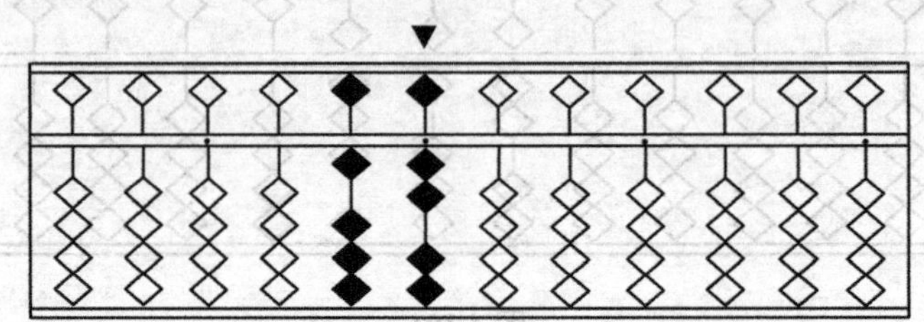

图 4.105

例 4-39　7 896.84÷98＝80.58

步骤1　按照固定个位法的置数公式 $D=A-B=$4位－2位＝＋2位，被除数从＋2位档起入盘，如图4.106所示。

图4.106

步骤2　除数首位为9，用九归口诀试商“九七下加7”，本档7成为试商，下加余数7作为悬珠，再从右一档减去2，连同悬珠7一起，“逢九进1”，故在原试商上加1，得试商8，如图4.107所示。

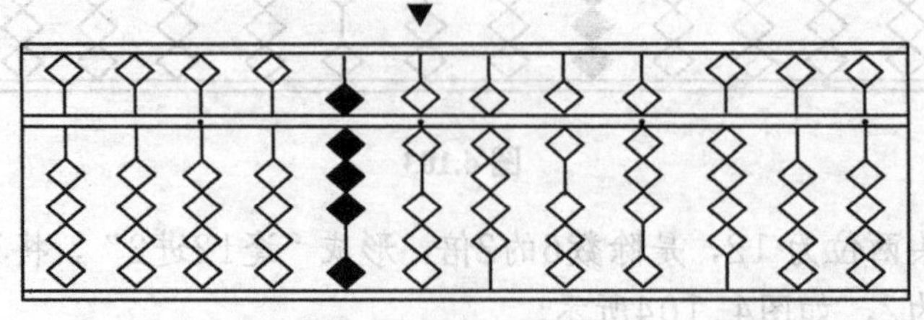

图4.107

步骤3　从试商8右一档起，减去试商8与除数第2位8的乘积64，如图4.108所示。

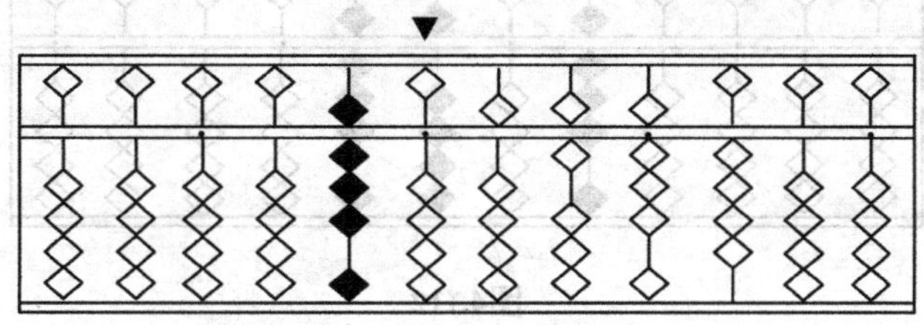

图4.108

步骤4　用九归口诀试商。“九五下加5”，本档5成为试商，默记加的余数5在右一档成为悬珠，如图4.109所示。

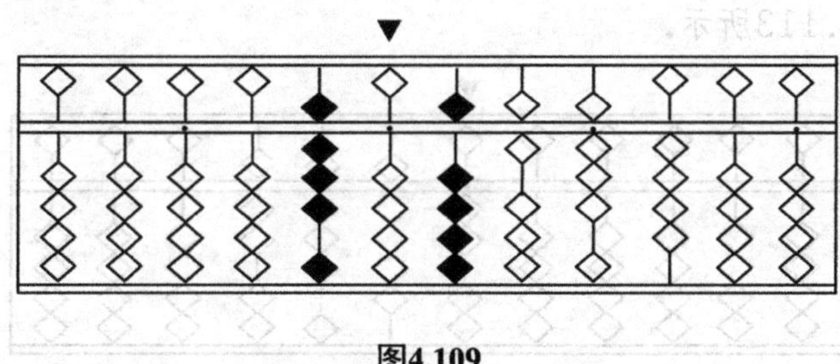

图4.109

步骤5　从试商右一档减去试商5同除数第2位8的乘积40，因为该档有悬珠5，所以从悬珠中减去4，把悬珠剩下的1加在本档上，如图4.110所示。

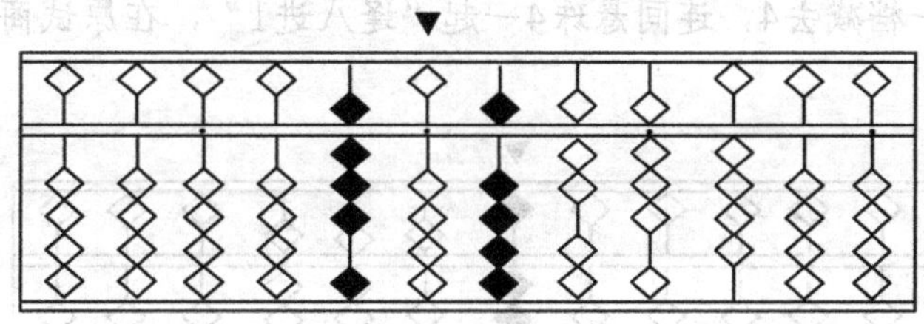

图4.110

步骤6　用九归口诀试商。“九七下加7”，下加的7在右一档成为悬珠，连同右一档减去2，可“逢九进1”得试商8，如图4.111所示。

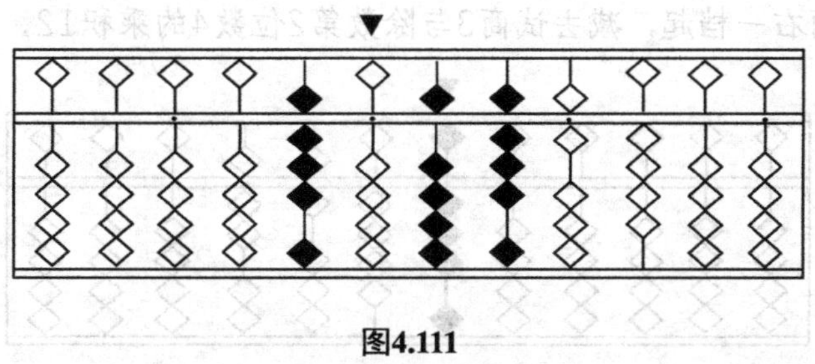

图4.111

步骤7　从试商右一档起减试商8与除数第2位8的乘积64，恰好除尽。根据原已确定的＋1位档为商的个位，商数为80.58，如图4.112所示。

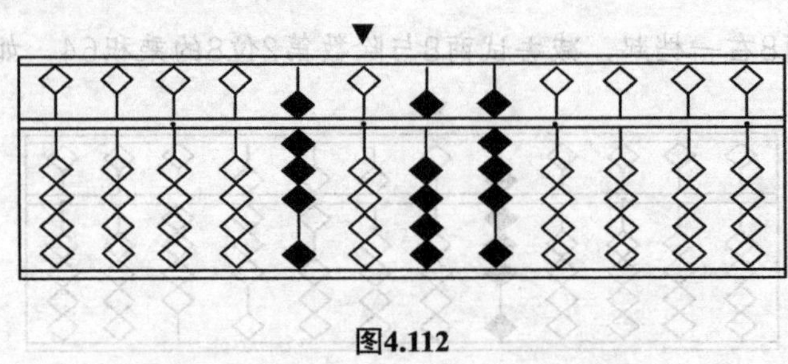

图4.112

例4-40 0.298 7÷0.084=3.56

步骤1 按照固定个位法的置数公式 $D=A-B=0$位$-(-1)$位$=+1$位，被除数从+1位档起入盘，如图4.113所示。

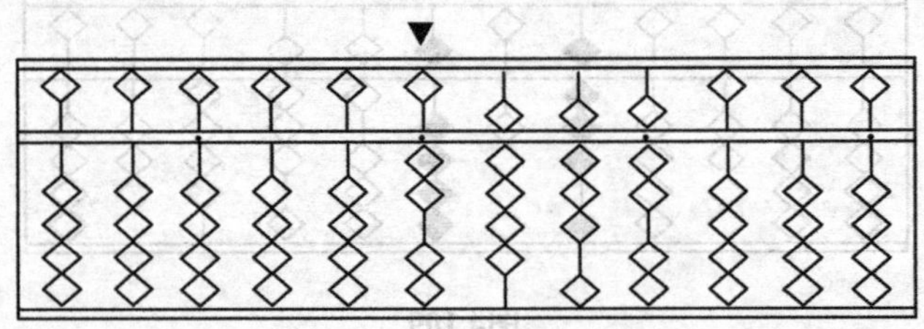

图4.113

步骤2 除数首位为8，用八归口诀中的"八二下加4"，本档2成为试商，下加余数4作为悬珠，再从右一档减去4，连同悬珠4一起"逢八进1"，在原试商上加1，得试商3，如图4.114所示。

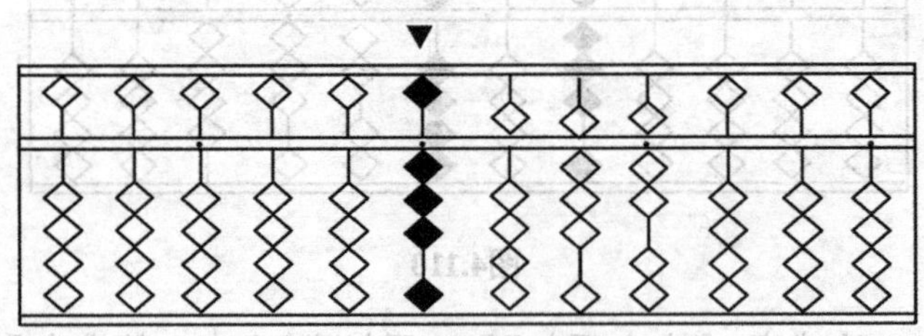

图4.114

步骤3 从试商右一档起，减去试商3与除数第2位数4的乘积12，如图4.115所示。

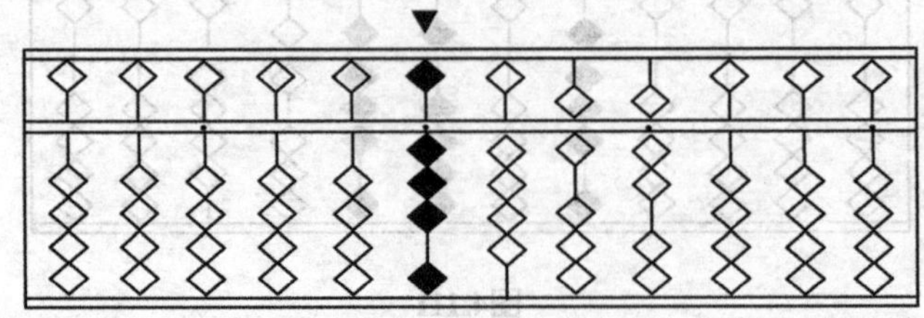

图4.115

步骤4　用八归口诀试商。“八四改作5”，把本位4改作试商5，如图4.116所示。

图4.116

步骤5　从试商右一档起减去试商5与除数第2位数4的乘积20，如图4.117所示。

图4.117

步骤6　用八归口诀试商。“八四改作5”，把本位4改作试商5，如图4.118所示。

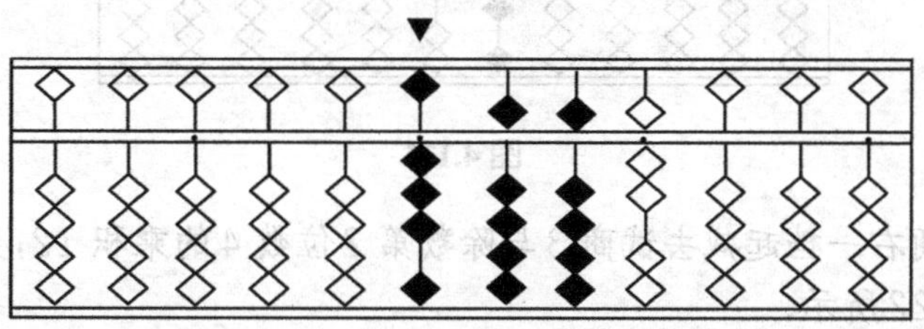

图4.118

步骤7　从试商右一档起，减试商5与除数第2位数4的乘积20，得商数3.55，余数50。余数50＞84÷2，做“五入”处理，进1，商数为3.56，如图4.119所示。

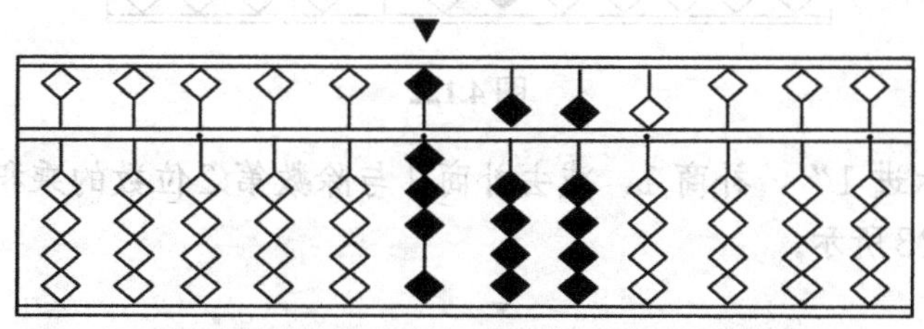

图 4.119

2. 补商

在多位除法运算过程中，有时会出现试商偏小的情况，原因是试商是根据除数首位数字与被除数（或余数）首位数字相除求出的，没有考虑被除数（或余数）第 2 位起以下的数字。在运算中出现乘减后余数仍大于或等于除数时，则需要补商。补商的方法为：在试商上加1，同时在余数中减1倍除数（包括首位数）；试商须上加几，就在余数中减几倍除数。

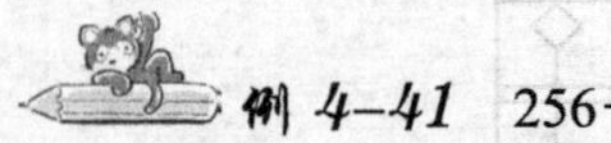

例 4-41　256÷64=4

步骤1　用固定个位法置数公式 $D=A-B=3$位-2位$=+1$位，确定从+1位档起拨入被除数，如图4.120所示。

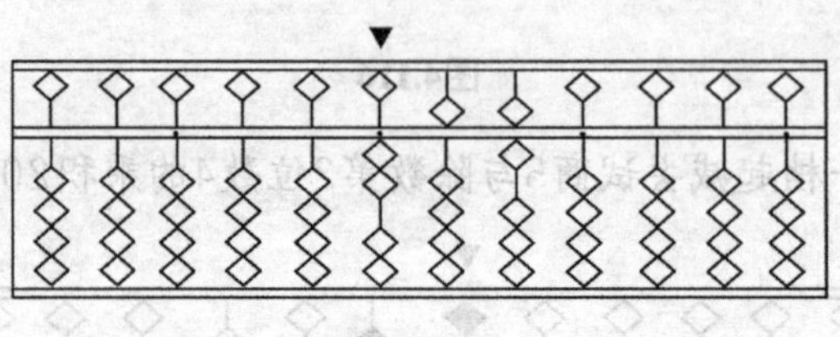

图 4.120

步骤2　除数首位为6，用六归口诀试商。"六二 3余 2"，得试商3，余数2加在右一档上，如图4.121所示。

图 4.121

步骤3　从试商右一档起减去试商3与除数第2位数4的乘积12，余数64等于除数，须补商，如图4.122所示。

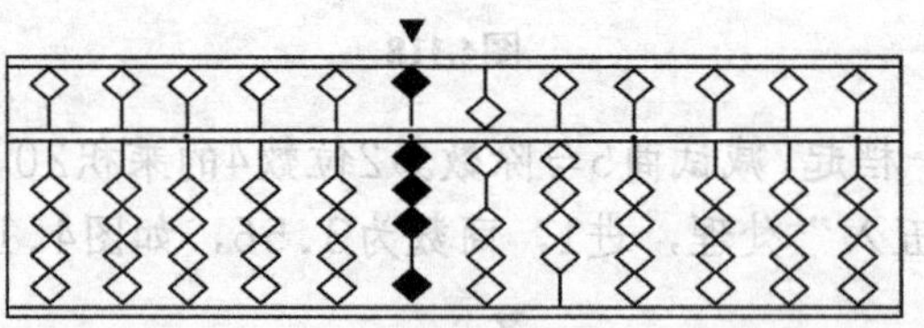

图 4.122

步骤4　"逢六进1"，补商1，减去补商1与除数第2位数的乘积4，正好除尽，商数为4，如图4.123所示。

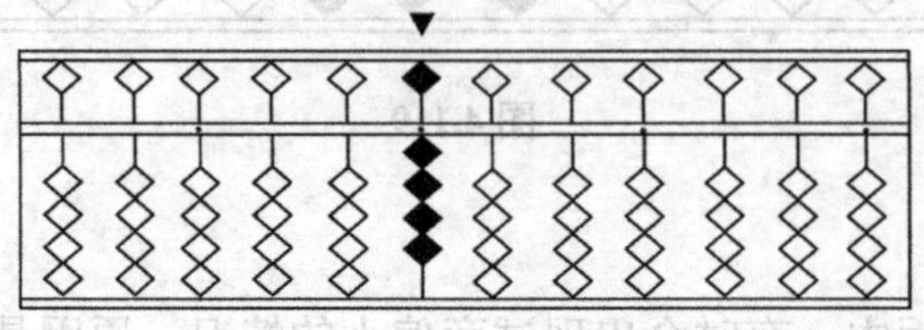

图 4.123

3. 退商

在多位除法运算过程中，试商偏大而致使被除数不够试商与除数第 2 位及以下各位数的乘积拨减时，则需要退商，退商即减少试商。退商有以下两种情况。

第一种情况是当用九归口诀试商后，就发现余数不够减，这时需要用退商口诀调整试商。退商口诀如下。

一归：无除退一下还 1

二归：无除退一下还 2

三归：无除退一下还 3

四归：无除退一下还 4

五归：无除退一下还 5

六归：无除退一下还 6

七归：无除退一下还 7

八归：无除退一下还 8

九归：无除退一下还 9

退商口诀可归结为一句，即“几归无除退一下还几”。这里的“无除”，是指余数不够试商与除数第 2 位及以下各位数字的乘积拨减；“退一”是指试商减 1；“下还几”是指把除数首位数字加在试商的右一档上。

例 4-42　6.76÷0.29=23

步骤 1　按固定个位法置数公式拨置被除数，如图 4.124 所示。

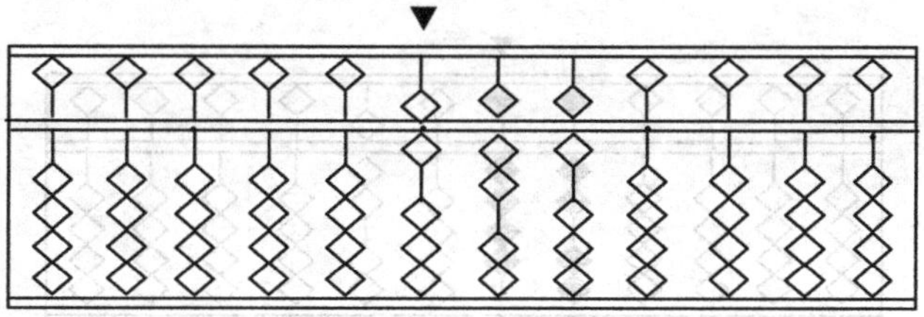

图 4.124

步骤 2　除数首位为 2，用二归口诀试商。“逢六进 3”，在被除数本位减 6，在左一档加 3，得试商 3，如图 4.125 所示。

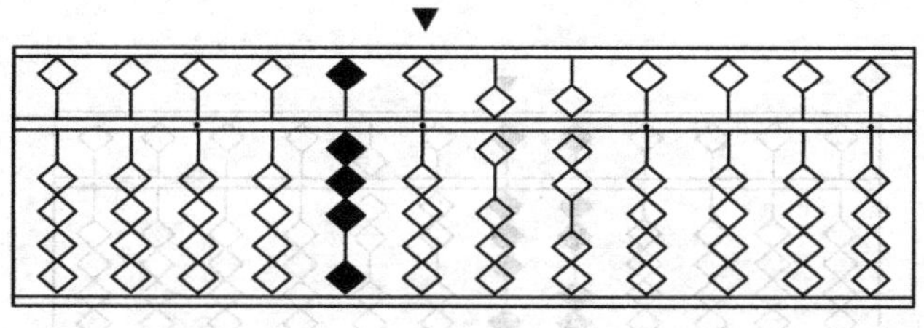

图 4.125

步骤3　应从试商右一档起减试商 3与除数第 2位 9的乘积 27。但右一档是 0，不够减（无除），用二归退商口诀“无除退 1下还 2”，退商 1，从试商档上减 1，在其右一档上加 2，如图 4.126所示。

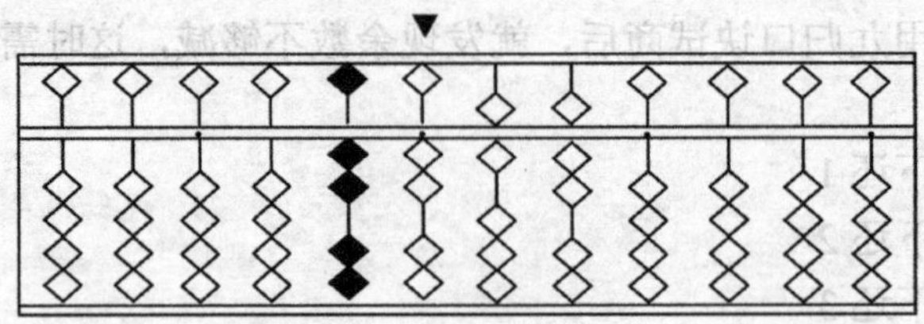

图 4.126

步骤4　应从试商右一档起减去调整后商 2与除数第 2位数 9的乘积 18，余数为 87，如图 4.127所示。

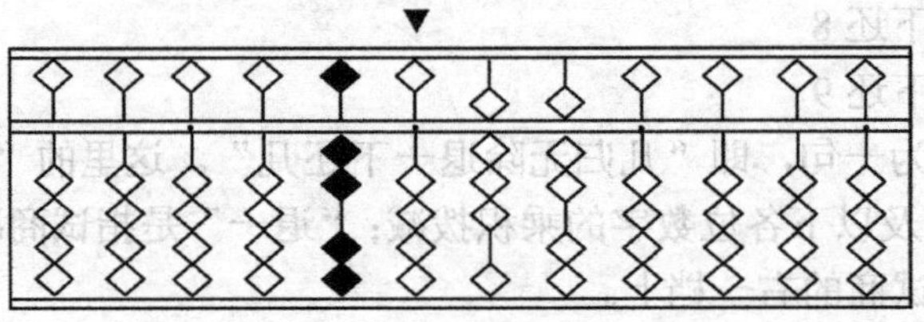

图 4.127

步骤5　用二归口诀试商。“逢八进 4”，在被除数本位减 8，在左一档加 4，得试商 4，如图 4.128所示。

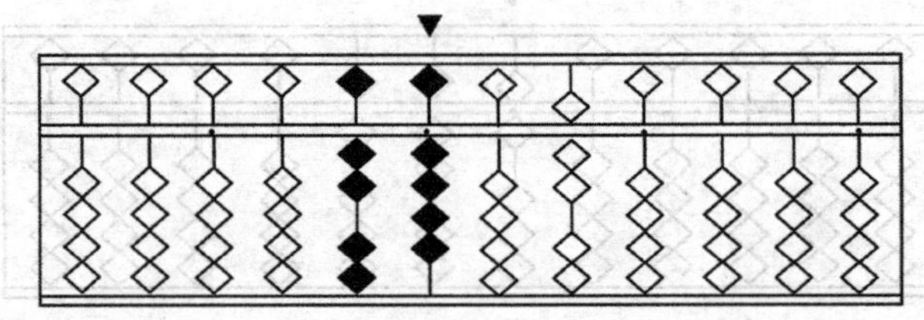

图 4.128

步骤6　应从试商右一档起减试商 4与除数第 2位 9的乘积 36。但右一档不够减（无除），用二归退商口诀“无除退一下还 2”，从试商档上减 1，在其右一档上加 2，如图 4.129所示。

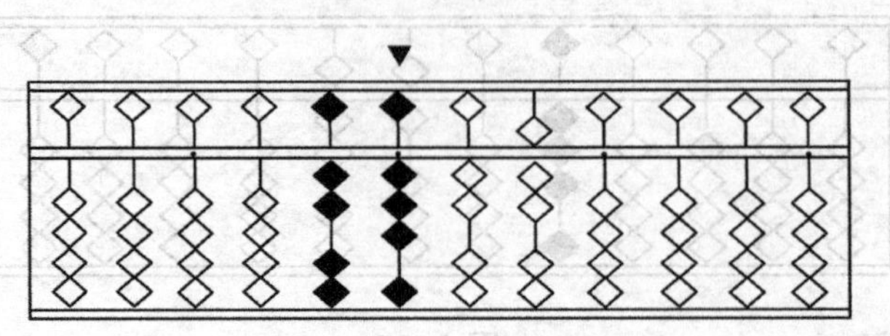

图 4.129

步骤7 从试商右一档减去调整后商3与除数第2位数9的乘积27，无余数，正好除尽，商数为23，如图4.130所示。

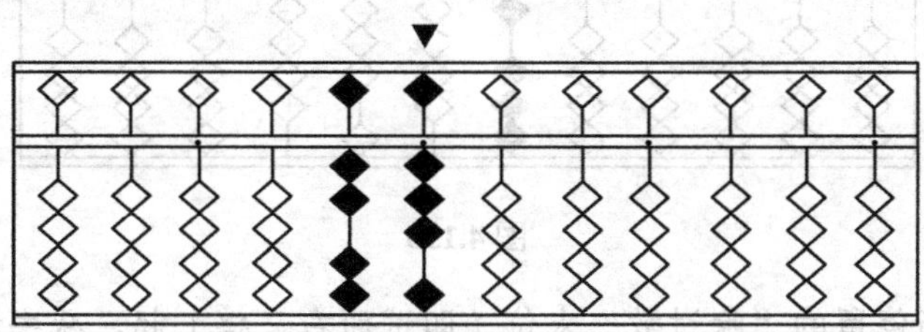

图 4.130

第一种情况是在归除运算过程中，在减去试商与除数第2位及以下各位数的乘积过程中，才发现不够除而需要退商，这种退商叫作中途退商。中途退商的方法为：试商退1（减1），把已经乘减过那几位除数（包括首位），从试商右一档开始加在余数上，然后再将调整后的商继续与未实现除去的那几位除数相乘，从被除数中减去。中途退商的口诀可记作“无除商退一，挨商加还除过数”。

例 4-43 9.64÷483＝1… 481

步骤1 用四归口诀试商。“逢八进2”，得试商2，如图4.131所示。

图 4.131

步骤2 试商右一档起递位迭减试商2与除数第2位数的乘积之后，余数只剩4，不够减试商2与除数第3位数乘积，须退商，如图4.132所示。

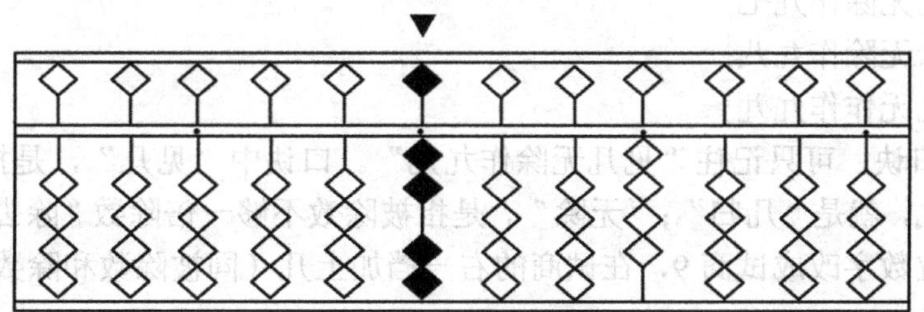

图 4.132

步骤3 用中途退商口诀“无除商退1，下位加还除过数”，从试商右一档起加上已乘减过的除数48，手指停留在“除过数”的末位上，如图4.133所示。

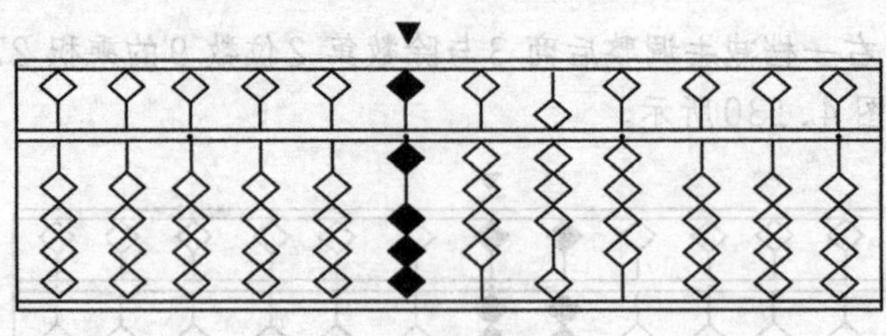

图 4.133

步骤 4　从手指停留的“除过数”末位（即试商右三档）起，减去调整后商 1 与除数第 3 位数 3 的乘积 3，如图 4.134 所示。

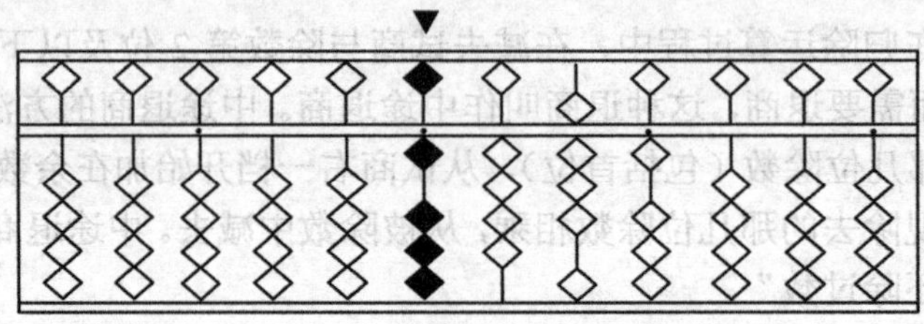

图 4.134

4. 撞归

撞归又称齐头，是指在做归除运算时，有时被除数首位与除数首位相等，但以下位数被除数又小于除数，如 612÷638。这时用九归口诀“逢几进 1”试商为 1 时，又不能完成除数所有位数的“除去”，只有退商。因此，遇到这种情况时，用撞归口诀，把被除数首位数字改作商数 9，把余数加在商数 9 的右边档上，再进行乘减。撞归口诀如下。

一归：见一无除作九一

二归：见二无除作九二

三归：见三无除作九三

四归：见四无除作九四

五归：见五无除作九五

六归：见六无除作九六

七归：见七无除作九七

八归：见八无除作九八

九归：见九无作作九九

对这 9 句口诀，可只记住“见几无除作九几”。口诀中“见几”，是指除数与被除数首位数字同是几，就是“几归”；“无除”，是指被除数不够一倍除数“除去”；“作九几”是把被除数首位数字改成试商 9，在试商的右一档加上几（同被除数和除数的首位几）。

例 4-44　256 270÷2 615＝98

步骤 1　按照固定个位法置数公式 $D=M-N=$6 位－4 位＝＋2 位，被除数从＋2 位档起拨入盘中，如图 4.135 所示。

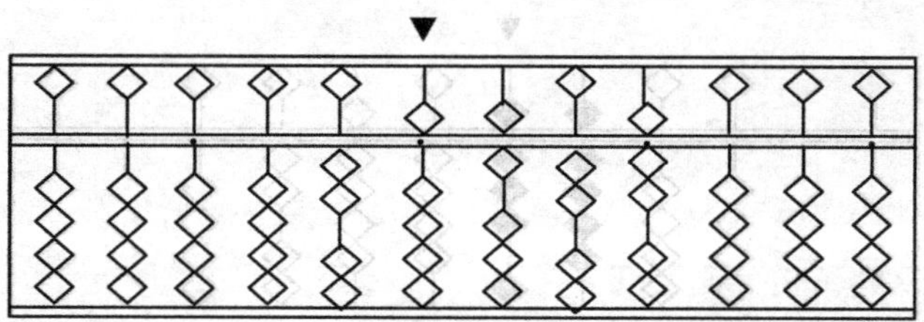

图 4.135

步骤 2　除数首位为 2，用撞归的二归口诀“见二无除作九二”，将被除数本档 2 改作试商 9，把余数 2 加在右一档上，如图 4.136 所示。

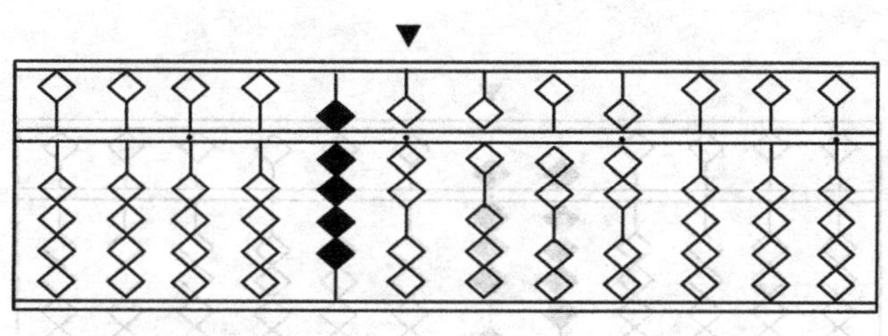

图 4.136

步骤 3　从试商右一档起递位迭减试商 9 与除数第 2 位、第 3 位、第 4 位相乘的积，如图 4.137 所示。

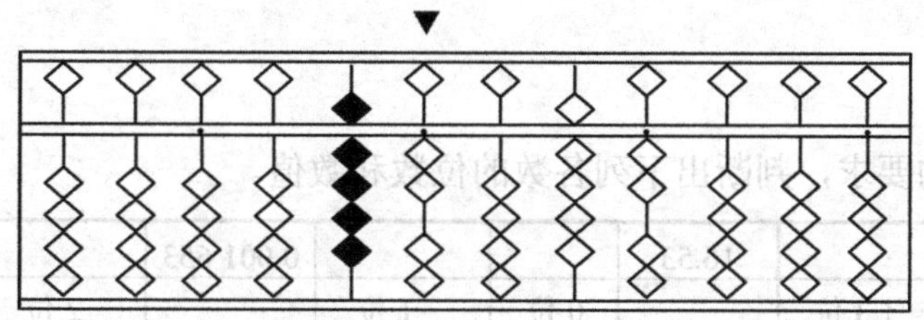

图 4.137

步骤 4　用撞归二归口诀“见二无除作九二”，将被除数本档改作试商 9，把余数 2 加在右一档上，如图 4.138 所示。

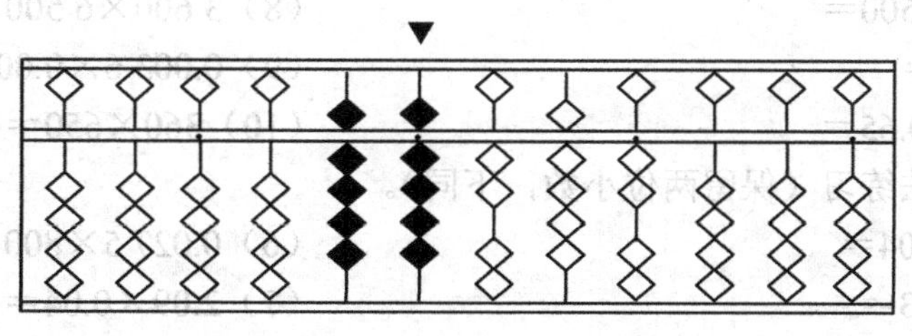

图 4.138

步骤 5　用试商 9 与除数的第 2 位相乘。从试商的右一档开始除去，如果不够，则使用退商口诀“无除退一下还 2”，如图 4.139 所示。

图 4.139

步骤 6　用调整后的商 8 与除数第 2 位、第 3 位、第 4 位相乘的积从商的右一档上开始拨减，正好除尽。采用固定个位法确定＋1 位档为个位，故商数为 98，如图 4.140 所示。

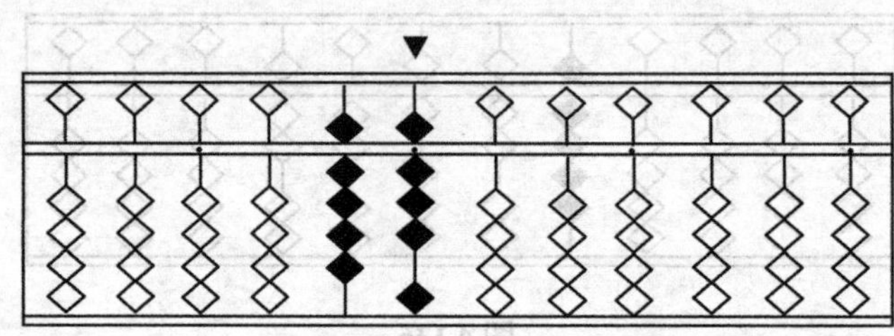

图 4.140

实训 4

1．根据表中的要求，判断出下列各数的位数和数值。

数值	16 530		16.53			0.001 653		0.000 165 3	
位数		＋3 位		0 位	－1 位		－2 位		－4 位

2．下列各题相乘的结果算盘上出现的都是 234，试用乘法定位公式进行定位。

（1）36×65＝　　　　（6）0.36×0.000 65＝

（2）0.36×65＝　　　　（7）36×0.065＝

（3）0.036×6 500＝　　　　（8）3 600×6 500＝

（4）3.6×6.5＝　　　　（9）0.003 6×0.000 065＝

（5）36 000×0.65＝　　　　（10）360×650＝

3．一位数乘法练习（保留两位小数，下同）。

（1）572.3×0.04＝　　　　（6）0.027 5×800＝

（2）524.5×0.3＝　　　　（7）2.09×0.04＝

（3）0.814×0.000 2＝　　　　（8）0.004 198×800＝

（4）250 500×40＝　　　　（9）0.019 305×0.07＝

（5）0.009 626 1×500＝　　　　（10）4.178 08×0.06＝

4．二位数乘法练习。

（1）749×340＝　　（6）47.43×0.073＝
（2）0.316 7×72＝　　（7）57 362×0.008 6＝
（3）16.82×0.51＝　　（8）95 013×29＝
（4）6 907×690＝　　（9）32 475×5.7＝
（5）3 815×7.6＝　　（10）460.58×8.4＝

5．多位数乘法练习。

（1）8.34×52.4＝　　（6）79.08×6 702＝
（2）7 651×0.908＝　　（7）320.1×56.47＝
（3）15.872×375＝　　（8）6 904×0.091 04＝
（4）37.82×0.006 75＝　　（9）4.068 9×0.251 3＝
（5）1 264×5 075＝　　（10）820.39×200.14＝

6．省乘法练习。

（1）64.856 95×0.754 6＝　　（6）21.364 5×8.016 74＝
（2）37.846 5×43.726＝　　（7）0.687 751×53.167 4＝
（3）0.846 52×49.264 5＝　　（8）7.870 564×36.581 321＝
（4）93.794 606×0.815 648 7＝　　（9）10.625 713 5×48.624 735＝
（5）987.6×9.97＝　　（10）0.624 785 12×460.378 24＝

7．破头乘法练习。

（1）462×358＝　　（6）375×46 207＝
（2）378×904＝　　（7）30 725×9.84＝
（3）0.598×62.17＝　　（8）816×705＝
（4）9 602×837＝　　（9）62.13×5.79＝
（5）418×239＝　　（10）489×6 013＝

8．速算乘法练习。

（1）726×2＝　　（7）237×2＝
（2）628×2＝　　（8）4 578×2＝
（3）27 492×2＝　　（9）41 748×2＝
（4）7 452×5＝　　（10）45 619×5＝
（5）31 059×5＝　　（11）69 274×5＝
（6）74 618×5＝　　（12）693×5＝

9．速算乘法应用练习。

某商业银行票币计算技能鉴定。

要求：根据下面所给的票币面值和数量，运用速算乘法的方法快速算出每题的金额总数（时间 15 分钟）。

序号	各种面额钞券张（枚）数量										
	100元	50元	20元	10元	5元	1元	5角	1角	5分	1分	金额/元
1	61	43	72	96	28	25	83	76	94	58	
2	27	42	23	31	15	26	29	24	92	25	
3	12	82	36	27	65	42	34	53	12	89	
4	24	58	79	35	15	68	57	61	25	32	
5	19	24	65	73	47	62	81	17	58	72	
6	31	63	58	35	91	64	98	42	72	43	
7	65	38	92	52	41	62	18	46	58	35	
8	31	29	52	31	25	42	27	75	92	42	
9	79	42	32	75	46	75	43	85	28	21	
10	43	58	56	64	78	82	41	42	31	38	
11	65	12	25	42	72	43	24	32	13	23	
12	15	24	42	46	58	63	42	91	72	43	
13	72	61	62	75	92	31	42	17	62	23	
14	28	38	56	78	52	19	13	24	14	67	
15	19	82	92	36	26	74	21	91	15	47	
16	31	24	28	53	25	23	42	24	65	62	
17	63	42	91	34	12	75	19	31	18	82	
18	59	46	17	24	35	95	26	79	25	26	
19	79	62	24	42	52	42	34	33	85	79	
20	23	28	53	81	64	72	47	82	25	13	

10．一位数除法练习。

（1）1 174÷400＝
（2）14 708÷0.02＝
（3）4 812÷8＝
（4）474.57÷90＝
（5）0.021 89÷0.8＝
（6）22 022÷7＝
（7）19 104÷60＝
（8）21.90÷0.08＝
（9）27.66÷0.4＝
（10）211.95÷80＝

11．多位数除法练习。

（1）176 904÷3 276＝
（2）95 179.2÷60.24＝
（3）387.05÷5.43＝
（4）22.53÷6.05＝
（5）0.353 98÷0.735＝
（6）1 789÷28.36＝
（7）270 218÷8 647＝
（8）181 080÷2 461＝
（9）7 709 628÷1 803＝
（10）5 423.98÷69.35＝
（11）168.38÷0.615＝
（12）3 040÷816＝
（13）68.52÷0.369＝
（14）0.632 55÷0.164＝
（15）48.153 8÷0.327 8＝
（16）592 122.84÷70.19＝
（17）35 990 556÷3 742＝
（18）50 987÷0.834 9＝
（19）1 515.33÷609.3＝
（20）20.061÷2.49＝

第5章

电子计算与收银技能

职业教育的学习目标

要求学生通过电子计算工具、收银机的学习和训练，了解电子计算工具和收银机的重要性，掌握电子计算工具和收银机的种类、具体组成部分及功能，做到熟练掌握电子计算器、收银机的操作技能。

典型职业工作任务描述

1. 工作任务简述

会计工作人员日常会计核算中，每一笔经济业务基本都需要运用电子计算工具来进行，其使用频率和计算速度通常比算盘还要高；收银机在收款结算业务中也得到了广泛的使用。

2. 涉及的业务领域

在会计、审计、统计、金融、税务、营销等工作中办理经济业务的所有岗位；在商品流通企业和餐饮服务业中涉及收银结算的岗位。

3. 其他说明

电子计算工具、收银机操作技能是会计、出纳等柜面经办人员必须掌握的一项基本功，需要不断地练习、训练，提高其操作技能。

职业描述

1. 工作对象

现金、会计凭证、会计账簿、会计报表、人民币收付款结算结账等。

2. 劳动场所

柜面及其他各种经济业务的办理场所。

3. 资格和能力

持有会计专业技术资格证书，或者具有会计类专业学历（学位）或相关专业学历（学位）证书，且持续参加继续教育，具备从事会计工作所需要的专业能力。

能力训练

能力训练项目名称	拟实现的能力目标	相关支撑知识	训练方式、手段及步骤
电子计算器	掌握电子计算器的种类、具体组成部分及功能并能熟练操作	① 电子计算器的分类 ② 电子计算器的功能键 ③ 电子计算器的使用	坐姿、握笔、看数、指法、书写答案
收银机	能熟练操作收银机	① 收银机的构成和分类 ② 收银机的功能 ③ 收银机的使用	熟悉键盘及操作规程，反复练习

5.1 电子计算器使用技能

5.1.1 电子计算器概述

1. 电子计算器的概念

电子计算器简称计算器，该名词由日本传入中国。可以将其理解为：能进行数学运算的手持机器，拥有集成电路芯片，但结构简单，比现代计算机简单得多，可以说是第一代的电子计算机（电脑）；功能较弱，但使用方便且价格低廉，可广泛运用于商业交易中，被认为是必备的办公用品之一。

2. 计算工具的发展和电子计算器的产生

世界上最早的计算工具诞生在中国。中国古代最早采用的一种计算工具叫筹策，又称算筹。这种算筹多用竹子制成，也有用木头、兽骨充当材料的，约270枚一束，放在布袋里可随身携带。直到今天仍在使用的珠算盘，是中国古代计算工具领域中的另一项发明，明代时的珠算盘已经与现代的珠算盘几乎相同。

17世纪初，西方国家的计算工具有了较大的发展。英国数学家纳皮尔发明了“纳皮尔算筹”；英国牧师奥却德发明了圆柱形对数计算尺，运用这种计算尺不仅能做加减乘除，乘方、开方运算，甚至可以计算三角函数、指数函数和对数函数。这些计算工具不仅带动了计算器的发展，也为现代计算器发展奠定了良好的基础，成为现代社会应用广泛的计算工具。

1642 年，年仅 19 岁的法国科学家帕斯卡运用算盘的原理，发明了第一部机械式计算器。在他的计算器中有一些互相连锁的齿轮，一个转过十位的齿轮会使另一个齿轮转过一位，人们可以像拨电话号码盘那样，把数字拨进去，计算结果就会出现在另一个窗口中，但是只能做加减运算。1694 年，莱布尼茨在德国将其改进成可以进行乘除的计算。此后，一直到 20 世纪 50 年代末电子计算器才出现。

3. 电子计算器的分类

目前，市场上的计算器不同的型号有不同的功能。为了便于大家在工作中能对计算器有一个初步的了解，下面按各种计算器的功能、外形、运算方法和显示方式进行分类。

（1）按计算器的功能分类

① 标准型计算器，也叫算术计算器。它一般具有简单的加、减、乘、除、乘方、开方、百分比等运算。标准型计算器有足够大、可用手指来操作的按钮，数字大而清晰并能够满足学生基本的计算，是一种应用较为广泛的计算器。

② 科学型计算器，也叫函数型计算器。它不但具有一般计算器的功能，而且可以进行标准数学函数、方根、对数、次方、记忆等函数运算。

③ 程序型计算器，也叫高级计算器。除具有科学型计算器的功能外，这种计算器的主要特点是能够编制程序，能将具有两个以上的复杂步骤存储起来，进行多次重复运算。

（2）按外形分类

① 台式计算器。体积较大，宜在办公室和商店柜台上使用。

② 便携型计算器。体积较小，携带方便，是使用最多的一种计算器。

③ 超小型计算器。体积小，质量轻，使用方便。

（3）按运算方法分类

① 运算法则型计算器。这种计算器是按照输入的先后顺序进行运算的，遵循先乘除后加减、从左到右进行运算的原则。

② 运算顺序型计算器。这种计算器是按照输入的先后顺序进行运算的，而不是按照数学运算法则进行的。

（4）按显示方式分类

① 液晶显示计算器。它是通过液晶分子的翻转来显示数字的，特点是功耗小、省电，但在无光处不能使用。

② 数码管显示计算器。其显示器是由微型数码管组成的，数码字显示以“日”字为基础，特点是显示清晰明亮，可在任何场合使用，但功耗较大，可外接电源使用。

4. 计算器与计算机的区别

计算器只是简单的计算工具，有些机型具备函数计算功能，有些机型具备一定的存储功能，但一般只能存储几组数据；计算机俗称电脑，具备复杂的存储功能、控制功能，更加强大。

以自动化程度来区别二者，就在于是否需要人工干预其运行。计算器与计算机一样，都能够实现数据的输入、处理、存储和输出，它与计算机的区别如下。

① 计算器不能自动地实现这些操作过程，必须由人来操作完成。而计算机通过编制程

序能够自动进行处理。

② 计算器与计算机的本质性的区别在于是否具有扩展性。计算器使用的固化的处理程序，只能完成特定的计算任务；而计算机借助操作系统平台和各类应用软硬件，可以无限扩展其应用领域。

5.1.2 计算器的操作技能

1. 小型电子计算器的功能键

小型电子计算器的种类繁多，型号不一，各自的外部组成部分有所差异，但其外形结构大致相同，都包括显示屏、基本功能键、电池盒等，如图 5.1 所示。小型计算器功能键的具体说明如表 5.1 所示。

图 5.1

表 5-1 小型电子计算器功能键说明

按 键	键位名称及功能	按 键	键位名称及功能
ON/AC	电源开启键/清除键	00	快速增零键
OFF	电源关闭键	.	小数点
M+	记忆加法键	＋－×÷	运算功能键
M–	记忆减法键	%	百分比运算键
MRC	内存总值和清除内存键	←	退位键
GT	总和计算	+/–	符号变换键
0～9	数字键		

2. 计算器使用的基本技能

（1）基本指法

计算器的操作指法就是将计算器的各个基本键位固定地分配给 5 个手指，具体分配如表 5.2 所示。

表 5.2 计算机的操作指法

指 法	键 位
拇指	握笔
食指	负责0、1、4、7
中指	负责00、2、5、8
无名指	负责.、3、6、9
小拇指	负责+、−、×、÷、=

“4”“5”“6”为基准键位，分别由食指、中指、无名指负责。在进行运算前，手指要放在基准键位上；在运算中，5个手指分工合作，击键后应返回基准键位。当基本指法掌握后，应注重盲打技术的掌握。盲打是提速的重要途径，要做到“分节看数，分节指数，边看边录”，如图5.2所示。

图 5.2

（2）操作姿势

在运用计算器时，坐姿要端正，身体稍前倾，两腿自然放平。

（3）握笔姿势

操作中将笔横握，在右手掌心，由大拇指和小拇指控笔且书写端朝向右侧。运算时养成良好的握笔按计算器的习惯，以便及时记录计算结果，节省拿笔、放笔时间，提高工作效率。

（4）看数技术

一般账表上的金额数字3位以上的都要用分节号隔开，即3位为一小节。在计算器上击键时采用分节看数，一次看3位，左手的食指要配合指向正在输入的数字节，即“分节看数，分节指数”。

（5）书写答案

计算完一组数据，要做到眼看显示屏，手迅速书写数据，做到“看屏不看笔”。

5.1.3 常用的练习方法

① 打百子，即从0开始，依次+1、+2、+3、…、+100，最后得5 050。

② 减百子，即从5 050开始，依次−1、−2、−3、…、−100，最后得0。

③ 把123 456 789连加9次，和为1 111 111 101，随后再逐笔减123 456 789，直至减完为0。

④ 把 987 654 123 连加 9 次，和为 8 888 888 889，随后再逐笔减 987 654 123，直至减完为 0。

5.2 收银机操作技能

5.2.1 收银机的构成

收银机主要由条形码扫描器和电子收银机组成。其中，电子收银机包括收银机键盘、顾客显示器、微型票据打印机、主机与操作员显示器、收银机钱箱 5 个部分，如图 5.3 所示。

1. 收银机键盘

收银机键盘用来输入各种销售数据，一般收银机都配备专用键盘，结构如图 5.4 所示。

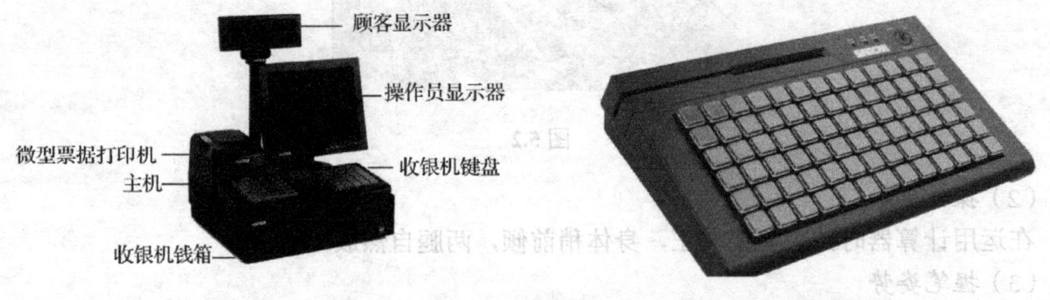

图 5.3　　　图 5.4

① 收银基本键，包括数字键（0—9）、运算键、促销控制键（折扣）、付款方式键（现金支票、外币、信用卡、礼券等）、取消/更正键、交易结束键（小计、合计）等。

② 收银功能键，包括部门分类键、锁定密码键、税率计算键、币值交换键、报表打印键、自由设定键等。

一般键盘约有 35 个键，键盘的左上侧为磁卡阅读器，用来读取银行卡；键盘的右上角有一个钥匙插孔，通常分为 0——3 档，每档有不同的设置，如 0 档——关闭状态档、1 档——收银员档、2 档——操作员/收银主管档、3 档——电脑部档。

2. 顾客显示器

顾客显示器是面向顾客，显示交易的商品品名、价格、总额等信息的仪器。顾客显示器一般可以旋转，通常最多可显示两排字符，显示语种有英文、中文、拼音。处于收款状态时显示的字体颜色通常有绿色、红色、黄色等，但没有商品输入之前，顾客显示器上没有任何显示。输入商品之后，顾客显示器应该显示商品数量及单价。在按“总计”键以后，顾客显示器上显示商品总价。在输入顾客所付现金额并按“现金”键以后，顾客显示器显示找零额。在关闭状态下，顾客显示器上显示“欢迎光临”。

3. 微型票据打印机

微型票据打印机是用于打印交易文字票据的机器，如图 5.5 所示。通常每一台主机配置两台打印机，同时自动打印票据，一份留底、一份给顾客，或者一台打印机打印一式两份的票据。打印机打印的票据内容通常有店名、时间、交易号、收银机号码、商品品名、数量、单价、总价、商品编码或商品条码、收款金额、找零金额等。将收银机专用收银小票纸固定在打印机送纸器上，按“进纸”键，打印机自动进纸，在打印机停止进纸后，连击“进纸”键几次，将纸上好。

4. 主机和操作员显示器

主机包括中央处理器 CPU 及主板等，与操作员显示器共同组成收银机的核心部分。主机要配备收银系统软件，如“金蝶”“理财通”等收银软件，在安装收银系统软件后主机才能用于收银工作。

5. 收银机钱箱

收银机钱箱与收银机相连，是用来存放现金的扁形金属柜，有电子锁和钥匙，开关由收款键控制。柜中有若干小格和夹子，用来存放票币，如图 5.6 所示。

图 5.5

图 5.6

6. 条码扫描器

条码扫描器用于收银员为顾客提供收银服务时扫描商品、获取商品信息，如图 5.7 所示。

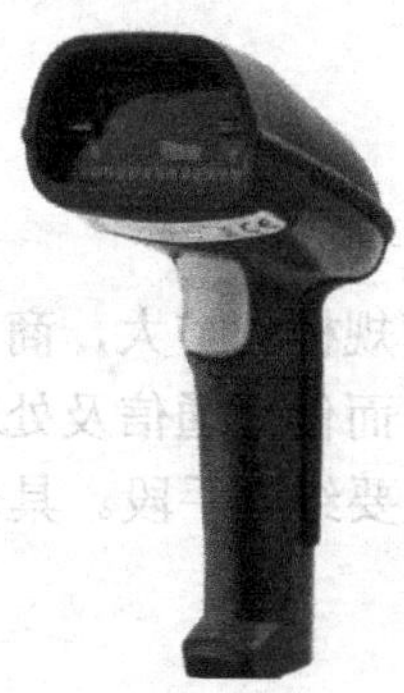

图 5.7

5.2.2 收银机的基本分类

1. 按照收银机的功能分类

按照收银机的功能不同，可以分为一类机、二类机和三类机三大类。

① 一类机。一类机是指只能单机使用，不可以连网，能实现简单收款管理，不能外接各种设备，可以管理几个到几十个部门，能够管理少量商品单品的收银机。这一类收银机的品种繁多，性能基本相同，且价格相对较低。其代表机型有：日本 CAISO 公司的 150CR、230ER 等；日本 TEC 公司的 MA-85、MA-315 等。这类收银机的处理程序固定在收银机内不可改变，收银机只能提供简单的统计报告，由于数据存储区较小，所以数据的保留不可能是无限期的，需要定期清除。

② 二类机。二类机除了具有一类机的功能外，还可以实现连网功能。它可以管理几个到几十个部门，不仅可以管理一定数量的商品单品，还可以连接简单的外部设备（如条码扫描设备等）。这类收银机的品种较多，价格和性能存在一些差异，个别收银机可以打印汉字。其代表性的机型有：日本 CAISO 公司的 CE4700D 等；日本 TEC 公司的 MA-1650、MA1900 等。这类收银机的处理程序固定在收银机内不可改变，收款统计报告既能从收银机上得到，也可以从连网的计算机上得到，收银机与计算机多使用 RS-232 接口连网通信。

③ 三类机。三类机又称 POS 机，是基于 PC-BASE 的开放型收银机。它的硬件基础是通用计算机的基本部件，特别是可运用较为成熟的汉字系统，实现国标字库的汉字输入、显示、打印等。第三类收银机既有计算机的通用接口，可以连接多种网络，又有适用于商业环境的专用接口，还具有针对商业环境的专用键盘，且每个按键都可重新定义。由于应用环境复杂，其抗干扰能力和耐用性等方面远高于通用计算机。第三类收银机的管理软件完全可以根据具体需要进行设计。

2. 按照组成结果的不同分类

按照组成结果的不同，可以分为一体机和分体机两种。

3. 按照是否有税控功能分类

按照是否有税控功能，可以分为税控机和非税控机。税控机增添了税控模块，但其收款功能与非税控机是一样的。

5.2.3 收银机的功能

随着连锁企业门店的发展，经营规模的扩大，商品种类的丰富，原始的手工结算方法已经无法满足现代商业发展的需要。而信息通信及处理技术的快速发展及收银机的出现使电子结算成了现代连锁企业门店的主要结算手段。具体来说，电子收银机具有以下功能。

1. 收款管理

收银机收款迅速、准确，能自动进行结算。其统计分析功能强大，使管理者可以全方

位实时监控和追踪企业的经营情况。

2. 单品管理

单品管理是指对于店铺陈列的商品以最小类别逐一把握销售动向。过去的商品管理员只能针对大类，而利用电子收银系统对商品信息的把握可以精细到具体厂家的具体品种规格，从而为准确把握每一种商品的销售动向，及时了解畅销品、滞销品和销售的时间分布提供了充足的信息。

3. 客户管理

客户管理是指当电子收银系统结账时，通过电子收银机自动读取零售商发行的顾客 ID 卡，从而把握每位顾客的消费额。

4. 员工管理

员工管理是指可以通过电子收银系统掌握员工的工作效率和工作业绩，便于考核。

5. 自动读取销售时点信息

借助于商品条码和自动读取设备，可以在顾客交款（也就是销售商品）的同时，将有关商品信息输入到系统中。这样在每一时刻都可以了解商品的销售状况、库存状况，为确定合理的商品结构提供及时、准确的科学依据。

6. 付款方式管理

收银机支持现金、银行卡、提货单、礼券等多种付款方式，以及在一笔交易中可用多种付款方式，如在一笔交易中一部分用现金支付，一部分用礼券付款。其统计分析功能强大。

5.2.4　收银机操作技能

1. 收银机键盘

收银机键盘为可编程键盘，可编程键盘有 55 至 112 键不等。企业可以根据自身具体的需要进行重新设置。为了便于收银员操作，提高工作效率，在重新设置完成后，可以在设置好的按键上贴上其功能的名称。某款收银机键盘如图 5.8 所示。

收银机键盘的功能如下。

① 数字键。该键供数字输入（如手工录入商品条码、金额）。

②“单品查询”键。该键用于查询商品的价格。

③“磅秤”键。该键在对商品进行称重时使用。

④“回车”键。该键用来确认各类操作。

⑤“数量”键。收银员直接输入商品条码时，收银就默认的数量为 1，当输入的商品

数量多于 1 的时候，要在输入商品条码之前敲入商品数量，然后按“数量”键，再输入商品条码或货号。

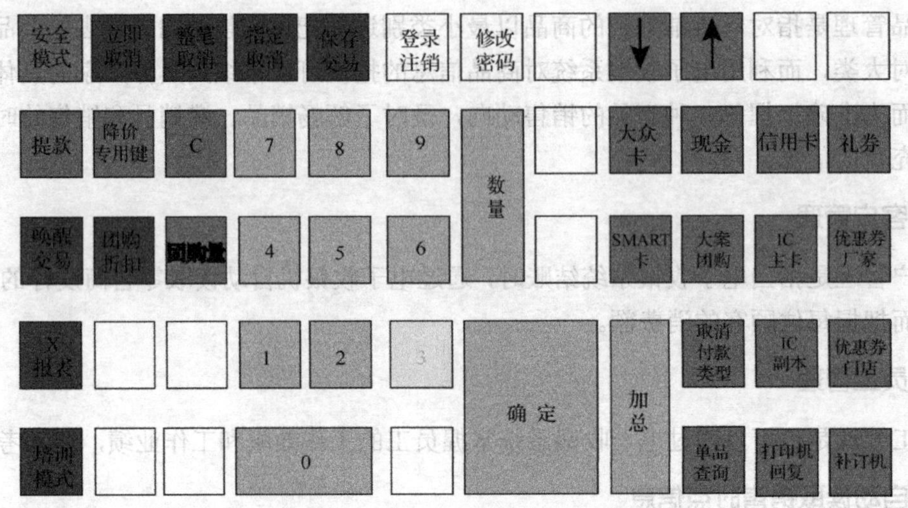

图 5.8

⑥“重复上次”键。该键用来重复上一次的操作。例如，收银员输入 5 个“可口可乐”，此时按“重复上次”键，收银机将再增加 5 个“可口可乐”(“重复上次”键只能在销售过程中使用，并且重复上一次的操作)。

⑦“小计”键。使用“小计”键可以在顾客显示器上显示已经输入收银机的商品总价。

⑧“取消商品”键。该键用来取消一次操作。收款过程中，收银员如果要取消某一个已经输入的商品时，按“取消商品”键，收银机提示“请选择取消的商品或按取消键”，再用“向上一行”“向下一行”“向上翻页”“向下翻页”4 个键，选择所要取消的商品，并按“取消商品”键，收银机提示“是否要取消商品(Y/N)”。确定取消此商品时按“回车”确认键，反之按“取消”键。

⑨“清除”键。该键主要用于清除输入错误，前提是在没有按“回车”确认键之前。例如，收银员把 39 错输为 29，在没有按“回车”键之前，按“清除”键可以把 29 清除掉。

⑩“总计”键。此键只在结账时使用。

⑪“向上翻页”键。此键用来切换选项。

⑫“向下翻页”键。此键用来切换选项。

⑬“现金”键。如果用现金方式付款，应先输入顾客所付现金金额，再按“现金”键。

⑭“礼券”键。用礼券支付时，直接按“礼券”键，不需要输入应付现金金额。

⑮“支票”键。用支票支付时，直接按“支票”键，不需要输入应付现金金额。

⑯“银行卡/信用卡”键。用银行卡/信用卡支付时，直接按“银行卡/信用卡”键，不需要输入应付现金金额。

⑰“上岗”键。该键是收银员上岗时使用的键。

⑱“下岗”键。该键是收银员上岗时使用的键。

2. 收银机的操作规程

（1）收银机的工作流程

通常收银机的工作流程是按照所使用的软件设计的具体要求进行的，因此超市、饭店、酒店等非常注重收银机的操作程序。下面以某超市所采用的“理财通”软件为例介绍收银机的工作流程。

步骤 1　开机。收银员要先打开电源开关，等待机器的启动，直到弹出“系统登录”窗口，如图 5.9 所示。

步骤 2　登录。打开收银机后，首先选择进入 POS 销售系统。然后在“员工登录”窗口中，输入正确的员工编号，按回车键。接着输入登录密码，按回车键，如果密码正确即可进入系统。具体如图 5.10 所示。

图 5.9

图 5.10

如果收银员在输入员工编号及密码时出现错误，系统会要求重新输入，此时应仔细核对编号与密码，并重新输入。如果发现输入无误，但是仍然无法登录，应该立即上报收银主管，重新领取新的上机号码。如果连续 3 次输入错误，则会自动退出系统。

步骤 3　收银。系统进入销售操作界面（见图 5.11），选择“前台当班”选项，进入收银系统，如图 5.12 和图 5.13 所示。

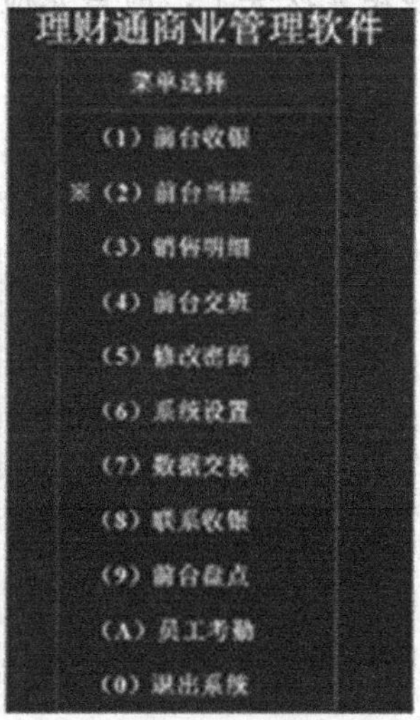

图 5.11

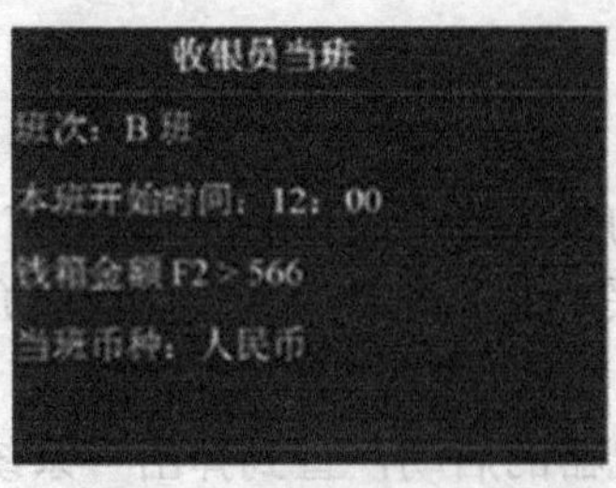

图 5.12

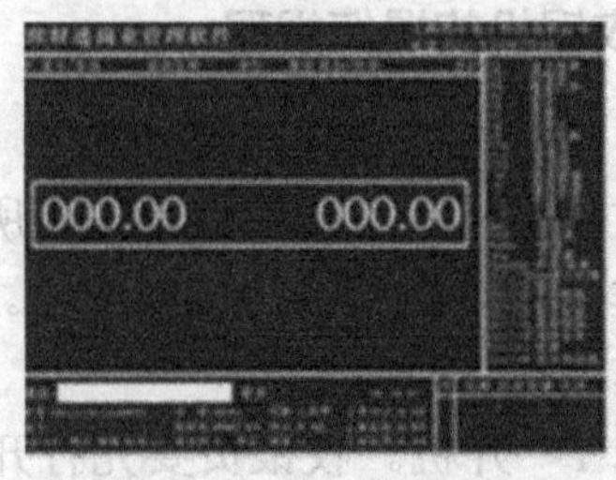

图 5.13

① 扫描商品。收银员必须熟悉一般商品的条形码粘贴部位，迅速、准确地把商品的条形码正对扫描机。如果顾客购买多个同一商品，可在扫描后直接输入商品数量；而顾客购买不同商品时，可以直接进入下一个商品的扫描，如图 5.14 所示。

收银员扫描时应扫描一件商品看一眼屏幕，以避免错扫描或漏扫描现象的发生。对于扫描器无法识别的商品，可采用手动输入商品编号的方式解决。

② 结算账款。扫描完顾客所有的商品后，按下“结账”键，POS 机屏幕上会弹出一个小屏幕，上面显示应收的金额，由打印机打印出销售小票，如图 5.15 所示。

图 5.14

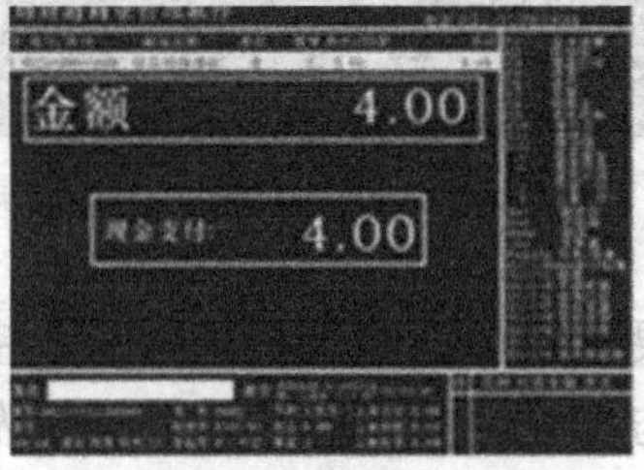

图 5.15

为顾客找零后，收银员要关闭钱箱。关闭后，钱箱会自动锁定，POS 机屏幕也会进入正常业务的操作界面。此时如果钱箱无法关上，应首先检查是否有东西卡住了钱箱，或者钱箱的导轨有无变形。

步骤 4　交班。收银员交班时，应先将账目核对清楚，再登录系统，单击“前台交班”进行交班，如图 5.16 和图 5.17 所示。

图 5.16

图 5.17

步骤 5　退出关机。营业结束后需要关闭收银机时，收银员应先退出操作系统。其具体操作如下。

① 退出销售系统。在收银员准备退出销售系统前，必须先完成收银工作，不得在收银中途退出操作系统。然后利用光标移动找到“退出”选项并选择。对于已经定义了“退出”功能键的收银机，直接按“退出”键。系统会提示“是否真的退出？请选择是/否”，按“确认”键选择“是”，退出操作系统；按“取消”键选择“否”，返回销售界面。

② 关闭收银机。关闭收银机应遵循如下步骤。

步骤 1　退出收银系统后，不能立即关闭电源，而应等屏幕提示“现在可以安全关机了”时再关闭电源。

步骤 2　首先应关闭主机电源，再关闭显示器、打印机等外设电源，最后关闭 UPS 电源。

（2）收银机操作前的准备工作

① 商品分类（部门）。商品应尽量按所选购的电子收银机最大部门数来分类。这样可以发挥最大的管理效能。

② 单品编码。如果采用单品管理，必须对欲管理的某些或全部商品编码，并定好单价机归属的类别。

③ 确定收银员的代码（密码）。一般电子收银机都有收银员管理功能。因此，要对每个收银员进行编号并设置密码。

④ 编程设置。企业根据自身具体的需要把以上的资料设置在电子收银机内。

⑤ 进行权限管理。电子收银机有几种锁模式，分别用不同钥匙进入。管理权限就是不同层次的管理人员分掌各级钥匙：收银员掌握收银匙（REG）；部门经理掌握读报表匙（X）；经理或财务掌握清报表匙（Z）及编程匙（P）。

⑥ 确定每天、每月清报表的时间及交接班程序。

⑦ 由电子收银机公司对收银员及管理人员进行培训，必须使用户清楚每一操作步骤及注意事项。管理人员一定要清楚地知道各种报表的读取方法及各项内容代表的意义。如果对报表的内容不清楚，电子收银机就失去了管理作用。

⑧ 认真保管随机说明书。这是非常有用但极易忽略的一环。

（3）收银机的操作流程

收银员在收银台进行收银操作应按照规定的流程，要求准备得认真、充分；营业阶段应正确、礼貌、迅速；营业结束阶段程序要到位、注意安全。一般而言，收银机的操作流程如图 5.18 所示。

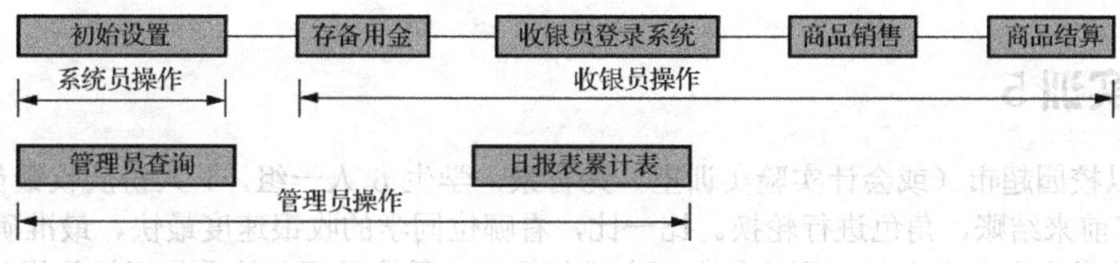

图 5.18

5.2.4 收银差错的作业管理

收银差错是指收银员所收到的货款金额与收银机系统中记录的金额总数之间出现的差错。通常收银差错有正差错和负差错：正差错是指收款金额大于收银机系统金额，又称长款；负差错是指收款金额小于收银系统的金额，又称短款。

1. 收银差错产生的原因

收银出现差错主要有几个原因：银员收款错误或找零错误；钱箱票面误放；收银员误收假币；收银员不诚实，私拿钱箱里的营业现金；收银员收银机金额输入错误；打印机卡纸，重复输入；收银员在兑零过程中出现错误；付款方式按错（误将“现金”按成“内部转货”）。

2. 收银差错的处理措施

发现收银差错必须及时处理，一般不超过 24 小时。超出一定金额的收银差错，必须在发现的第一时间报告安全部和收银部经理。对于超出规定的收银差错，对相关收银员进行警告处理。所有收银员的收银差错必须进行登记，计算差错率和差错总额。

3. 收银差错的对策

对于收银出现的差错，主要有以下对策。

① 备用金清点。正确清点当日 500 元的零钞备用金。

② 票面分类，分格存放。刷卡单、现钞应立即放入收银机柜内，勿任意摆在机台上或压在键盘下。

③ 唱收唱付结账时要确实唱收唱付，避免与顾客发生金钱纠纷，造成不必要的困扰。这样可减少本身的差错。

④ 正确输入“应付款”。

⑤ 正确填写。用信用卡、储蓄卡、微信、支付宝结账时，刷卡及扫码支付金额与收银小票上的金额一致，并请顾客在刷卡单上签名。

⑥ 卡纸后请顾客至中控台重新打印。如果按“暂停”打印后，已输入商品，则无须再次输入。

⑦ 尽量用刷卡或微信、支付宝结转，以减少找零。

⑧ 看屏幕。明确根据屏幕显示的“小计”金额收款，且找零切勿使用心算收款，找零时也应务必点收清楚。

⑨ 取出抽屉检查。

⑩ 通知当班主管解决。

实训 5

1. 以校园超市（或会计实验实训室）为背景，学生 6 人一组，1 人扮演收银员，5 人扮演顾客前来结账，角色进行轮换。比一比，看哪位同学的收银速度最快、最准确。

2. 请学生利用课余时间到校外大超市进行见习，系统了解和熟悉收银机收银环节和顾客用银联卡刷卡付款的银联 POS 系统的具体操作流程。

第6章 传票和账表的计算技能

职业教育的学习目标

根据会计和金融行业对技能的专业性与实用性要求，学生应了解传票算和账表算的运算程序及方法，以及计算器的布局、输入指法及应用；通过认真学习，能够运用算盘翻打传票；能够运用计算器快速、准确地敲数字和翻打传票；能够快速地轧平账表；具备该项技能的初、中级技术水平和操作能力，提高珠算和计算器的实际应用能力。

典型职业工作任务描述

1. 工作任务简述

根据传票和账表上的题目，运用算盘和计算器进行快速、准确的计算。

2. 涉及的业务领域

金融业的储蓄员和工商企业的收银员。

3. 其他说明

传票算和账表算具有一定的专业性、实践性和应用性，需要经常不断的练习，为学生从事相关工作打下坚实的基础。

职业描述

1. 工作对象

各种会计凭证、会计报表、会计凭证汇总表、结算凭证汇总表。

2. 劳动工具

算盘、小型计算器。

3. 劳动场所

办公室。

4. 资格和能力

持有会计专业技术资格证书，或者具有会计类专业学历（学位）或相关专业学历（学位）证书，且持续参加继续教育，具备从事会计工作所需要的专业能力。

能力训练

能力训练项目名称	拟实现的能力目标	相关支撑知识	训练方式、手段及步骤
传票算	① 一目一行算盘翻打传票 ② 一目一行计算器翻打传票 ③ 使用翰林提翻打传票	① 传票的检查和整理 ② 找页 ③ 翻页	自拟题目，反复练习开扇、找页、翻页、记页
账表算	① 横行快速准确运算的方法 ② 纵列快速准确运算的方法 ③ 轧平	① 一目三行直加法 ② 一目三行弃九法	自拟题目对表格进行横行和纵列运算练习

6.1 传票算

6.1.1 传票算的基础知识

传票是指用以传递记账用的凭证，是记账凭证以前的称谓。传票算是指在经济核算过程中对各种单据、发票或凭证进行汇总计算的一种方法，一般采用加减运算。它是加减运算在实际工作中的具体应用，可以为会计核算、财务分析、统计报表提供及时、准确、可靠的基础数字，是全国会计技能大赛和全国珠算技术比赛的正式项目，是财经工作者的一项基本功。传票算除了作为珠算或珠心算比赛项目外，在珠心算的段位鉴定中也有。

1. 传票的种类和规格

（1）传票种类

① 订本式传票。订本式传票在传票的左上角装订成册，一般在比赛中使用。

② 活页式传票。活页式传票又称为百张凭条，有100页，不装订成册；每页两侧有一行数字，均为金额单位（反面没有数字），每一侧100页为一题，采用限量不限时的方法。

活页式传票在银行业使用较多。

(2) 传票规格

珠算比赛使用的传票的规格如下。

① 长 19 厘米，宽 9 厘米的 60 克书写纸，用 4 号手写体印制。每面各行数字下加横线，其中第 2 行和第 4 行为粗线。

② 传票在左上角装订成册，中间夹一二根色带，每本共 100 页或 120 页（反面没有数字）。

③ 每页 5 行，各行数字从 1 至 100 页（或 1～120 页）均为 550 字（或 660 字）。每笔最高为 9 位数，最低为 4 位数，均为金额单位。

④ 每连续 20 页为一题，计 110 个数字，0 至 9 各字码均衡出现。命题时任意选定起止页数。例如，第 1 题从第 7 页至第 26 页（一）行、第二题从 49 页至 68 页（三）行等。

⑤ 在每个数字前由上至下依次有题号（一）、（二）、（三）、（四）、（五）。其中，（一）表示第 1 行数字，（二）表示第 2 行数字，……，（五）表示第 5 行数字。

⑥ 页码印在右上角，一般用阿拉伯数字标明；每一页尺寸一样，并在左上角有空白处，计算时可用夹子夹起计算。

⑦ 比赛时，采用限时不限量的比赛方法，每场规定 15 分钟，正确一题得 15 分。

一页传票的格式如表 6.1 所示。

表 6.1 一页传票的格式

（一）	3 876
（二）	17 085
（三）	620 597
（四）	5 104 938
（五）	18 209 143

2. 比赛题型

传票比赛题的格式如表 6.2 所示。

表 6.2 传票比赛题的格式

题 序	起止页码	行 次	答 案
1	19～38	（三）	
2	40～59	（一）	
3	56～75	（四）	
4	79～98	（二）	
5	96～115	（五）	
…	…	…	

在表 6.2 中，“题序”表示计算的顺序，1 表示第 1 道题，2 表示第 2 道题，以此类推。比赛时不允许跳题。“起止页码”中的“起”表示从哪一页开始计算，“止”表示运算到哪一页为止。表中第 1 题的起止页码是 19—38，表示从第 19 页起开始运算，一直运算到第 38 页止。“行次”表示计算每一页的第几行，表格中第 1 题的行次是（三），表示从第 19 页起一直运算到第 38 页，共 20 页都计算第 3 行数字。20 页计算完毕得出的答数，写在表

中相应的答案栏内，这样就完成了一道题。

6.1.2 传票算的基本功

传票运算是一种综合运算，不仅要求熟练运用加减法运算，还要正确掌握左手翻页、找页和心算等基本功。

1. 准备工作

进行传票算除需要传票、计算工具、算题、笔外，还需要准备一大一小两个票夹，为固定传票做准备。

2. 传票摆放的位置

在进行传票运算时，一般是左手翻动传票，右手计算。传票应摆放在合适的位置上，如果使用小算盘，可将传票放在算盘的左上方。为便于左手翻页，传票的左底边应离开算盘顶框约 2 厘米，左手放在传票偏左的位置上，用拇指突出的部位翻动传票。如果使用中型算盘或大算盘，可将传票斜放在算盘的左下方。

3. 整理传票

在拿到传票时，首先检查传票中是否有缺页、重页的情况。为了不使翻动传票时一次翻两页或更多页，在运算前可将传票捻成扇形，并使每张传票自然松动，不出现粘在一起的情况。传票捻成扇形后用票夹夹住，以保持扇形翻页。

打扇形的方法是用两手拇指放在传票的封面上，两手的其余四指放在背面，左手捏住传票的左上角，右手拇指放在传票上面，然后向下捏，传票自然展开成扇形。扇形幅度不宜于过大，只要传票封面向下突出，背面向上突出，左手食指全部夹住已打开的传票即可。最后，用大票夹在传票的左上角呈 45° 将其夹住，使扇形固定，防止错乱；用小票夹在最后一页右下角处夹住，垫起传票，方便翻页，如图 6.1 所示。

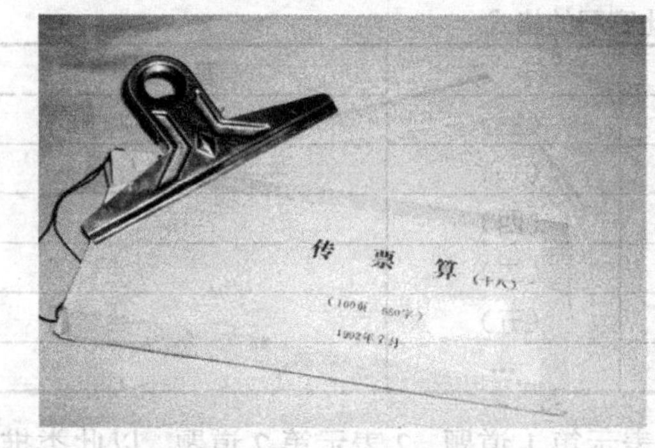

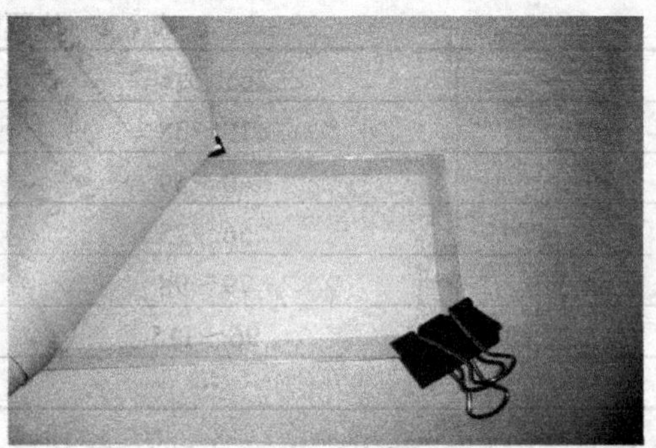

图 6.1

4. 找页

找页的动作快慢、准确与否，直接影响传票运算的准确和速度。找页是传票运算的基

本功之一，必须加强练习。找页的关键是练手感，即摸纸页的厚度，如10页、20页、50页等的厚度，做到仅凭手的感觉就可一次翻到临近的页码上。然后，用左手向前或向后调整，迅速翻至要找的页码。

找页的基本要求是：右手在书写上一题的答案时，用眼睛的余光看清下一题的起始页数，用左手迅速、准确地找到下一题的起始页数，做到边写答案边找页。

5. 翻页

传票算要求用左手翻传票，右手计算，两手同时进行。

翻页的方法是：左手的食指、拇指放在起始页，小指、无名指放在传票封面的左下方，中指挡住已翻过的页，食指配合拇指将传票一页一页掀起。翻页与拨珠必须同时进行，票页不宜翻得过高，角度应适宜，以能看清数据为准。翻页计算时，可采用一次一页打法，也可采用一次两页或三页打法。

6. 记页

在做传票运算时，为了避免计算过页或计算不够页，应采取记页（数页）的方法。记页，就是在运算中记住终止页，当估计快要运算完该题时，用眼睛的余光扫视传票的页码，以防过页。数页就是边运算边默念已打过的页数。最好每打一页，默念一页，打第1次默念1，打第2次默念2，……，默念到20时核对该题的起止页数，如果无误，立即书写答数。如果采用一目两页打法，每题只数10次，即打前两页时默念1，打次两页时默念2，……，默念到10时，核对该题的起止页数，如果无误，立即书写答案。

7. 看数与拨珠

在做传票运算时，翻页、看数、拨珠、写数要协调进行。看数时，应按小数点或分节号将较长的某行数字分成几部分，以便于识记，并做到计算到当前页最后几位数时，手已翻开下页。书写到当前页答案最后几位时，左手已找到下一题的起始页，眼看下一题的数字，同时进行计算。这样，动作连贯，边看边计算，能做到快速、准确。

6.1.3 传票算的算法

1. 一次一页的方法

所谓一次一页的打法，就是翻一页打一页。一次一页打法可分为传统打法和来回打法两种。

传统打法是翻一页传票将算题规定计算的某一行次数字从左至右拨入算盘，然后翻一页传票，再将算题规定计算的某一行次的数字从左至右拨入算盘，直至运算完成为止。例如，计算从19页至38页第3行的和数，第19页第3行是687.41，第20页第3行是29 138.65，第21页第3行是5 317.92。运算时，先找出第19页第3行数字是687.41，并由高位到低位拨入算盘，然后翻过第19页，眼看第20页第3行数字为29 138.65，并由高位到低位拨加29 138.65，以此类推。

来回打法是先从高位到低位运算，翻过一页后，再从低位运算到高位，这样反反复复至运算完毕。

由此可见，传统打法从高位到低位运算起，容易看数拨打，便于运算，虽然速度不快，但可以较容易地避免多翻页或少翻页的错误。而来回打法的速度相比之下要比传统打法快，并可以知道多翻或少翻页的错误，但难度比传统打法大一些。总之，一次一页的打法不是理想的高速打法，必定要受到左右手协调性的制约，且又是纯粹的珠算打法，要想加快或提高运算速度，就必须突破传统的一次一页的打法。

2. 一次两页的打法

所谓一次两页的打法，就是心算两页合计，直接一次拨打。心算两页合计如同心算加减法采用的一目两行一样，这里主要涉及如何一次翻两页的问题。一次翻两页的具体方法是：中指、无名指、小指放在传票封面上，食指放在起页上，拇指略翻起传票，翻的高度以能看到次页传票的数字为标准，然后用心算计算出两页有关行次的数字之和，并拨入计算器或算盘；当和数的最后两个数字或一个数字即将拨入计算器或算盘时，拇指迅速将前两页翻过，用食指夹住，再用拇指翻起传票，如此一次两页地进行下去。

3. 一次三页的打法

所谓一次三页的打法，是将传票的3页有关数字心算相加，一次拨珠。其翻页方法是：无名指和小指放在传票的封面上，中指放在算题的起页上，然后拇指翻起一页用食指夹住，拇指再翻起一页，使眼睛能迅速看清楚3页里有关的数字，然后心算出3页对应之和，直接拨入算盘；当各数的最后两位数字即将拨入计算器或算盘时，拇指就应该迅速将前3页翻过，用中指夹住，拇指翻起一页，用食指夹住，之后拇指再翻过一页，采用如此方法一次翻3页传票运算下去。由于两页一次运算的难度较大，故可先将算题的第1至2页有关行数迅速心算，再与第3页的对应行数字相加，一次拨入。

4. 练习一次两页和一次三页的打法

一次两页和一次三页的打法速度较快，但有一定难度，关键问题是翻页和心算要过关。因此，可以试着分步进行练习。

步骤1　模拟拨珠心算练习。平时单独训练翻页心算，不进行拨珠运算，先练习一次翻两页心算，再练习一次翻3页心算。

步骤2　用一次翻两页心算传票第5行数字，因为第5行数字是传票的最后一行，容易看得清，记得住，不易错位或错行。然后逐步往上移，即一次两页心算第4行、第3行至第1行。

步骤3　用一次翻3页心算传票各页第5行数字。然后逐步往上移，心算各页第4行、第3行直至第1行。

总之，只要下一定的工夫，多算多练，必能收到很好的效果。

6.2　电子计算器翻打传票

6.2.1　电子计算器的分类

目前，市场上的计算器规格不同，型号繁多。因此，没有一个统一的标准对计算器进行严格的分类。为了便于工作中大家能对计算器有一个初步的了解，下面按各种计算器的功能、运算方法、外形和显示方式进行分类。

1. 按计算器的功能分类

① 标准型计算器，也叫算术计算器。它可进行加、减、乘、除、乘方、开方、百分比等运算，一般只有一个存储器。

② 函数型计算器，也叫科学型计算器。它不但具有一般计算器的功能，而且可以进行三角函数、对数函数、指数函数、反三角函数、双曲线函数、任意实数次幂、直角坐标和极坐标转化等函数运算，是一种应用较为广泛的计算器。这种计算器一般也只有一个存储器。

③ 程序型计算器，也叫高级计算器。除具有科学型计算器的功能外，这种计算器还具有解微分方程、积分方程、代数方程等功能。这种计算器一般都具有两个以上数码寄存器，而且具有不同容量的存储运算公式的存储器，个别型号的计算器还设有打印装置。

2. 按运算方法分类

① 运算法则型计算器。这种计算器是按照输入的先后顺序进行运算的，遵循先乘除后加减、从左到右进行运算的原则。

② 运算顺序型计算器。这种计算器是按照输入的先后顺序进行运算的，而不是按照数学运算法则进行的。

3. 按显示方式分类

① 液晶显示计算器。它是通过液晶分子的翻转来显示数字的，特点是功耗小、省电，但在无光处不能使用。

② 数码管显示计算器。其显示屏是由微型数码管组成的，数码字显示以“日”字为基础，特点是显示清晰明亮，可在任何场合使用。但其功耗较大，可外接电源使用。

4. 按外形分类

① 台式计算器。体积较大，宜在办公室和商店柜台上使用。

② 便携型计算器。体积较小，携带方便，是使用最多的一种计算器。

③ 超小型计算器。体积小，质量轻，使用方便。

6.2.2 小型电子计算器的功能键

小型电子计算器的种类繁多，型号不一，各自的外部组成部分有所差异，但其外形结构大致相同。其基本的外形结构是：基本功能键；显示屏；电源开关；电池盒。下面以卡西欧 DM-1200V 小型计算器为例，介绍其各功能键的作用，如图 6.2 所示。

图 6.2

小型计算器功能键说明如表 6.3 所示。

表 6.3 小型计算器功能键说明

功 能	说 明
0~9	数字键，用来输入数字
·	小数点键，用来确定整数或小数键，按此键后即为小数
＋、－、×、÷、＝	四则运算功能键和符号键，用来进行加、减、乘、除运算和得出结果
＋/－	符号变换键，用来改变显示数字的正负号
%	百分比键，用来计算某数的百分比
AC	清除键
C	改正错误键
→	退位键
√	开平方键，用来计算一个数的算术平方根。注意，被开方数不能为负数
GT	总和计算，按下＝或%键，结果会累计在总和中，按一次可显示总和，按两次可清除总和
MU	损益运算键
M＋	记忆加法键
M－	记忆减法键
MRC	记忆总值和清除记忆键
MRCII	第 2 组记忆总值和清除记忆键
MII＋	第 2 组记忆加法键
MII－	第 2 组记忆减法键
↓5/4↑	四舍五入键
F420A	小数点选位键 F；浮动小数 4、2、0；固定有效小数点位数 A（ADD2）：自动进行二位小数的加减运算

6.2.3 计算器的使用

1. 右手指法分工

① 拇指负责 AC、CE、ON 键位。
② 食指负责 0、1、4、7 键位
③ 中指负责 00、2、5、8 键位。
④ 无名指负责.、3、6、9 键位。
⑤ 小拇指负责+、—、×、÷键位。
具体指法分工如图 6.3 所示。

图 6.3

2. 训练方法

① 老师念数，学生看键输入数字，要求指法正确。
② 老师念数，学生不看键输入数字，要求指法正确。
③ 学生看数，同时不看键输入数字，要求指法正确。
基本训练做到“稳、准、快”。切记要循序渐进，熟能生巧，最后形成盲打，又快又准。

6.2.4 电子计算器翻打传票的方法

有关传票算的方法详见 6.1 节。这里要强调的是保持良好的姿势，正确摆放传票和计算器，掌握科学的训练方法，将传票的“翻”和“按键”动作连续不断地进行下去。

1. 姿势

用电子计算器翻打传票，通常简称为电打传票。计算时，姿势同打算盘相似。首先，要求身体坐正略向前倾，两脚平放，两臂放松，双手微微抬起；其次，传票放在桌子的左边，计算器放在右边，头部在两者中间偏左，以方便眼睛看数据为宜；最后，根据需要拿着笔按键。握笔的方法是：将笔杆夹在右手的拇指与食指之间，笔尖朝外，手指立起紧贴在基本键上，如图 6.4 所示。

图 6.4

2. 传票的翻打法

翻页是打传票速度快慢的关键，传票翻页是靠左手完成的。首先用左手的小指、无名指、中指弯曲放在传票封面（或开始页）的中部或中部稍右，然后用左手拇指突出部位翻页，当拇指翻起每一页传票后，食指很快放进刚翻起这一页的传票下面，将这页传票卡住。左手翻页和右手按键要同时进行，每翻动一页，大脑要迅速将数记住，右手同步按键。票页不应掀得过高，角度越小越好，以能看清数据为宜。每个人可以结合自己的实际情况总结出切实可行的方法，不必墨守成规，应不断创新，不断总结。

6.3 全国会计技能大赛——翻打传票项目

6.3.1 翻打传票项目概述

全国会计技能大赛旨在通过竞赛检验和展示学生的会计基本技能，引领和促进财会类专业教育教学改革，激发和调动行业企业关注和参与财会类专业教育教学改革的主动性与积极性，提升财经职业人才的技能水平。

翻打传票是全国会计技能比赛全能组的必选项目。

① 比赛采用爱丁数码公司翰林提 T96BW 输入设备。其主要参数为：显示屏 4.8 英寸，分辨率 320×160 dpi；键盘标准 104 键位，100 万次击打寿命，力度 50 g；无线模组频率 2.4 GHz，采用 Zigbee 技术协议，范围 100 米，如图 6.5 所示。

② 比赛传票规格为：长约 19 厘米，宽约 9 厘米，60 克书写纸，16 磅 Times New Roman

粗斜体印刷；每本共 100 页，每页 5 行数，4 至 9 位数，其中 4、9 位数各占 10%，5、6、7、8 位数各占 20%，都有两位小数；页内依次印有（一）至（五）的行次标记，0 至 9 十个数字均衡出现，如图 6.6 所示。

图 6.5

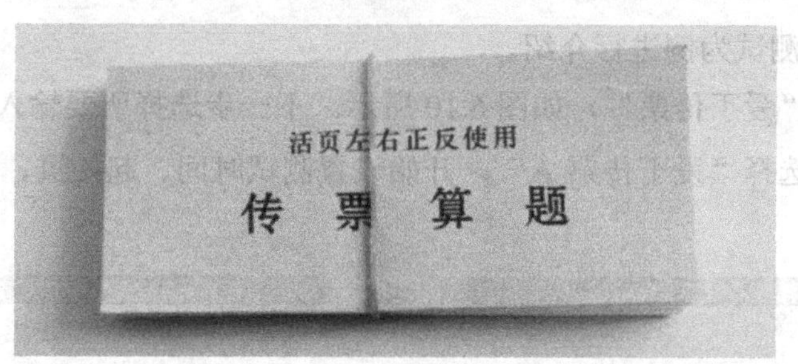

图 6.6

③ 评分采用爱丁数码公司翰林提 T96BW 输入设备评分系统。

6.3.2 传票算使用的说明

步骤 1 在系统主界面中选择“传票录入”，进入到“传票录入”界面，如图 6.7 所示。

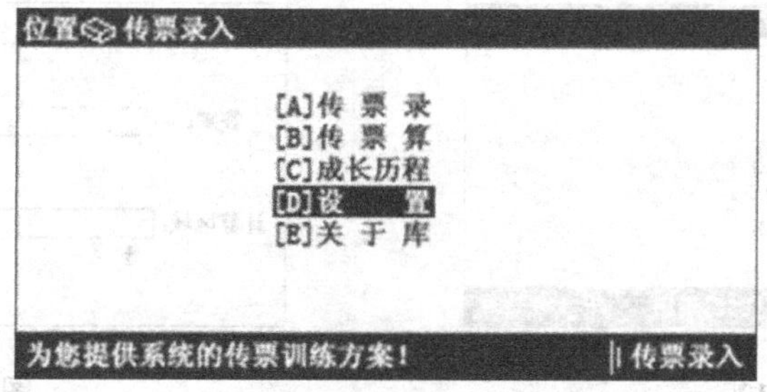

图 6.7

步骤 2　选择“设置”，进行相关设置。设置完毕后按回车健自动保存设置，如图 6.8 所示。

此步骤只需要在第 1 次使用或需要更改训练方式时设置。

步骤 3　在“传票录入”界面下选择“传票算”，进入“传票算”菜单。

步骤 4　选择“传票算测试”或“传票算练习”，如图 6.9 所示。二者的区别如下。

传票算测式下，系统可以保存最后成绩，并且可以通过无线模块发送测试成绩，该模式可以在做比赛时使用；传票算练习下，系统不保存成绩，也不能发送成绩，但是可以保存成长历程，该模式只在练习时使用。

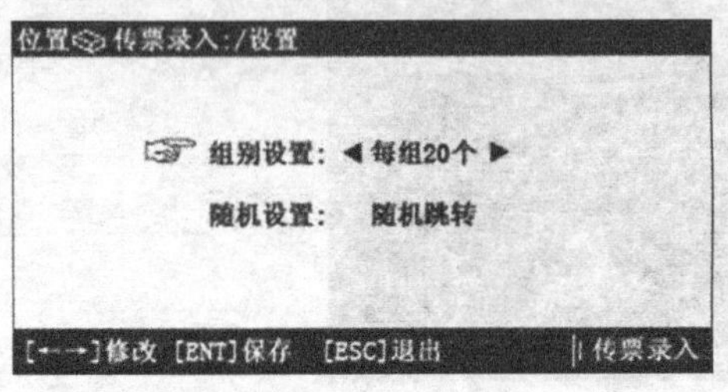

图 6.8

图 6.9

以下以传票算测试为例进行介绍。

步骤 1　选择“爱丁传票”，如图 6.10 所示。下一步选择所要输入的传票页 A～D。

步骤 2　例如选择“爱丁传票 A”，开始设置测试时间、起始页、行次，如图 6.11 和图 6.12 所示。

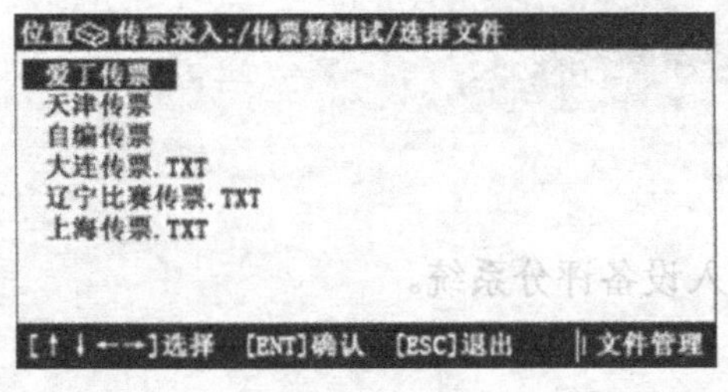

图 6.10

图 6.11

步骤 3　设置完毕后，按回车键即可开始输入。输入界面如图 6.13 所示。

图 6.12

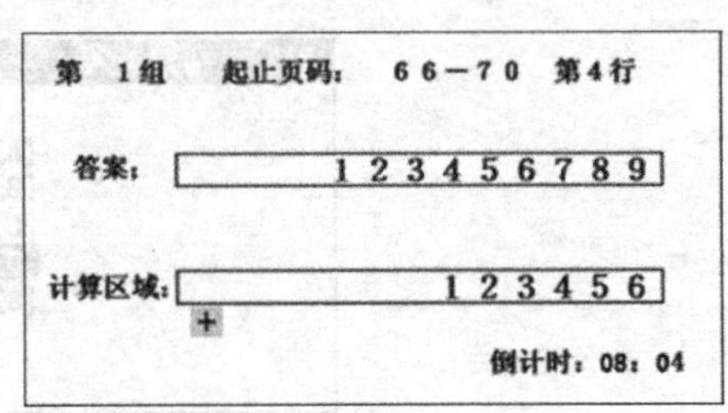

图 6.13

步骤 4　关于输入界面的相关说明如下。

① 第 1 部分内容：当前输入的组别，当前组的起止页，输入的行序号。

② 中间部分内容：上一组数据的最终结果。

③ 下面部分内容：当前组数据的计算区域，学生可以任意进行加或减计算。

步骤 5　用户退出或倒计时结束时，系统会自动计算成绩，并且显示在屏幕上，如图 6.14 所示。

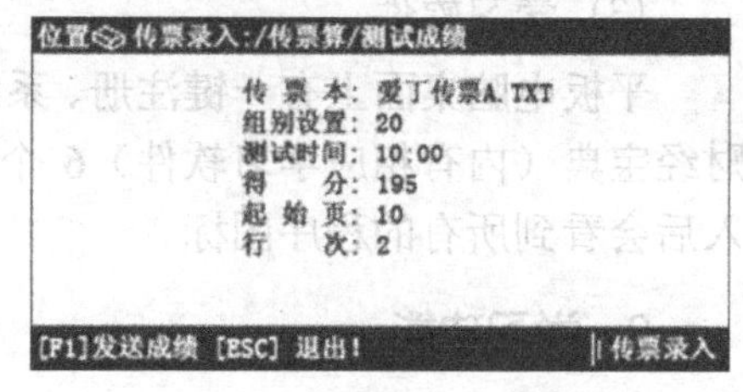

图 6.14

6.3.3　传票算计分规则

按照录入界面提示页码和行次进行累加，每组加和 20 题以按回车键提交得到的结果作为评分标准，即每一组为 20 分或 0 分，最后一组以时间到后的结果评定小分。

如图 6.14 显示，10 分钟截止时，共完整计算 9 组，最后一组结果计算到前 15 题并正确，合计为 195 分。

6.3.4　爱丁学习派使用说明

1. 认识设备

自 2016 年起，全国会计技能大赛采用爱丁学习派进行比赛。

（1）设备组成

爱丁学生派设备由一盒、一包、一本组成，如图 6.15 所示。其中，一盒包含平板电脑（内置学习软件）、平板保护皮套、充电器、说明书；一包包含键盘及键盘包；一本是指传票本。

（2）设备基本操作

平板电脑右侧面有两个按键，长的为音量“＋”“－”键，短的为开关机/息屏键；上方有 3 个孔，最左侧为键盘插口，第 2 个为充电器插口，第 3 个为耳机插口。

长按平板右侧面的开机键开机，开机后，为自动锁屏状态，用手指按住屏幕上的小锁并向右划动即可解锁，如图 6.16 所示。

图 6.15

图 6.16

（3）学习软件

平板电脑桌面上有一键注册、系统更新、相机、音乐、基础宝典（内有相应学习软件）、财经宝典（内有相应学习软件）6 个主要常用图标，可单击屏幕上 6 个小白点的按钮，进入后会看到所有的程序图标。

2. 学习功能

① 基础宝典。有练习输入功能的“传票录入”“数字传票录入”“五笔录入”，有练习英词记单词功能的“口袋单词”、练习英语口语能力的 Usay 等；

② 财经宝典。有基础会计课用的“原始凭证”“记账凭证”“基础会计分录”，有练习综合录入的“新单据录入”，还有“数字书写”等。

3. 介绍传票录入

传票是记账凭证的同义语，有现金收入传票、现金支出传票和转账传票等。当银行的会计凭证作为记账凭证使用的时候，因为要在银行内部进行传递，因此记账凭证又称作传票。爱丁传票分为爱丁 I 型、爱丁 II 型和爱丁 V 型 3 种，每种传票有 A、B、C、D 四面可供练习，如图 6.17 所示。

（1）传票录

爱丁的“传票录入”即将爱丁传票内容输入到爱丁学生派中。操作方法是按规定输入的数字进行输入，每输入一个数字按回车键。例如，第 1 组 64—83 第 2 行，即输入 64—83 页每页的第 2 行数字，每输入完一个数字就按一下回车键。

在进行传票录练习和测试前可单击右下角的“齿轮”图标进行设置。其设置内容包括传票选择（爱丁 I 版、爱丁 II 版和爱丁 V 版）、每组题数（5 题、10 题、20 题）、跳转方式（随机跳转、顺序跳转、国赛跳转）。

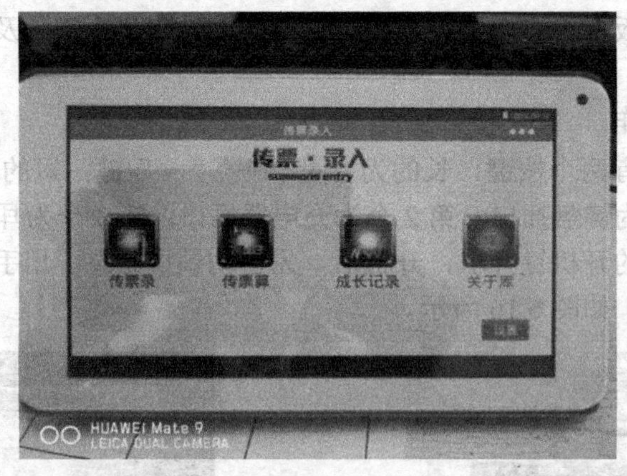

图 6.17

（2）传票算

进入“传票算测试”后会弹出提示窗口，其中“随机方式”和“每组题数”是之前已经设定好的，“测试时间”（1～60 分钟）、起始页（1～91 页）、行次（1～5 行）可以在此自行设定，如图 6.18 至图 6.20 所示。

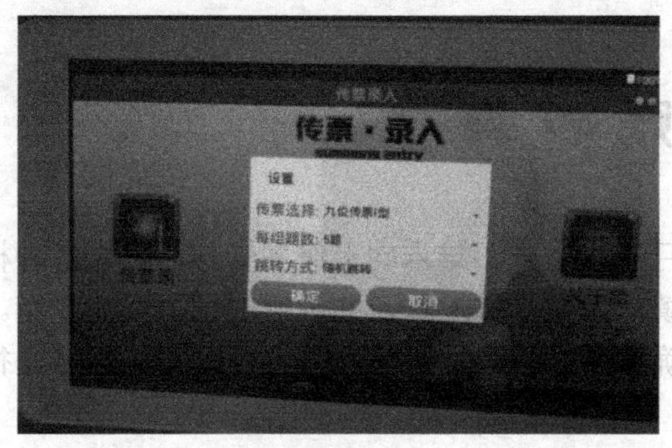

图 6.18

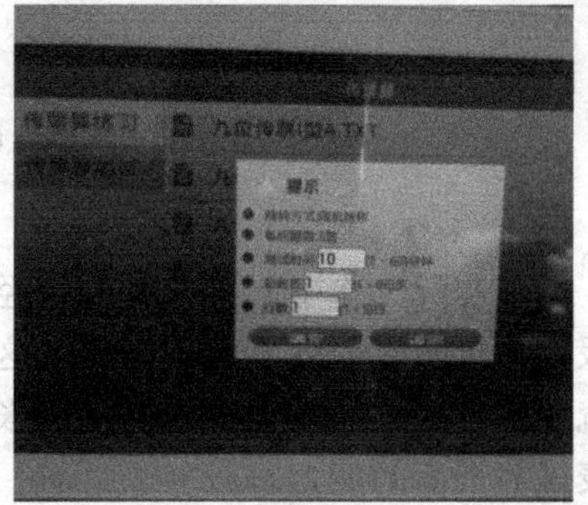

图 6.19

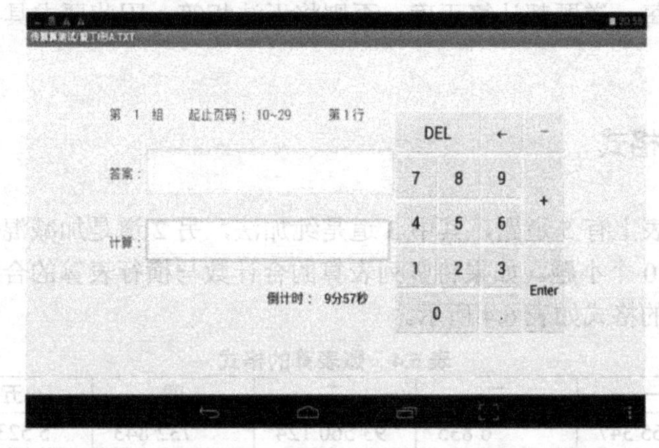

图 6.20

在进行传票算测试后可以查看测试情况。左边反映的是进行测试前关于“传票本”“方式”“组别设置”的设置情况，以及“测试时间”（本次测试所用时长）；右边反映的是“得分”“系统时间”（什么时候做的练习），以及之前已经设置好的“行次”和“起始页”。单击“退出”会直接将测试结果保存在成长历程里。

(3) 成长历程

成长历程里记录了之前保存的关于传票录和传票算的练习和测试结果，方便学生了解自己的学习情况。单击相应系统时间，即可进入查看该时间所做练习和测试的情况。成长记录里涵盖了“练习方式”（传票录 \ 传票算）、“每组题数”、“成绩”、“用时”和系统时间（何时做的练习或测试）。

(4) 网络大赛

网络大赛中涵盖的是爱丁举办的各类网络传票翻打比赛。单击“刷新”按钮可以获取比赛列表，如“第九届爱丁数码夏令营网络海选赛”，单击“进入比赛”可参赛。

进入比赛后右边显示的是比赛内容，包含传票版本、传票面、第几页和第几行，此部分内容每次进入时都是随机的。单击“开始挑战”即可进入比赛。左边显示的是姓名、挑战次数和有效参赛成绩，单击“上传成绩”可将成绩传入后台，看到自己在全国的排名情况。

6.4 账表算

在实际工作中，各核算部门经常要在月末、季末、年末向上级主管部门报送各种核算报表。报表中分列着各列指标，这些指标填列后要计算汇总，并进行内在的试算平衡。这就要求有过硬的基本功，以保证账表的准确与及时性。本节的目的就是培养和锻炼进行账表试算平衡的能力。

全国珠算技术比赛中的账表算就是在同一张算表上，分别进行纵横两部分运算，将竖列表算和横行表算的两个合计数相互轧平（竖列、横行两个合计数相等）。账表算的轧平，需要竖列和横行的每一道题都计算正确，否则将无法相等，因此要求具备熟练的技巧和很高的准确度。

6.4.1 账表算的格式

从纵向看，账表上有5道题，其中3道是纯加法，另2道是加减混合题；从横向看，共20行数码，即20个小题。如果将竖列表算的合计数与横行表算的合计数计算相等，则此表轧平。账表算的格式如表6.4所示。

表 6.4 账表算的格式

序 数	一	二	三	四	五	答 数
1	65 347	6 835	93 560 124	732 843	5 523 296	
2	265 384	10 974	6 629 721	42 196 053	3 586	
3	14 265 039	653 824	8 334	8 904 217	40 719	
4	9 801 724	21 453 096	31 708	5 368	456 283	
5	8 635	8 902 471	158 265	−90 147	21 439 065	
6	27 483 650	458 649	4 693	37 102	9 307 124	
7	307 216	6 289 580	685 941	195 864	−9 658	
8	30 217	3 902 417	9 856	74 258 360	71 203	
9	3 856 247	7 869	186 495	3 904 271	23 701	
10	4 217 039	54 307	65 368 921	5 986	164 958	
11	50 891	3 942 109	842 736	13 950 274	4 672	
12	827 364	7 624	39 140 572	5 619 308	10 985	
13	13 950 274	60 518	6 581 903	−7 642	336 427	
14	6 581 903	321 642	2 674	80 153	632 678	
15	4 267	56 140 572	71 320 475	864 271	8 593 801	
16	968 042	97 025	45 724 136	6 130	3 108 579	
17	54 546	982 064	1 109 758	52 073	3 641	
18	3 108 574	57 813 462	9 340	946 025	−29 057	
19	6 413	1 305 987	23 092	62 936 243	968 042	
20	4 057	4 163	814 086	1 307 891	57 832 614	
答 数						

6.4.2　计算要领

① 起盘时从高位向低位计算，然后尾起从低位向高位计算，采用穿梭式打法运算。

② 横行表算每一行由 5 个数码组成，运算时需要左右兼顾，因此算盘要随着各数码位置的变化而左右移动。注意，时时保持算盘的位置与所计算的数码相对应，以提高运算速度。

③ 横行表算第 1 行运算结束后，由于算盘处于表中偏右处，因此书写完答案后，第 2 行起算盘要从右开始由高向低运算，采用穿梭式打法，使运算不断循环往复。

④ 纵、横算每一题的答案要书写工整，便于纵、横表算两个合计数相等，账表平衡。

6.4.3　算法

1. 纵列表算

(1) 加法题

可采用：一目三行直加法；一目三行弃九加法。

(2) 加减混合题

可采用一目三行正负抵消法。

2. 横行表算

(1) “一、二、二”打法

其具体步骤如下。

步骤 1　先将第 1 笔数从高位向低位拨入盘中。

步骤 2　将算盘移至第 2、3 笔数码中间，利用心算从低位向高位一次拨珠加到盘中。

步骤 3　将算盘移至第 4、5 笔数码中间，利用心算从高位向低位一次拨珠加到盘中，然后书写该行答案。

步骤 4　第 2 行运算从高位向低位计算第 4、5 笔数码，再从低位向高位计算第 2、3 笔数码，最后从高位向低位计算第 1 笔数码，并书写第 2 行答案。

步骤 5　如此往复。

(2) “二、一、二”打法

原理与（1）所述相同，只是先计算前两个数码，再计算第 3 个数码，最后心算计算后两个数码，书写答案。

(3) “三、二”打法

“三、二”打法是最常用的方法，与前两个方法比较，可以减少拨珠次数，提高运算速度和准确度。

其方法是利用心算将前 3 个数码一次拨珠到位，然后采用穿梭式打法将后两个数码利用心算一次拨珠到位，并书写答案。

前 3 个数码利用心算有两种方法：其一是横向 3 个数码直加法；其二是横向 3 个数码一目三行弃九加法。

平时练习较多的是竖列连加法，采用一目三行弃九加法已形成习惯，一旦横向 3 个数码采用一目三行弃九加法就可能感觉不能用。其实，这只是一个习惯性问题，经实践证明，横向弃九加法是切实可行的，不但能提高账表的运算速度，而且能提高账表运算的准确度。

3. 举例

现采用一目三行弃九加法举例说明如下。

（1）纵向题

起盘按照从高位向低位顺序运算。一目三行弃九加法的运算规则是：首位加一，中位弃九，末位弃十。为了运算上的方便，提高运算速度，在实际运算中，可按要在哪位弃 9，就在该位的前位提前加 1 的规则具体操作。这样具有很大的灵活性，同时也将直加法融入其中。例如：

①	②	③	④	⑤	⑥	⑦
			4	2	5	7
5	7	0	2	9	1	4
		9	3	4	8	2

将算盘放在 3 行数码下面，起盘按照从高位向低位的顺序运算。先将①位上的数码 5 直接拨入盘中的相应档位上，由于要在③位上弃 9，所以要在②位上提前加 1，即为 7+1=8，将②位上的数码 8 拨入盘中；③位弃 9 后为 0，不用拨珠；④位上弃 9 后为 0，不用拨珠；⑤位上弃 9 后数为 6，直接将 6 拨入盘中；⑥位上弃 9 后为 5，直接将 5 拨入盘中；⑦位上弃 10 后数为 3，直接将 3 拨入盘中。最后盘上结果为 5 800 653。

这时右手已停在个位上，应用左手将算盘下移 3 行，按照从低位向高位的顺序运算，及时从个位返回，避免空倒手及找错档位的问题发生。计算上则要先充 10，中间位弃 9，首位加 1。例如：

⑧	⑦	⑥	⑤	④	③	②	①
		1	2	5	0	4	9
6	3	0	5	1	7	9	4
				8	5	2	3

①位上弃 10 后余数为 6，加入盘中；②位上弃 9 后余数为 6，加入盘中；③位上弃 9 后余数为 3，加入盘中；④位上弃 9 后余数为 5，加入盘中；⑤位上不够弃 9，此时该位作为中间位弃 9 的首位提前加 1，即为 7+1=8，加入盘中，其余的⑥、⑦、⑧位上的数码直接加入盘中，穿梭后运算的结果为 68 986 019。然后不断循环往复运算。

应注意的问题如下。

① 对 3 个数码进行弃 9（或 10）时，能直观地看出 9（或 10）的，按例题方法处理；不能直接地看出 9（或 10）的，会影响心算速度，要采用移补法。例如：

$$\begin{cases}7\\5\\1\end{cases}$$

从 5 中拿出 2（或 3），能与 7 凑成 9（或 10），可不再看这部分，只计算余下的 3（或 2）与 1 的和拨入盘中，便可提高心算速度。

② 对于 3 个数码不足弃 9（或 10）时，用直加法先求和，然后在盘上减其与 9（或 10）的差数。例如：

$$\begin{cases}2\\1\\3\end{cases}$$

求和为 6，而 6 与 9（或 10）的差为 3（或 4），在盘中相应档位上按正常减法处理即可。

③ 书写答案要工整，便于账表的轧平。

(2) 横向题

计算方法与纵向题相同，只需要对 3 个数码左右兼顾运算即可。

实训 6

1．计算器基本键位练习。

(1) 竖式练习。

0、1、4、7，0、0、2、5、8，·、3、6、9 的练习。

食指：0、1、4、7 键。

中指：00、2、5、8 键。

无名指：.、3、6、9 键。

(2) 横排练习。

1、2、3，4、5、6，7、8、9 的练习。

1、2、3 指法具体分工：食指 1 键，中指 2 键，无名指 3 键。

4、5、6 指法具体分工：食指 4 键，中指 5 键，无名指 6 键。

7、8、9 指法具体分工：食指 7 键，中指 8 键，无名指 9 键。

(3) 交叉练习。

1、5、9，3、5、7 的练习。

1、5、9 指法具体分工：食指 1 键，中指 5 键，无名指 9 键。

3、5、7 指法具体分工：无名指 3 键，中指 5 键，食指 7 键。

(4) 混合练习。

1、3、5、7、9，2、4、6、8、0 的练习。

2、4、6、8、0 指法具体分工：中指 2 键，食指 4 键，无名指 6 键，中指 8 键，食指 0 键。

1、3、5、7、9 指法具体分工：食指 1 键，无名指 3 键，中指 5 键，食指 7 键，无名指 9 键。

2．用计算器快速计算各组练习题。

（1）513＋143＋623＋432＋238＋462＋262＋126－231＋152－798＝

（2）879＋302＋987－089－080＋978＋003－907－135＋178＋249＝

（3）347＋169＋511＋250－260＋529＋529－358＋516－191＋093＝

（4）7 016＋2 973－6 301＋1 689＋1 321＋1 682＋2 670＋6 179＋9 197＋4 561＋9 560＝

（5）5 983＋6 890＋421－5 619＋4 075＋4 216＋5 918－4 321＋4 201－8 391＋4 759＝

（6）1 267＋4 842－3 138＋976＋5 721＋2 160＋5 239－8 165＋9 326－8 255＋5 903＝

3．用算盘和计算器分别计算以下各题。

（1）传票算练习一。

题　序	起止页码	行　次	答　案	题　序	起止页码	行　次	答　案
1	75～94	（五）		11	41～60	（一）	
2	26～45	（一）		12	57～76	（二）	
3	50～69	（四）		13	23～42	（三）	
4	37～56	（三）		14	19～38	（四）	
5	69～88	（二）		15	15～34	（五）	
6	75～94	（三）		16	72～91	（二）	
7	25～44	（五）		17	43～62	（四）	
8	38～57	（二）		18	18～37	（三）	
9	26～45	（一）		19	79～98	（五）	
10	63～82	（四）		20	24～43	（一）	

（2）传票算练习二。

题　序	起止页码	行　次	答　案	题　序	起止页码	行　次	答　案
1	27～46	（一）		11	19～38	（四）	
2	45～64	（三）		12	36～55	（五）	
3	16～35	（五）		13	25～44	（二）	
4	39～58	（二）		14	62～81	（一）	
5	73～92	（四）		15	80～99	（三）	
6	27～46	（三）		16	29～48	（四）	
7	48～67	（五）		17	37～56	（三）	
8	17～36	（二）		18	15～34	（五）	
9	40～59	（一）		19	61～80	（一）	
10	53～82	（三）		20	70～89	（二）	

（3）传票算练习三。

题　序	起止页码	行　次	答　案	题　序	起止页码	行　次	答　案
1	33～52	（五）		11	29～48	（五）	
2	40～59	（一）		12	24～43	（二）	
3	49～68	（三）		13	19～39	（二）	
4	51～70	（四）		14	26～45	（四）	
5	53～72	（五）		15	12～31	（二）	
6	56～75	（二）		16	73～92	（四）	
7	59～78	（一）		17	41～60	（五）	
8	60～79	（三）		18	35～54	（一）	
9	6～25	（一）		19	28～47	（三）	
10	71～90	（三）		20	30～49	（二）	

（4）传票算练习四。

题　序	起止页码	行　次	答　案	题　序	起止页码	行　次	答　案
1	8～27	（一）		11	58～77	（四）	
2	76～95	（四）		12	7～26	（一）	
3	65～84	（五）		13	16～35	（二）	
4	25～44	（二）		14	36～55	（一）	
5	47～66	（三）		15	63～82	（三）	
6	28～47	（四）		16	35～54	（四）	
7	75～94	（一）		17	2～21	（三）	
8	5～24	（三）		18	52～71	（四）	
9	13～32	（二）		19	15～34	（三）	
10	41～60	（四）		20	4～23	（二）	

（5）传票算练习五。

题　序	起止页码	行　次	答　案	题　序	起止页码	行　次	答　案
1	58～77	（五）		11	23～42	（三）	
2	12～31	（四）		12	51～70	（一）	
3	44～63	（二）		13	75～94	（五）	
4	31～50	（五）		14	19～38	（一）	
5	65～84	（三）		15	20～39	（四）	
6	22～41	（一）		16	33～52	（二）	
7	1～20	（三）		17	16～35	（五）	
8	17～36	（五）		18	54～73	（三）	
9	8～27	（四）		19	43～62	（一）	
10	66～85	（二）		20	38～57	（四）	

（6）传票算练习六。

题　序	起止页码	行　次	答　案	题　序	起止页码	行　次	答　案
1	18～37	（一）		11	38～57	（五）	
2	25～44	（二）		12	22～41	（一）	
3	35～54	（二）		13	36～55	（二）	
4	75～94	（四）		14	47～66	（三）	
5	48～67	（五）		15	78～97	（四）	
6	43～62	（三）		16	58～77	（五）	
7	27～46	（四）		17	37～56	（二）	
8	66～85	（五）		18	43～62	（四）	
9	15～34	（一）		19	22～41	（三）	
10	47～66	（二）		20	37～56	（二）	

（7）传票算练习七。

题　序	起止页码	行　次	答　案	题　序	起止页码	行　次	答　案
1	72～91	（三）		11	71～90	（五）	
2	45～64	（五）		12	63～82	（二）	
3	21～40	（二）		13	54～73	（三）	
4	57～76	（一）		14	8～27	（一）	
5	6～25	（三）		15	51～70	（四）	
6	30～59	（五）		16	75～94	（三）	
7	27～46	（二）		17	39～58	（二）	
8	14～33	（四）		18	41～60	（五）	
9	38～57	（三）		19	33～52	（一）	
10	24～43	（一）		20	66～85	（三）	

（8）传票算练习八。

题　序	起止页码	行　次	答　案	题　序	起止页码	行　次	答　案
1	53～72	（四）		11	45～64	（五）	
2	29～48	（二）		12	73～92	（三）	
3	30～49	（五）		13	11～30	（三）	
4	11～30	（三）		14	59～78	（四）	
5	65～84	（四）		15	5～24	（一）	
6	32～51	（一）		16	36～55	（二）	
7	8～27	（五）		17	68～87	（二）	
8	70～89	（二）		18	71～90	（三）	
9	7～26	（三）		19	2～21	（一）	
10	55～74	（四）		20	47～66	（二）	

（9）传票算练习九。

题　序	起止页码	行　次	答　案	题　序	起止页码	行　次	答　案
1	19～38	（四）		11	9～28	（二）	
2	40～59	（五）		12	31～50	（一）	
3	56～75	（三）		13	45～64	（三）	
4	79～98	（二）		14	69～88	（四）	
5	76～95	（一）		15	66～85	（五）	
6	11～30	（三）		16	14～33	（五）	
7	33～52	（四）		17	30～49	（三）	
8	55～74	（二）		18	51～70	（四）	
9	72～91	（四）		19	67～86	（一）	
10	79～98	（一）		20	50～69	（二）	

（10）传票算练习十。

题　序	起止页码	行　次	答　案	题　序	起止页码	行　次	答　案
1	8～27	（一）		11	4～23	（五）	
2	29～48	（二）		12	10～29	（三）	
3	52～71	（五）		13	47～66	（四）	
4	68～87	（三）		14	20～39	（一）	
5	75～94	（四）		15	61～80	（二）	
6	9～28	（四）		16	6～25	（四）	
7	29～48	（五）		17	21～40	（一）	
8	52～71	（一）		18	13～32	（二）	
9	68～87	（二）		19	35～56	（五）	
10	77～96	（三）		20	5～26	（三）	

4．账表算练习题。

（1）账表算练习题一。

序　数	一	二	三	四	五	答　数
1	97 068 413	8 729	46 305	217 983	6 105 432	
2	6 205 431	40 653	179 823	89 076 413	9 827	
3	9 782	312 897	43 791 086	2 603 145	30 546	
4	30 546	14 398 067	5 210 436	9 872	397 128	
5	371 289	2 601 354	2 789	−64 035	14 386 079	
6	2 679	492 736	15 238 709	85 401	6 805 413	
7	54 108	31 587 920	6 804 531	469 273	−6 792	
8	436 927	8 601 345	6 297	53 192 870	54 108	
9	53 179 280	9 276	18 504	8 603 154	427 369	
10	6 805 413	41 805	473 692	9 627	31 597 280	
11	90 264	9 782 406	3 751	48 690 153	231 587	
12	215 873	5 713	40 629	9 746 802	86 430 951	

（续表）

序　数	一	二	三	四	五	答　数
13	48 690 153	60 942	287 315	−5 731	7 924 608	
14	7 924 608	258 731	64 810 359	20 496	1 753	
15	3 175	86 430 951	7 968 204	273 158	90 264	
16	672 031	65 019	29 513 487	4 738	8 402 956	
17	52 937 814	621 073	8 406 592	91 056	8 734	
18	842 956	95 248 371	7 834	637 102	−16 095	
19	3 748	4 809 652	61 095	52 479 318	672 013	
20	59 016	7 483	613 027	4 805 269	9 518 247	
答　数						

（2）账表算练习二。

序　数	一	二	三	四	五	答　数
1	65 347	6 835	93 560 124	732 843	5 523 296	
2	265 384	10 974	6 629，721	42 196 053	3 586	
3	14 265 039	653 824	8 334	8 904 217	40 719	
4	9 801 724	21 453 096	31 708	5 368	456 283	
5	8 635	8 902 471	158 265	−90 147	21 439 065	
6	27 483 650	458 649	4 693	37 102	9 307 124	
7	307 216	6 289 580	685 941	195 864	−9 658	
8	30 217	3 902 417	9 856	74 258 360	71 203	
9	3 856 247	7 869	186 495	3 904 271	23 701	
10	4 217 039	54 307	65 368 921	5 986	164 958	
11	50 891	3 942 109	842 736	13 950 274	4 672	
12	827 364	7 624	39 140 572	5 619 308	10 985	
13	13 950 274	60 518	6 581 903	−7 642	336 427	
14	6 581 903	321 642	2 674	80 153	632 678	
15	4 267	56 140 572	71 320 475	864 271	8 593 801	
16	968 042	97 025	45 724 136	6 130	3 108 579	
17	54 546	982 064	1 109 758	52 073	3 641	
18	3 108 574	57 813 462	9 340	946 025	−29 057	
19	6 413	1 305 987	23 092	62 936 243	968 042	
20	4 057	4 163	814 086	1 307 891	57 832 614	
答　数						

（3）账表算练习题三。

序　数	一	二	三	四	五	答　数
1	56 093 124	3 685	19 407	826 534	9 807 142	
2	2 417 089	10 974	265 384	42 195 053	3 586	
3	8 365	653 824	14 265 039	8 904 217	40 719	
4	91 704	21 453 096	9 801 724	5 368	456 283	
5	538 264	8 902 471	8 635	90 147	21 439 065	
6	5 698	158 649	27 483 650	37 102	9 307 124	
7	30 217	42 736 580	9 301 742	195 864	−9 658	
8	685 941	3 902 417	9 856	74 258 360	71 203	
9	3 856 247	5 869	23 701	3 904 271	186 495	
10	4 217 039	12 307	164 958	5 986	42 765 830	
11	50 891	5 638 109	4 672	13 950 274	842 736	
12	827 364	7 624	10 985	5 619 308	39 140 572	
13	13 950 274	90 518	836 427	−7 642	6 581 903	
14	6 581 903	873 642	91 320 475	80 159	2 674	
15	4 267	39 140 572	6 593 801	864 273	50 891	
16	968 042	97 025	85 724 136	6 134	3 108 579	
17	78 546	982 064	3 109 758	52 079	3 641	
18	3 108 574	57 813 462	6 341	946 028	−29 057	
19	6 413	1 305 987	75 092	78 561 243	968 042	
20	2 057	4 163	924 086	1 307 895	57 832 614	
答　数						

5. 账表算应用题

（1）账表算应用题一。

某商业企业 2019 年 1 月 11～17 日销售额计算如下。

元

日期 品类	11 日	12 日	13 日	14 日	15 日	16 日	17 日	合计
食品类	9 527.42	5 360.91	4 540.16	5 738.47	1 341.25	3 927.32	9 540.76	
水果类	2 618.28	6 849.73	5 713.59	2 210.24	1 398.91	7 592.24	5 016.59	
饮料类	5 953.07	8 728.15	6 380.08	5 139.76	3 279.17	1 975.87	6 190.08	
调味类	537.92	1 109.83	915.42	1 328.61	2 310.93	637.82	905.42	
粮油类	2 219.29	7 572.78	419.46	8 421.83	4 155.30	5 920.39	569.46	
服装类	925.07	928.15	573.08	127.76	1 785.17	625.07	330.98	
家电类	95 671.26	33 289.73	95 713.59	22 490.24	41 358.91	27 608.26	45 213.79	
合　计								

（2）账表算应用题二。

某书店2019年1月11～17日销售额计算如下。

元

日期 品类	11日	12日	13日	14日	15日	16日	17日	合　计
文学类	1 327.22	1 368.61	540.16	3 738.47	1 341.25	1 927.32	2 540.76	
经济类	618.28	849.73	2 713.59	210.24	1 328.91	2 592.24	3 016.59	
儿童类	2 953.07	3 728.15	2 380.08	1 139.76	3 279.17	1 975.87	3 190.08	
科技类	537.92	1 109.83	915.42	1 328.61	2 310.93	637.82	205.42	
美术类	2 219.29	572.78	419.46	421.83	4 155.30	920.39	569.42	
音乐类	995.07	928.15	973.08	127.76	1 785.17	625.07	530.98	
历史类	671.26	3 289.73	5 713.59	2 490.24	1 358.91	7 608.26	213.79	
合　计								

（3）账表算应用题三。

某运动服装商场2019年1月11～17日销售额计算如下。

元

日期 品类	11日	12日	13日	14日	15日	16日	17日	合　计
耐克	19 527.42	25 360.91	14 540.16	15 738.47	11 341.25	13 927.32	9 540.76	
阿迪	12 618.28	16 849.73	15 713.59	12 210.24	11 398.91	18 592.24	15 016.59	
李宁	25 953.07	8 728.15	16 380.08	25 139.76	23 279.17	1 975.87	6 190.08	
安踏	3 537.92	1 109.83	3 915.42	1 328.61	2 310.93	1 637.82	1 905.42	
公鸡	12 219.29	17 572.78	419.46	8 421.83	14 155.30	25 920.39	1 569.46	
kappa	1 925.07	2 928.15	2 573.08	9 127.76	11 785.17	22 625.07	33 330.98	
纳迪亚	95 671.26	33 289.73	95 713.59	22 490.24	41 358.91	27 608.26	45 213.79	
合　计								

（4）账表算应用题四。

某电脑耗材公司2019年1月11～17日销售额计算如下。

元

日期 品类	11日	12日	13日	14日	15日	16日	17日	合　计
主板类	69 527.42	35 360.91	24 540.06	25 738.47	41 341.25	23 927.32	19 540.76	
机箱类	32 618.28	26 849.73	15 713.59	12 210.24	11 983.91	18 592.24	15 016.59	
显卡类	25 953.07	18 728.15	16 380.08	25 139.76	23 279.17	11 975.87	16 190.08	
内存类	56 537.92	1 109.99	34 915.42	21 328.61	12 310.93	22 637.82	92 905.42	
电源类	2 219.29	7 572.78	25 419.46	18 421.83	4 155.30	15 920.39	22 569.46	
硬盘类	18 925.07	65 928.15	82 573.08	65 271.76	11 785.17	23 625.07	330.98	
光驱类	95 671.26	33 289.73	95 713.59	22 490.24	41 358.91	27 608.26	45 213.79	
合　计								

第 7 章

财务印鉴的使用技能

职业教育的学习目标

了解印章、印鉴的基本知识；掌握预留印鉴的内容、意义；熟悉企业印章的种类，掌握每一种印章的使用要求、印记模式；掌握财务印章的管理方法，并能识别假公章；掌握电子印章的概念、应用特征；了解电子印章与电子签名的关系；了解电子印章的现状、应用前景。

典型职业工作任务描述

1. 工作任务简述

根据经济业务的内容正确使用财务印章、预留印鉴，发挥印章、印鉴的职权作用。

2. 涉及的业务领域

从事会计工作的各个岗位。

3. 其他说明

在日常的业务往来中，该盖何种“章”，是会计工作人员应该掌握的基本用章、用鉴技能。

职业描述

1. 工作对象

支票、汇票等各种票据、会计凭证、会计报表等。

2. 劳动场所

从事会计等各种经济工作的场所。

3. 资格和能力

持有会计专业技术资格证书，或者具有会计类专业学历（学位）或相关专业学历（学位）证书，且持续参加继续教育，具备从事会计工作所需要的专业能力。

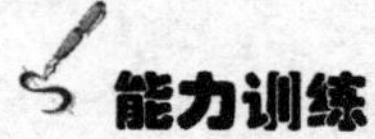

能力训练

能力训练项目名称	拟实现的能力目标	相关支撑知识	训练方式、手段及步骤
印章、印鉴的使用	① 能会使用预留印鉴 ② 能会更换预留	① 印章、印鉴的概念 ② 预留印鉴的概念及更换 ③ 企业印章的种类、使用方法	开户，存款，汇款，开出支票加盖印章
财务印章的管理	① 能知道财务印章的使用范围 ② 能识别假公章	① 财务印章的使用范围 ② 财务印章的保管、交接 ③ 识别假公章的方法	使用、保管、交接、更换、废止印章
电子印章	能使用、保管电子印章	① 电子印章的概念 ② 电子印章的应用特征 ③ 电子签名的概念 ④ 电子印章的应用前景	申请、安装客户端系统，并使用；在文档上加盖电子印章

7.1 印章、印鉴的使用

7.1.1 印章、印鉴的基本知识

1. 印章

印章是印和章的合称，是指国家机关、人民团体、企事业单位和个人，为证实有关文书的真实性、有效性而刻制的署有本单位或个人名称的一种印记。印章由印柄、印面组成。

印章是组织机构经营管理活动中行使职权，明确组织机构各种权利义务关系的重要凭证和工具，是国家机关、企事业单位、机关团体的重要证明标志，是进行公务活动的重要凭证，是某种组织或个人的权利使用，是组织机构权力的象征物。

印章历来是信用的证物和权力的象征。在中国古代，印是官府掌权人的印章，是权力的象征；帝王的玺印象征着皇室至高无上的权威，是朝廷事务活动所依赖的重要信物。“印”和“章”是权威的象征，代表着一定的职能和权力。

今天，印章的应用更加广泛，在公务及交易等社会经济活动中，印章每每出现在合同、凭证、票据、证明及各种重要的书面文件中，是企事业单位及个人对外进行社会经济活动重要的诚信凭证和法律依据，在各个领域中起着举足轻重的作用。

2. 印鉴

（1）印文、印鉴的概念

印面上的文字粘上印泥盖印出的印痕，称为印文。一定的组织机构和个人，因某种专门用途，预盖一个印文留给有关的对方供核对、验证用的，称为印鉴。

（2）预留印鉴

企业在银行开设账户，开户时需要在银行预留印鉴，也就是公章或财务专用章和法人代表名字的印章（或者是其授权的一个人名字的印章，俗称“小印”）。预留的公章或财务专用章、法人章，即预留印鉴。

单位在存款、汇款、开出支票时，这些票据上盖的章与预留在开户银行的公章或财务专用章、法人章完全相同时，银行方可办理业务。印鉴要盖在一张卡片纸上，留在银行；预留印鉴卡片一式三份，一份交客户留存，一份与开户资料一并专夹保管，一份交印鉴卡管理员保管。

预留印鉴必须清晰，易辨别、易审核。预留印鉴上的签章可以是签名、盖章或签名加盖章。预留印章时必须使用朱红印油，且不得使用原子印章，因为原子印章用久了会严重变形，从而导致银行审核票据时无法核对真伪。

（3）更换预留印鉴的方法

各单位因印章使用时间久发生磨损，或者因改变单位名称、人员调动等原因需要更换印鉴时，应填写更换印鉴申请书，由开户银行发给新印鉴卡。单位应将原印鉴盖在新印鉴卡的反面，将新印鉴盖在新印鉴卡的正面，并注明启用日期，交开户银行。在更换印鉴前签发的支票仍然有效。

自古以来，中国人习惯用印信来表示信用。使用印章时粘上印泥，然后往纸上一盖就可以了，起关键作用的就是纸上留下的那个印记。一些不法分子利用印章具有的职能和权利，用伪造、私刻、偷盖等手段达到某些不可告人的目的，严重干扰和破坏了组织机构正常的管理活动及信誉，破坏了社会管理秩序。预留印鉴可以防范风险隐患，保障银行和客户的资金安全。

7.1.2　企业印章的种类及使用

企业在与外界交往时，离不开印章。企业印章种类众多，形状各异，有圆形、椭圆形、方形等。在日常的业务往来中，该盖何种“章”，是会计工作人员应该掌握的基本用章、用鉴技能。

1. 企业印章的重要性

① 企业印章是企业身份和权力的证明，是企业信誉的象征。盖有企业印章的文件，是受法律保护的有效文件，同时意味着企业对文件的内容承担法律责任。而滥用印章，如随意加盖公章，则可能使企业承担相应的义务，造成不应有的损失。

② 企业印章是企业对外进行社会经济活动的诚信凭证与法律依据。印章的使用管理，关系到企业正常经营管理活动的开展，甚至影响到企业的生存和发展。

2. 企业印章的使用范围

① 凡是以企业名义对外发文、开具介绍信、报送报表等，一律需要加盖企业公章。

② 凡是企业内部行文、通知等，使用企业内部印章。

③ 凡是部门与企业、部门与部门业务范围内的工作文件等，加盖部门印章。

④ 凡是经营类的合同、协议等文本，一般使用企业合同专用章或企业法人公章。

⑤ 凡是财务会计业务的，使用财务专用章。

3. 企业印章的种类

企业印章的种类主要有公章、财务专用章、合同专用章、发票专用章、法人章、报关专用章等。公章在所有印章中具有最高效力，是法人权利的象征。

(1) 公章

公章是企业按法定程序经工商行政管理部门注册登记后，在所在地公安部门登记备案，对外具有法人效用的企业正式印章。公章代表一个组织的正式署名，是单位处理内外部事务的印鉴，凡以单位名义对外的正式信函、公文、介绍信、文件、确认书、借款与担保、报告等均可申请盖公章。

没有加盖公章的文件和指令是无效的，盖了公章的文件具有法律效力。公章由办公室专人统一保管，不得私自用章、借用、丢失。如果私刻公章用于牟取不法利益，属于诈骗行为或贪污行为。企业公章的刻制，必须经过公安机关的审批，到指定的机构制作，并进入公安部印章管理信息系统存档，以便实现全国连网检索、鉴别。

国家行政机关和企事业单位、社会团体的印章为圆形，直径不得大于 4.5 厘米，中央刊国徽或五角星。公章均为红色，外资企业的公章为红色或蓝色。

(2) 财务专用章

财务专用章是企业处理财务事务所使用的印章，主要用于财务结算，开具收据、发票（有发票专用章的除外）。给银行的印鉴必须留财务专用章，它能够代表公司承担所有财务相关的义务，享受所有财务相关的权利。财务专用章一般由企业的专门财务人员，如财务主管或出纳管理。

财务专用章有的是方形，有的是圆形或椭圆形，尺寸大小和形状各省都有不同的规定。财务专用印章印迹样式如图 7.1 和图 7.2 所示。

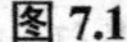
图 7.1

图 7.2

财务专用章必须保存在安全的地方，并且经常检查，非保管人员不得使用；不经主管财务的领导同意，不得携章外出。按照规定，公章和财务专用章不能由同一个人保管，也不能放在一起，如果被盗盖支票，后果相当严重。

（3）合同专用章

合同专用章是单位、集体、企业用于签订合同时盖的专用章，属于必备用章之一。在合同上加盖合同专用章是指合同当事人经过协商，在达成的书面合同上各自加盖本公司的合同专用章的行为。合同专用章仅限于企业与外部签订商务合同时使用，如购销合同等。

合同专用章一般是圆形的，外资企业合同专用章印迹样式为椭圆形。不同的企业印章的尺寸有不同的规定，两种印章印迹样式如图 7.3 和图 7.4 所示。

图 7.3

图 7.4

刻制合同专用章需要提供单位的资料，并在公安局备案之后方能刻制，只有备案的合同专用章才具备法律效力。如果单位没有合同专用章，则应使用公章，公章可代替合同章，但合同章不能代替公章。有些企业因业务需要，须刻多枚合同专用章，这时印章下端应加刻编号。合同专用章的印文使用简体宋体字。

（4）发票专用章

发票专用章是专门用于盖在发票上的印章，不能用于任何一项商业活动和商业经营。企事业单位和个体工商业户购买及开具发票时必须加盖财务专用章或发票专用章。财务专用章可代替发票专用章，但发票专用章不可代替财务专用章。

发票专用章是指没有（或者不便使用）财务专用章的单位和个体工商户，按税务机关统一规定刻制的，在领购及开具发票时加盖有其用票人名称、发票专用章、税务登记证号码字样的印章。

发票专用章的样式为椭圆形，长轴为 45 毫米，短轴为 30 毫米，边宽为 1 毫米；上半行刻单位或个体工商户的全称，第 2 行刻税务登记证号码，第 3 行刻“发票专用章”字样；印章字体大小由各市、县地方税局确定。发票专用章的印迹样式如图 7.5 所示。

图 7.5

财务专用章、合同专用章和发票专用章等在名称、式样上应与单位正式印章（即公章）有所区别，在单位登记后，必须经过工商管理部门批准，并经过公安机关备案才可以刻制。

（5）法人章

法人章在规定的用途内使用，如税务申报、开支票等。在法律上，盖章是法人的行为，而不是一个自然人的行为；法人章如果单独使用则只代表法人自己，与公章一同使用就代表企业行为。如果印章所有人基于自己的意思将印章交与他人使用，则具有授予他人代理权的法律效果，印章所有者必须为该意思的内容承担责任。法人章一般为方形，经常与财务专用章一起使用。

(6) 报关专用章

报关专用章有以下两种。

① 进出口货物收发货人报关专用章。进出口货物收发货人是指依法直接进口或者出口货物的中华人民共和国关境内的法人、其他组织或个人。

进出口货物收发货人在海关办理注册登记后可以在中华人民共和国关境内各个口岸地或海关监管业务集中的地点办理本企业的报关业务。

进出口货物收发货人的报关专用章可以在全国各口岸地或海关监管业务集中地通用。有多枚报关专用章的，必须在海关注册编号后依次编号。报关专用章必须在注册地海关备案方可启用。

进出口货物收发货人报关专用章的形状为椭圆形，长 50 毫米，宽 36 毫米。其印迹样式如图 7.6 所示。

② 报关企业报关专用章。报关单位向海关递交的纸质进出口货物报关单必须加盖本单位的报关专用章。

报关专用章启用前应向海关备案，并按照海关总署统一规定的要求刻制。报关企业的报关专用章，仅限在其标明的口岸地或海关监管业务中集中使用，报关企业在报关口岸的报关专用章仅限一枚。

报关企业报关专用章的形状为椭圆形，长 50 毫米，宽 36 毫米。该章的第 1 行内容是企业注册全称；第 2 行内容是印章使用口岸地或海关监管业务集中地名称；第 3 行内容是“报关专用章”字样。报关专用章印迹样式如图 7.7 所示。

图 7.6

图 7.7

另外，企业自行刻制的其他业务章，如物资进出库专用章、档案专用章、招标业务专用章、投标专用章等，还有企业隶属各级职能部门、基层单位的公章等，主要是在企业内部使用的，或者是在企业集团内部、上下级对口业务部门之间使用的，一般来说，不能在企业的外部使用。这些内部章的加盖仅是对该事实的确认。例如，档案专用章盖在合同上，这样的合同就不具有任何法律效力。

7.2 财务印章的管理

治印之难，不难于刻，而难于章法。规范财务印章的管理，有效控制财务风险，是企业加强对财务工作监控的有效工作之一。企业印章管理使用的规范与否关系到企业的发展与衰败。

7.2.1 财务印章的刻制

1. 财务印章的种类

① 财务专用章。用于签发支票、汇票、背书等银行结算票据。

② 法人章。用于企业签发支票、汇票、背书等银行结算票据。

③ 现金收讫章。用于签发现金收入凭证。

④ 现金付款章。用于签发现金付款凭证。

⑤ 银行转讫章。用于签发转账凭证。

⑥ 发票专用章。用于签发销售发票。

⑦ 已记入账章。用于加盖在已作为记账凭证附件的原始凭证上。

⑧ 会计人员人名章。用于加盖在制证（单、表）、记账、审核、错误更正等应承担会计责任的会计凭证、会计账簿和会计报表等会计资料上。

⑨ 企业名称和账号条形章。用于加盖在银行票据上。

2. 财务印章的刻制方法

印章刻制是印章管理工作的首要环节，必须按照国家的有关规定严格执行。公章、法人章、财务专用章、合同专用章属于列管印鉴，企业应根据实际业务需要刻制财务印章，并按规定使用。刻制时，须经公安局备案后凭公安局发的刻制印章通知单，到持有特种行业许可证的刻制单位刻制公章；报关专用章须向注册地海关备案。公章、法人章、财务章、发票专用章、合同章等凡是带有企业全称、具有法律效力的章都必须备案。一切私刻公章的行为均属违法行为，所刻印章无任何法律效力。

① 新成立的企业申请刻制印章，须持营业执照原件和复印件各一份、法定代表人和经办人身份证原件及复印件各一份，以及法人授权委托书，并附印章样模，到属地公安分局办证大厅办理。

② 已成立的企业申请刻制部门章或专用章，须由企业出具证明，持法人身份证原件及复印件、经办人身份证原件及复印件各一份，以及法人授权委托书，附印章样模和数量，到属地公安分局办证大厅办理。

③ 私营和个体企业申请刻制印章，由法人写出申请报告。私营企业和人体企业须持法人身份证原件及复印件到经营所在地或居住地的居委会、派出所审核，加具公章后携带营业执照原件及复印件进行办理。

④ 外商投资企业申请刻制印章，除到公安分局外也可到外商投资中心的公安室办理。

⑤ 商业性银行、金融机构刻制印章，须持营业执照及金融许可证原件和复印件，并由上级主管部门出具申请报告。

财务部门为财务印章的保管、使用部门，应严禁其他部门（人员）申请和刻制财务印章。申请刻制公章的单位，必须在公安部门备案留底，以防犯罪分子模仿刻制假公章作案犯罪。

正式印章刻制完毕后，按照规定，刻制单位一律不得留存章样，也不能擅自先行使用正式印章。因此，从刻制单位取来印章时，应先检查印章的质量是否符合要求，有无被使用过的痕迹，如果质量不符合要求或被使用过，应责成刻制单位重新刻制。

3. 财务印章的颁发

由上级主管机关负责刻制的印章，在刻制后一般由下级单位派专人持本单位领导人签名的介绍信前往领取，也可以由上级主管机关派专人送到受印单位。领取时，颁、领双方应当面验章，并严格履行登记、交接等手续，然后由颁发机关将印章密封并加盖密封标志，再交给领取人带回，确保安全。领取人接回印章后，要及时向组织领导汇报，经领导验证后，根据领导的指示交给印章管理人员验收管理。

7.2.2 财务印章的管理

1. 财务印章的使用范围

财务专用章主要用于在银行开户、办理日常会计收付款业务及与资金有关的票据，包括收款收据、现金支票、转账支票、资金汇兑业务等。在需要使用财务专用章时，主管会计应认真审核经济业务内容，然后才能加盖此章。

① 使用财务印章必须基于发生的真实、合法、手续完备的财务会计业务。加盖财务印章时，应加盖于规定的位置。

② 禁止非财务事项加盖财务印章，严禁财务印章外借。因特殊原因（事项）需要使用财务印章的，必须填写财务印章使用审批单，经企业总经理和财务主管批准后方可使用。

③ 建立财务印章使用登记簿，对每一笔因特殊事项加盖财务印章的应该进行登记，注明使用对象、使用事项、经手人、金额及其他事项。

2. 财务印章的保管

涉及资金安全的会计印章，应当有必要的安全保管措施，避免出现印章无人监管的情况，并严禁一人保管支付款项所需的全部印章。财务印章由财务部门指定人员负责保管，预留银行印鉴必须分人保管。

① 法人章由财务部经理（或指定负责人）保管使用。

② 财务专用章由财务总监（或指定负责人）保管使用。

③ 现金付款章由出纳员负责保管使用。

④ 现金收讫章、转讫章由出纳员保管使用。

⑤ 会计人员人名章由本人自行保管使用。

⑥ 企业名称及账号条形章由销售部门或出纳员保管和授权使用。

⑦ 发票专用章由财务总监保管使用。

会计印章保管人员应当在规定用途和范围内授权用印，不准交由非责任人用印，不准在空白单证及纸张上用印；保管人员在使用印章时要确切了解用印的内容，避免只看签字，不看用印内容就盲目盖印的情况发生。

财务印章必须保存在安全的地方，如放在保险柜内，且做到随用随锁，并经常检查，

以免印章被滥用盗用，造成不良后果。非保管人员不得使用财务印章，非经主管财务的领导同意，不得携章外出。确因工作需要携带外出使用的，必须经企业负责人或其授权人批准，并由保管人员监督用印。管印人员还要注意经常清洗印章，以保证图案和印文的清晰。

3. 财务印章的交接

当财务人员调动或调岗时，必须办理印章交接手续，交接财务印章及相关资料。一般财务人员印章交接由财务主管负责监交，财务主管办理交接由企业总经理监交。交接书上应记录印章交接的时间、枚数、名称，并在相应位置加盖所交接印章的印模。

4. 财务印章的更换、废止

因机构变动或组织更名等原因而停止使用原印章时，本单位应出具补刻印章申请证明书，同时须把旧印章交回制发机关切角封存或销毁，不能随便弃置。印章发生损坏、损毁时应及时上报主管上司，申请报废，并重新制作。

申请时须持营业执照复印件、法定代表人身份证复印件各一份，经办人身份证复印件两份，由企业出具旧印章销毁证明、法人授权委托书。此外，营业执照成立日期与发证日期不一致的，必须提供工商变更核准通知书复印件一份。注意，原公章未在公安机关备案的，不接受部门章及专用章备案，必须先把公章在公安机关备案，方可以再接受其他印章的备案。

7.2.3 识别假公章的方法

印章是证明国家、政党、公司、社团等单位组织身份，代表其权益，具有法律效力的重要凭证。社会上一些人对各种假证的需要，为伪造印章提供了巨大的市场。犯罪分子置国家法律于不顾，把伪造印章作为牟取暴利的手段。根据《刑法》第 167 条的规定，伪造或变造公文、印章属于犯罪行为。

鉴别印章印文的真伪，是文件检验经常遇到的问题。随着电子技术的提升，计算机雕刻、制版及扫描制作相对容易，伪造出的印文极其逼真，这需要会计人员熟练掌握识别各种公章伪造的方法。

1. 从公章字体、名称排列方向识别

如果公章有下列情形之一的，就可能是假公章。

① 民族自治区公章不使用民族文字，或者使用非当地政府通用的民族文字。

② 公章字体使用国务院已明令废止的简化字或国家未正式通用的个别简化字。

③ 公章字体使用非汉字字体。

④ 公章名称非法定名称或采用非通用的简称。

⑤ 公章名称该加冠的没加冠。

⑥ 公章字体的排列顺序不符合规定。

⑦ 印文中字体大小不一、高低不一、疏密不一，或者字体偏斜而与半径线方向不一致。

2. 从公章所处位置识别

有下列情况之一的，有可能是假公章。

① 证件的照片上未见公章或照片上的公章与照片外的公章不相吻合。

② 文书上的公章未盖在日期之上或显然是先盖章后填写日期。

③ 章显得过于偏离中心甚至是倒过来盖的。

3. 从公章的外圆圈线效果识别

真公章的外圆圈线圈形圆，圈线粗细适当，而且均匀，其印文显得平滑清晰、粗细一致；假公章常会出现粗细不均、圆圈不圆、线条毛糙、时断时续、时轻时重、模糊不清等现象。

4. 从业务专用章的使用范围识别

单位内部不同部门的专用印章，如果将之用于办理该业务之外的事，就应当注意其真假。例如，档案专用章盖在合同上，那么签订的合同就不具有任何的法律效力。

5. 从公章的防伪暗记或标记识别

对于一些单位设有防伪暗记或标记的公章，应特别注意来人所持公章是否有暗记或标记，以及暗记或标记是否相符。

7.3 电子印章

随着网上交易活动的发展，在有纸化办公向无纸化办公转变的历程中，传统印章已渐渐不能适应信息社会发展的新形势。近年来，假印章及利用假印章办理的假证件泛滥，成为社会公害，造成了巨大的经济损失和社会信用缺失。将数字认证技术应用于印章治安管理，利用电子印章从审批、制作、应用等环节确保持有者身份的真实可靠，成为杜绝假证假章泛滥的治本之举，并为科学规范印章的管理及使用提供了技术支持。

7.3.1 电子印章概述

20 世纪 90 年代中后期，传统办公模式逐渐向信息化办公模式转变，为了解决文件流程中的签批问题，进一步加快无纸化办公的进程，提出了电子印章的概念。我国于 2005 年 4 月 1 日起正式实施《电子签名法》。随着我国《电子签名法》的颁布与实施，电子印章也开始“热”了起来。

电子印章实际上是用一种信息技术来代替传统的印章，是现代密码技术对电子文档的电子形式的签章。这种技术可以直接在特定的电子文档上盖章，使人们不必再将这些文件打印后来回两地邮寄，从而提高了效率，降低了成本，并改善了使用安全性。

1. 电子印章的概念

所谓电子印章，是指以电子形式存在，依附于电子文件并与其逻辑相关，可用以辨识电子文件签署者身份及表示签署者同意电子文件内容的印章，是将传统印章的印迹通过高科技进行加密，以数字认证存储介质方式在互联网中应用的电子版的印章。

电子印章主要用于对已编辑完成的文件、表格、图像、合同等电子文档进行直观盖章，就像使用物理印章对纸质文件、表格、图像、合同盖章一样。电子印章存储在一个U盘大小的智能钥匙中，只要保存好这个硬件，外界就没有仿制的机会。即使电子印章丢失，用户也可以凭密码到电子印章中心挂失，重新制作电子印章；而传统印章即便是及时挂失，也难免在挂失前被非法使用。

电子印章加密后，捆绑经国家主管部门认可的数字证书，灌制在授权密码的密钥中，可广泛应用于电子政务和电子商务。电子印章的使用简化了办公流程，提高了办公效率，同时也为单位节省了时间、人力、差旅费、纸张和邮寄费等。无论是合同订立、网上报税、电子发票、网上结算、企业年检、项目审批，还是文件发布等诸多工作，都可以通过电子印章系统来完成。一份电子文档，可通过由多人在文档上加盖电子印章来进行网上合同签订及网上联合审批，再直接或连网打印出具有同等效力的纸质文件。

电子印章技术是一种非常先进、非常复杂的技术。真正的电子印章是以先进的数字技术来模拟传统实物印章，其管理、使用方式与实物印章相似，加盖的电子文件与实物印章加盖的纸张文件具有相同的外观、相同的有效性和相似的使用方式。

2. 电子印章的应用特征

① 电子印章是电子签名的有效表现形式，当用电子签名技术验证某份电子文书的真实性时，才能正常显示电子印章。

② 电子印章必须存储在可移动的、安全的介质（如USB智能钥匙）中，使电子印章实物化的同时，不能被随意使用，并能防止被非法盗用。

③ 一个实物印章只能对应一个电子印章，同一印章不能同时存储在多个有效的实物载体中，即电子印章与传统印章一样，是不允许有备份的。

④ 电子印章的使用应满足《电子签名法》中对电子签名本身及电子文书的各项规定和要求。

3. 电子印章的安全特点

① 审批制作严格，难以伪造，具有不可复制性。

② 身份唯一性。

③ 不可否认性。

④ 事前查询性。

⑤ 安全防盗性。

⑥ 高效率，低成本。

⑦ 便于系统管理和监督检查。

⑧ 利于对印章的动态管理。

4. 电子印章和电子签名的关系

电子签名是电子形式的数据，是与数据电文（电子文件、电子信息）相联系的用于识别签名人的身份和表明签名人认可该数据电文内容的数据。它以数字签名的方式通过第三方权威认证机构有效地进行网上身份认证，帮助各个主体识别对方身份和表明自身的身份，具有真实性和防抵赖功能。电子印章（利用隐藏技术将数据隐藏在电子印章的图像中）是电子签名技术的一项应用，是电子签名的一种具体表现形式，即给电子文书加盖电子印章使电子签名可视化。电子印章将电子签名技术变成了人们习以为常的签名盖章方式，二者的关系如下。

① 电子签名是手写签字的扫描图片，电子签名制作的时候是图片与数字证书进行绑定，并且可以调整位置和大小；电子印章的原始大小是不可调整的，并且是受保护的，同样是由第三方颁发的证书与印章的图片进行绑定。

② 使用签名和印章的扫描件制作出电子签名文件，存储到智能钥匙中，每次签名时需要将智能钥匙插入USB接口才能进行操作。

5. 电子印章和传统印章的比较

(1) 共同点

① 具有相同的视觉效果。

② 不允许存在两个（或以上）有效的电子印章实体，即不允许有备份。

③ 使用管理方法相同。

④ 在满足有关法律的前提下，电子印章具有与传统印章相同的法律效力。

(2) 不同点

① 传统的印章有相关的管理法规，而电子印章的相关管理法规尚未出台。

② 所基于的防伪技术不同。电子印章基于数字签名技术，真正实现了难以假冒，因而安全性更高。

③ 电子印章通常只用于电子文书。

④ 通过普通打印机将带有电子印章的电子文书打印在纸介质上时，其法律效力相当于原件的复印件。

⑤ 通过专控打印机将带有电子印章的电子文书打印在纸介质上时，其法律效力目前还只限于系统内部。

7.3.2 电子印章申请和使用概述

1. 电子印章的申请

使用电子印章的组织（或个人）首先需要填写申请信息，并须持营业执照、法定代表人身份证、委托书等原件，到公安机关办理审批手续；对电子个人人名章则由公安审批机关调查户籍管理信息后予以审核批准。所有审核、认证、制作的人员都要有授权，才可进入全程监控的计算机管理系统。在履行完正常手续并确认无误及合法的情况下，才能为申请者制作电子印章，并将制作好的电子印章导入特定的存储介质，如USB智能钥匙或IC卡等，提交给申请者。

2. 电子印章客户端系统

电子印章产品提供商给用户提供电子印章的同时，还会提供一套电子印章客户端系统。这套系统应该安装在电子印章保管者所使用的终端计算机中。电子印章客户端系统的主要作用就是盖章、验章及电子印章管理。

3. 电子印章的使用

电子印章和传统印章的使用方式基本相同。首先需要有一套专用的电子印章客户端系统，该系统由电子印章管理平台（电子印章中心）提供，并安装在特定的计算机终端上。接下来的使用步骤如下。

步骤 1　得到有关主管领导的批准。

步骤 2　将存有电子印章的实体（如 USB 智能钥匙）插入计算机终端的 USB 接口。

步骤 3　启动电子印章客户端系统。

步骤 4　读入需要加盖电子印章的电子文书。

步骤 5　在电子文书中需要盖电子印章的地方单击，然后单击工具栏中的“盖章”按钮。

步骤 6　系统提示输入电子印章 pin 码。

步骤 7　输入正确的电子印章 pin 码，则该文书就被盖上电子印章了。

4. 电子印章的验证

验证带有电子印章的电子文书时，需要装有电子印章客户端系统的终端计算机。当带有电子印章的电子文书被打开后，电子印章客户端系统会自动验证该电子文书的电子印章是否有效。如果电子文书被非授权修改过，或者电子印章是被复制在当前的电子文书上的，则电子印章客户端系统能够发现，并立即警告用户电子文书已被修改过或电子文书上所加盖的是无效电子印章，且使电子印章不能正常显示，从而保护电子文书的完整性。同时，检验电子印章和特定电子文书的关联性。

5. 电子印章遗失的处理

如果电子印章遗失，应立即到电子印章管理平台进行挂失，其过程与证书作废处理方式基本相似。

由于安全电子印章处于公安机关的动态管理中，利用电子印章从事诈骗等违法犯罪活动很容易被发现，尤其是被列入黑名单的组织，可在管理系统中即刻锁定，并限制使用。电子印章的每一次使用，系统都会自动记录使用人姓名、使用时间和次数，并自动生成签章日志，单位负责人可以随时查询签章日志，以监督电子印章的使用情况。

7.3.3 电子印章在应用中存在的问题

从审批制作开始，电子印章便具有从源头上杜绝造假的优势。虽然目前电子印章还没有像传统印章那样被广泛使用，但是其方便、快捷、安全、高效、低成本等优点已经不言而喻了。

传统印章有管理法规，目前电子印章还没有相关的管理法规。也就是说，目前电子印章只能在本系统、本部门或本行业内使用，一旦离开了这个范围，其他系统、部门或行业可以接受，也可以不接受。这就涉及一个电子印章使用管理法规的问题，而电子印章的使用管理法规需要国家的有关主管部门来制定。

此外，电子印章不像手迹、印鉴那样简单方便和好用。使用电子印章，必须能够真正解决文件的完整性和不可抵赖性这两大问题，这就需要技术来保证。就目前来说，电子印章并未实现广泛应用：一是许多技术问题尚未解决，如多重电子签名问题限制了其使用范围；二是公众广为使用的编辑器，如微软的 Word 等，无法保证经电子签名后的文档格式不变。因此，电子印章距离实现广泛应用还有很长的路要走。

电子印章是一种比较复杂的技术，其使用涉及政策法规、标准化、其自身的安全和直接经济投入等许多问题。我国现在对于电子印章缺乏一个统一的标准，因此不同公司所提供的电子印章的标准和品质、性能尚存在差异。而没有一个标准化的电子印章应用模式，电子印章在应用过程中的安全性、法律效力、效率等将得不到保障。

7.3.4 电子印章的应用前景

电子印章的出现和普及是实现信息传递流程全程电子化的最后一环，是彻底实现无纸化办公的前提条件之一。随着无纸化办公的推进，以及电子政务、电子商务的发展，电子文件在信息处理方面逐步替代了纸质文件，这也使电子印章取代传统印章成为必然的趋势。利用电子印章系统从审批、制作、应用等环节确保持有者身份的真实可靠，成为杜绝假证、假章泛滥的治本之举。而应用环节最终需要文件的输出，这关系到实施的效果，因此对打印机的质量也提出了严格的要求。

如同电报取代驿站、电话取代电报、电子邮件取代寄信一样，电子印章将会逐步与传统印章分庭抗礼，成为信息技术发展史上的一个新的里程碑。

实训 7

1．什么是印章？印章的作用有哪些？

2．什么是印文、印鉴？

3．什么是预留印鉴？怎样更换预留印鉴？

4．企业的印章都有哪些？每种印章的印记模式、尺寸大小都是怎么规定的？

5．财务印章都包括哪些？企业财务印章应怎么刻制？

6．财务印章的交接、更换和废止的具体规定有哪些？

7．怎样识别假公章？

8．什么是电子印章？电子印章的应用特征有哪些？

9．企业怎样申请、刻制电子印章？

10．电子印章和电子签名的关系是什么？

11．电子印章与传统印章有什么不同？

12．电子印章的应用存在哪些问题？它的应用前景怎么样？

第8章

会计资料的整理技能

职业教育的学习目标

根据《会计基础工作》和《会计档案管理办法》的规定，学生应掌握会计资料的整理及归档方法，能熟练地装订会计凭证和账簿。

典型职业工作任务描述

1. 工作任务简述

对编制完的各种会计凭证、账簿进行整理和归档。

2. 涉及的业务领域

出纳、材料会计、成本会计、制单、记账、编制报表等岗位。

3. 其他说明

按照规定的时限，根据所教授的方法，对给出的会计资料进行整理和归档。

职业描述

1. 工作对象

会计凭证、会计账簿、会计报表及其他会计资料。

2. 劳动工具

铁锥或装订机、线绳、铁夹、胶水、凭证及报表的封皮、包角纸、账簿、摇夹。

3. 劳动场所

从事会计等经济工作的场所。

4. 资格和能力

从事会计工作的人员。

能力训练

能力训练项目名称	拟实现的能力目标	相关支撑知识	训练方式、手段及步骤
会计凭证、账簿的整理、归档、装订	能对会计资料、会计凭证、会计账簿进行整理、归档装订	① 会计资料的整理、归档知识 ② 装订凭证的知识	① 整理 ② 立卷 ③ 归档保管 ④ 装订
财务会计报告的整理、归档装订	能对会计报告、会计其他资料进行整理、归档、装订	财务会计报告整理的知识	① 整理 ② 立卷 ③ 归档保管 ④ 装订

8.1　会计资料的整理

8.1.1　会计资料整理概述

1. 会计资料的整理

会计资料产生于单位的经济活动，尤其是会计核算活动之中。其主要包括会计凭证、会计账簿和财务报告等会计核算的专业材料，是记录和反映经济业务的重要史料和证据，因此具有非常重要的保留价值。

各单位的会计资料往往是分散的，数量也很多，类别也比较繁杂，为了对会计资料进行妥善保管，以发挥其会计档案的作用，有必要对会计资料进行挑选、收集、整理，形成会计档案，集中妥善保管，有序存放，以方便检查，防止销毁、散失和泄密。

会计资料整理是会计档案管理的重要内容，是存放、利用会计档案的前提。会计资料的整理就是将已收集的会计资料分门别类地加以系统化，按序存放。整理工作包括系统化、编目及必要的加工等。其目的是对会计资料实行有序管理。系统化是指区分全宗、分类组卷、案卷排列3项工作；编目是指会计资料的目录编制、备查表的编制等。

2. 会计资料整理技能的基本内容

会计资料整理技能是一种实用性很强的技能，主要是指对会计资料的整理归档的技能。

整理归档的会计资料包括会计凭证的整理归档、会计账簿的整理归档、财务报告的整理归档及其他会计资料的整理归档，如图 8.1 所示。

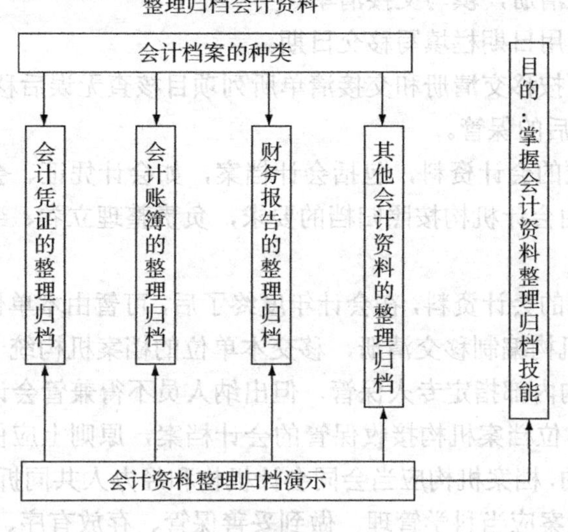

图 8.1

8.1.2　会计资料的整理归档

1. 会计资料的整理归档概述

(1) 会计资料的整理

会计资料的整理是指按照一定的方法和程序，将零散和需要进一步条理化的会计资料通过分类、组合、立卷、排列和编目，组成有序体系的过程。会计资料的管理办法在国家颁布的《会计档案管理办法》中有明确的规定：各单位必须加强对会计资料管理工作的领导，建立会计资料的立卷、归档、保管、查阅和销毁等管理制度，保证会计资料档案妥善保管、有序存放、方便查阅，严防毁损、散失和泄密。

(2) 会计资料立卷

会计年度终了后，应对会计资料进行整理立卷。会计档案的整理一般采用“三统一”的办法，即分类标准统一、档案形成统一、管理要求统一，并分门别类地按各卷顺序编号。

① 分类标准统一。一般将财务会计资料分成一类账簿、二类凭证、三类报表、四类文字资料及其他。

② 档案形成统一。案册封面、档案卡夹、存放柜和存放序列统一。

③ 管理要求统一。财务会计资料档案簿、会计资料档案目录、会计凭证装订成册，报表和文字资料分类立卷，其他零星资料按年度排序汇编装订成册。一般采用年度—形式（名称）—保管期限分类组卷，即把一个单位形成的会计资料先按年度分开，然后按名称分类，在每一类中按保管期限顺序排列，一年或若干年编一个流水序号。

(3) 会计资料的归档及归档后的保管

根据《会计档案管理办法》的规定，单位所形成的会计资料都应由会计机构按照归档的要求负责整理立卷，装订成册，编制会计档案保管清册。

① 单位会计机构向单位档案部门移交会计档案的程序如下。

步骤1　编制移交清册，填写交接清单。

步骤2　在账簿使用日期栏填写移交日期。

步骤3　交接人员按移交清册和交接清单所列项目核查无误后移交。

② 会计资料归档后的保管。

步骤1　每年形成的会计资料，包括会计档案，如会计凭证、会计账簿、会计报表及其他会计资料，都应由会计机构按照归档的要求，负责整理立卷、装订成册、编制会计档案保管清册。

步骤2　当年形成的会计资料，在会计年度终了后，可暂由本单位会计机构保管1年。期满之后，应由会计机构编制移交清册，移交本单位的档案机构统一保管。未设立档案机构的，应当在会计机构内部指定专人保管，但出纳人员不得兼管会计档案。

步骤3　移交本单位档案机构接收保管的会计档案，原则上应保持原卷册的封装，个别需要拆封重新整理的，档案机构应当会同会计机构和经办人共同拆封整理，以分清责任。

步骤4　对会计档案应当科学管理，做到妥善保管、存放有序、查找方便。

③ 企业和其他组织会计档案的保管期限如表8.1所示。

表8.1　企业和其他组织会计档案的保管期限

序　号	档案名称	保管期限	备　注
一	会计凭证类	—	
1	原始凭证	—	
2	记账凭证	—	
3	汇总凭证	15年	
二	会计账簿类	—	现金和银行存款日记账保管25年
4	总账	15年	固定资产报废清理后保管5年
5	明细账	15年	
6	日记账	25年	
7	固定资产卡片	15年	
8	辅助账簿	15年	
三	财务报告类	—	包括各级主管部门汇总财务报告
9	月、季度财务报告	永久	包括会计报表附注和财务情况说明书
10	年度财务报告（决算）	永久	
四	其他类	—	
11	会计移交清册	永久	
12	会计档案保管清册	永久	
13	会计档案销毁清册	永久	
14	银行余额调节表	—	
15	银行对账单	—	

对于已实现会计电算化，采用磁带、磁盘、光盘、微缩胶片等介质存储会计账簿、报表的，除以打印在纸介质上的账簿、报表为主要会计档案保存外，保存在其他介质上的会计凭证、账簿、报表也应作为会计档案，其保管期限与纸介质的同类档案相同。对于因升级换版、新购而停止使用的会计核算软件系统，应作为会计档案永久保存。

2. 会计资料归档及销毁

（1）会计档案的鉴定

对保管期满的会计档案，档案部门应及时会同财会部门，根据会计档案保管期限的规定和会计档案的实际价值，对保管期满的会计档案的保管期限进行重新认定。鉴定会计档案采取直接鉴定法，即逐卷（册）、逐件、逐页鉴定。对保管期满应予销毁的会计档案，由档案部门和财会部门进行终审鉴定，提出鉴定销毁意见，双方都认为确无保存价值的，才能做出销毁结论。认定意见不一致时，应当缓销。

（2）会计档案的销毁程序和办法

① 本单位档案机构会同会计机构共同鉴定，严格审查，提出销毁意见，编制销毁清册。

② 单位负责人在销毁清册上签署意见。

③ 国家机关在销毁会计档案时，应由同级财政部门和审计部门派员参加监销；财政部门销毁会计档案时，应由同级审计部门派员参加监销。

④ 会计档案销毁后，监销人和经办人员应当在会计档案销毁清册上签名盖章，注明“已销毁”字样和日期，同时将监销情况写出书面报告，一式二份——一份报告本单位负责人，另一份归入档案备查。

（3）会计档案期满不得销毁的会计档案

对于保管期满但未结清债权债务的原始凭证和涉及其他未了事项的原始凭证不得销毁，应单独抽出立卷，由档案部门保管到未了事项完结时为止；单独抽出立卷的会计档案应当在会计档案销毁清册和会计档案保管清册中列明；正在项目建设期间的建设单位，其保管期满的会计档案也不得销毁。故意销毁依法应当保存的会计凭证、账簿、会计报告的行为，及授意、指使、强令会计机构、会计人员和其他人员的故意销毁行为，都是违法行为——如果构成犯罪的，要依法追究刑事责任；尚不构成犯罪的，也要承担行政责任，违法单位和责任人员、会计要受到相应的行政处罚及行政处分。

8.2　会计凭证的整理和归档

8.2.1　会计凭证的整理

1. 会计凭证的含义

会计凭证是用来记录经济业务、明确经济责任并据以登记会计账簿的书面证明，也是登记账簿的依据。任何企业、事业、行政单位、部队和社会团体在从事任何一项经济活动时，都必须办理会计凭证，会计人员必须对已取得的会计凭证进行严格的审核。正确填制和认真审核会计凭证是财务管理不可缺少的基础工作，是会计人员，特别是出纳员进行会计核算的基本方法之一。出纳员每办理一项业务，无论是款项的收付，还是出纳账的登记，都必须以经过审核的真实、合法、有效的会计凭证为依据。没有凭证，就不能进行任何款项的收付，也不能进行账务处理。

① 原始凭证也称单据，是在经济业务发生时，由业务经办人员直接取得或填制，用以表明某项经济业务已经发生或其完成情况并明确有关经济责任的一种凭证。原始凭证是填制记账凭证或登记账簿的原始依据，是重要的会计核算资料。

原始凭证分为自制和外来凭证两种：自制凭证是由本单位填写的，如验收单、借款单（见图 8.2）；而外来凭证是从外单位、部门和个人处取回来的，如由供货单位开具的发票和结算凭证、由收款单位开具的现金收据等。

借款单

年 月 日

借款人		部门		职务	
借款事由				借款原因	□ 因公司 □ 因个人
借款金额	人民币 佰 拾 万 仟 佰 拾 元 角 分				
领导审批：	会计主管：	审读：	出纳：	借款人：	
还款后出纳签章		还款人签章			

图 8.2

② 记账凭证（见图 8.3）是会计人员根据原始凭证加以归类整理编制的。它按所反映的经济业务内容按分类划分，可分为收款凭证、付款凭证、转账凭证 3 种。对于经济业务比较简单、规模较小、收付业务较少的单位，还可以采用通用记账凭证。此外，企业还有汇总凭证。

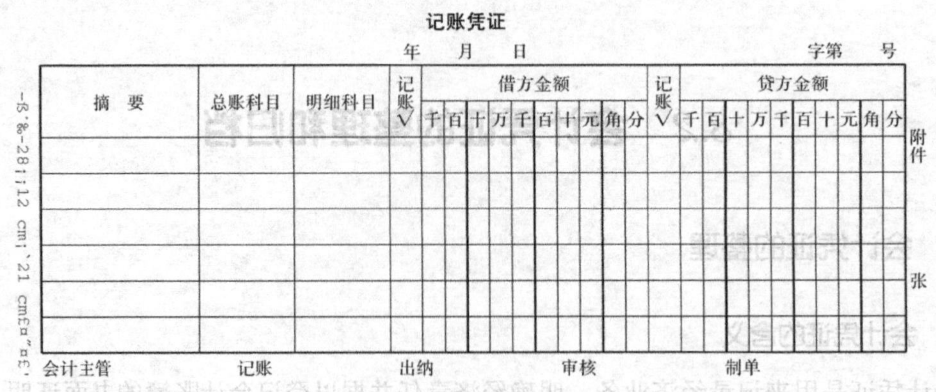

记账凭证

年 月 日 字第 号

摘 要	总账科目	明细科目	记账√	借方金额 千	百	十	万	千	百	十	元	角	分	记账√	贷方金额 千	百	十	万	千	百	十	元	角	分

附件 张

会计主管 记账 出纳 审核 制单

图 8.3

综上所述，会计凭证归档的范围包括原始凭证、记账凭证、汇总凭证和其他会计凭证。

2. 会计凭证的整理

会计凭证记账以后，要及时装订，在装订前应将凭证进行整理，归入档案，妥善保管，以备查对。每月月终要对全月所有会计凭证进行一次全面清理，将记账凭证连同原始凭证包括批件，按业务发生的先后顺序整理，加具封面、封底，并装订成册。在封面上注明单位名称、所属年度、月份及凭证起止号码，并由负责人和经办人签章。年度终了，将已整理的各月份凭证、表册加封后归入会计档案，按规定的保管期限进行保管。

会计凭证的整理工作，主要是按凭证顺序号对凭证进行排序、粘贴和折叠。

(1) 粘贴方法

原始凭证粘贴纸的外形尺寸应与记账凭证相同，纸上可先印一个合适的方框。不能直接装订的原始凭证，如汽车票、火车票、出租车票等，都应按类别整齐地粘贴于粘贴纸的方框之内，不得超出。粘贴时应横向进行，从右至左，并应粘在原始凭证的左边，逐张右移，后一张右边压位前一张的左边，每张附件只粘左边的 0.6 至 1 厘米长，粘牢即可。粘好以后要捏住记账凭证的左上角向下抖几下，看是否有未粘住或未粘牢的。最后，还要在粘贴单的空白处分别写出每一类原始凭证的张数、单价与总金额。例如，某人报销差旅费，报销单后面的粘贴单附有 0.5 元的市内公共汽车票 20 张、1 元的公共汽车票 12 张、285 元的火车票 1 张、869 元的飞机票 1 张，就应分别在汽车票一类下面空白处注明“0.5×20=10（元），1×12=12（元）”、在火车票一类下面空白处注明“285×1=285（元）”、在飞机票一类下面空白处注明“869×1=869（元）”。这样，为计算附件张数提供了方便，而且万一将来原始凭证不慎失落，也很容易查明丢的是哪一种票面的原始凭证。

(2) 粘贴顺序

原始凭证附在记账凭证后的顺序应与记账凭证所记载的内容顺序一致，不应按原始凭证的面积大小来排序，从而为汇总装订打好基础。

会计凭证经过整理后，要在凭证上加具封面。其样式如图 8.4 所示。

记账凭证封面			
时　间		年	月份
册　数	本月共　　份	本册是	凭证第　　册
张　数	本册自	第号至第	号共　　册
附　记			

负责人　　　　　　　　　　会计

图 8.4

8.2.2　会计凭证的装订

装订的范围包括原始凭证、记账凭证、科目汇总表和银行对账单。科目汇总表的工作底稿也可以装订在内，作为科目汇总表的附件。

装订就是将一札一札的会计凭证装订成册，从而方便保管和利用。装订之前，要设计一下，看一个月的记账凭证究竟订成几册为好。每册的厚薄应基本保持一致，不能把几张应属一份记账凭证附件的原始凭证拆开装订在两册之中，要做到既美观大方，又便于翻阅。

会计凭证一般每月装订一次，装订好的凭证按年分月妥善保管归档。

1. 会计凭证装订前的准备工作

① 分类整理，按顺序排列，检查日数、编号是否齐全。

② 按凭证汇总日期归集（如按上、中、下旬汇总归集），确定装订成册的本数。

③ 摘除凭证内的金属物（如订书针、大头针、回形针），对于纸张面积大于记账凭证的原始凭证，可按记账凭证的面积尺寸先自右向后，再自下向后二次折叠。注意，应把凭证的左上角或左侧面让出来，以便装订后还可以展开查阅并且能避开装订线，以便翻阅保持数字完整。对于纸张面积过小的原始凭证，一般不能直接装订，可先按一定次序和类别排列，再粘在一张同记账凭证大小相同的白纸上，粘贴时用胶水为宜。小票应分张排列，同类同金额的单据尽量粘在一起，同时在一旁注明张数和合计金额。对于纸张面积略小于记账凭证的原始凭证，可以用回形针或大头针别在记账凭证后面，待装订凭证时抽去回形针或大头针；有的原始凭证不仅面积大，而且数量多，可以单独装订，如工资单、耗料单等，但应在记账凭证上注明保管地点。

④ 整理检查凭证顺序号，如果有颠倒，要重新排列，发现缺号要查明原因。还应检查附件有无漏缺，领料单、入库单、工资、奖金发放单等是否随附齐全。

⑤ 记账凭证上有关人员（如财务主管、复核、记账、制单等）的印章是否齐全。

2. 会计凭证装订的方法

会计凭证装订前，要以其左上侧为准放齐，并准备好铁锥或订装机、线绳、铁夹、胶水、凭证封皮、包角纸等用具和材料，如图 8.5 所示。

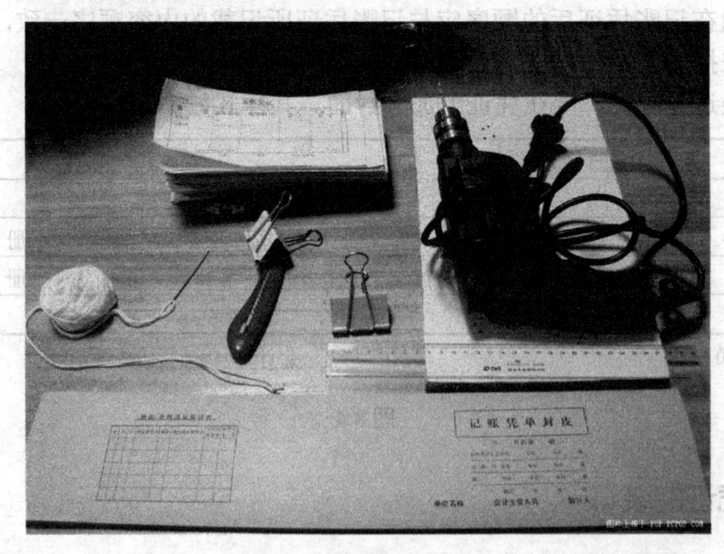

图 8.5

（1）用“三针引线法”装订

步骤 1　装订凭证应使用棉线，在左上角部位打上 3 个针眼，实行三眼一线打结。结扣应是活的，并放在凭证封皮的里面。装订时要尽可能缩小所占部位，使记账凭证及其附件保持尽可能大的显露面，以便事后查阅。

步骤 2　凭证外面要加封面，封面纸用上好的牛皮纸印制，封面规格略大于所附记账凭证。

步骤 3　一本凭证厚度一般以 1.5 至 2.0 厘米为宜——过薄，不利于戳立放置；过厚，不便于翻阅核查。凭证装订的各册，一般以月份为单位，每月订成一册或若干册。凭证少的单位，可以将若干个月份的凭证合并订成一册，然后在封面注明本册所含的凭证月份。

（2）用“角订法”装订

步骤 1　将凭证封皮和封底裁开，分别附在凭证前面和后面，再拿一张质地相同的纸（可以再找一张凭证封皮，裁下一半用，另一半为订下一本凭证备用）放在封面上角，做护角线。

步骤 2　在凭证的左上角画一边长为 5 厘米的等腰三角形，用夹子夹住，再用装订机在底线上分布均匀地打两个眼。

步骤 3　用大针引线绳穿过两个眼（如果没有针，可以将回形别针顺直），然后两端折向同一个方向，折向时将线绳夹紧，即可把线引过来，因为一般装订机打出的眼是可以穿过的。

步骤 4　在凭证的背面打结。线绳最好把凭证两端也系上。

步骤 5　将护角向左上侧面折，并将一侧剪开至凭证的左上角，然后抹上胶水。

步骤 6　向上折叠，将侧面和背面的线绳扣粘死，以上过程如图 8.6 所示。

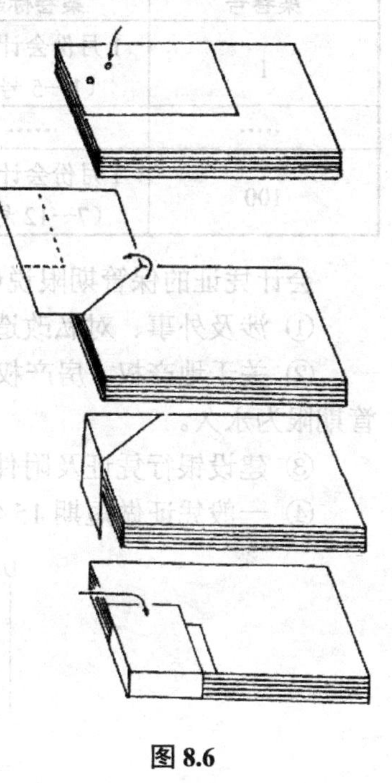

图 8.6

步骤 7　待晾干后，在凭证本的侧脊上面写上“某年某月第几册共几册”的字样。装订人在装订线封签处签名或盖章。现金凭证、银行凭证和转账凭证最好依次顺序编号，一个月从头编一次序号，如果单位的凭证少，也可以全年顺序编号。目前，有的账簿商店有一种传票盒，将装订好的凭证装入盒中码放保管，可显得整齐。

3. 会计凭证装订后的注意事项

① 每本会计凭证的封面上要填写好凭证种类、起止号码、凭证张数，并由会计主管人员和装订人员签章。

② 在封面上编好卷号，按编号顺序入柜，并要在显露处标明凭证种类编号，以便于调阅。

8.2.3 会计凭证的立卷、归档

1. 会计凭证的立卷方法

会计凭证一般按月立卷。会计人员根据凭证登记账簿后，应将各种记账凭证按时间和

原始凭证号顺序组卷，每本为一卷。凭证卷装订前要剔除金属物，编写页号，所附原始凭证可以不编号，但应折叠整齐；要填写好凭证封面和脊背（注明单位名称、年度、月份和起止日期、凭证种类、起止号码），并在封面与脊背的接封处，加盖财务专用章和装订人的印章。

2. 会计凭证的归档

记账凭证连同所附的原始凭证或原始凭证汇总表，按编号顺序折叠整齐后，按期装订成册，加具封面（见表 8.2）、封底，并完整填列封面内容，然后由装订人员签章，在装订线上加贴封条。

表 8.2　会计凭证档案卷目录（凭证）

案卷号	案卷标题	张　数	保管期限	会计经办人	备　注
1	1 月份会计凭证 （1—5 号）	100	15	陈某	
……	……				
100	1 月份会计凭证 （7—12 号）	80	15	李某	

会计凭证的保管期限说明如下。

① 涉及外事、对私改造材料，保管期限为永久。

② 关于地产权、房产权、林产的契约，证券图纸等有关货币收支凭证应单独立卷，保管期限为永久。

③ 建设银行凭证及附件的保管期限为 25 年。

④ 一般凭证做短期 15 年期整理，如图 8.7 所示。

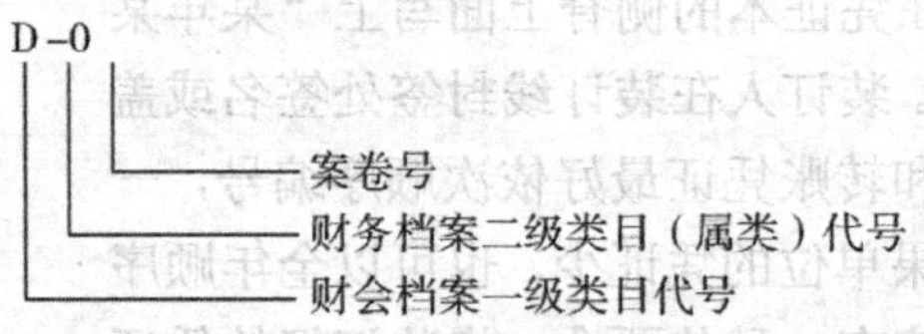

图 8.7

⑤ 保管期满但未结清的债权债务原始凭证和涉及其他未了事项的原始凭证不得销毁，应当单独抽出立卷，保管到未了事项完结时为止。

3. 归档保管，严格调阅制度

装订成册的会计凭证由单位会计部门派专人保管；当年的会计凭证，由会计部门保管一年，保管期满移交企业内部档案部门管理，如图 8.8 所示。

① 各种会计凭证应及时传递，不得积压。登记完毕后，应按照分类和编号顺序保管，不得散乱丢失。

② 对于各种记账凭证，应连同所附的原始凭证或原始凭证汇总表按照编号顺序折叠整齐，按期装订成册，并加具封面，注明单位名称、年度、月份和起讫日期、凭证种类、起讫号码，由装订人在装订线封签处签名或盖章。

图 8.8

对于数量过多的原始凭证，如收料单、发料单等，可以单独装订保管，在封面上注明记账凭证日期、编号、种类，同时在记账凭证上注明“附件另订”和原始凭证名称及编号。

各种经济合同、存出保证金收据及涉外文件等重要原始凭证应另编目录，单独登记保管，并在有关的记账凭证和原始凭证上相互注明日期与编号。

③ 原始凭证不得外借，其他单位如因特殊原因需要使用原始凭证时，经本单位领导批准，可以复制。向外单位提供的原始凭证复制件，应在专设的登记簿上登记，并由提供人员和收取人员共同签名或盖章。

④ 从外单位取得的原始凭证如有遗失，应取得原签发单位盖有公章的证明，并注明原来凭证的号码、金额和内容等，由经办单位负责人批准后，才能代做原始凭证。如果确实无法取得证明的，如火车、轮船、飞机票等凭证，由当事人写出详细情况，由经办单位负责人批准后，代做原始凭证。

8.3　会计账簿的整理和归档

8.3.1　会计账簿的概念及分类

1. 账簿的概念

会计账簿是由固定格式的账页组成，以会计凭证为依据，全面、系统、科学地记录和反映各项经济业务的会计簿籍，包括总账、明细账、日记账、固定资产卡片、辅助账簿和其他会计账簿。各单位应当按照国家统一的会计制度的规定和会计业务的需要设置会计账簿。设置和登记账簿是编制会计报表的基础，是衔接会计凭证与会计报表的中间环节，在会计核算中具有重要意义。

2. 账簿的分类

(1) 按账簿的用途分类

账簿按其用途不同，分为序时账（又称日记账）、分类账和备查账（辅助账）3种。其中，序时账又分为普通日记账和特种日记账，而特种日记账又包括现金日记账和银行存款日记账两种；分类账分为总分账和明细分类账（明细账），如图8.9和图8.10所示。

总第 37 页

应付账款　总分类账

分第____页

编号____页

2019年		凭证		摘要	借方金额										贷方金额										借与贷	余额										√
月	日	字	号		千	百	十	万	千	百	十	元	角	分	千	百	十	万	千	百	十	元	角	分		千	百	十	万	千	百	十	元	角	分	
6	1			期初余额													1	5	3	2	7	0	0	0	贷				1	9	2	0	0	0	0	
	6		5	购入A、B材料													1	0	0	0	0	0	0	0	贷			1	7	2	4	7	0	0	0	
	14		2	购入B材料																					贷			2	7	2	4	7	0	0	0	

(a)

(b)

图8.9

（a）

现金日记账　　10

2019年		凭证		摘要	对方科目	借方金额										贷方金额										余额										√
月	日	字	号	期初余额		千	百	十	万	千	百	十	元	角	分	千	百	十	万	千	百	十	元	角	分	千	百	十	万	千	百	十	元	角	分	
6	1			支付运费	材料采购																								1	9	2	0	0	0	0	
	2		2		应交税费																5	0	0	0	0			1	7	2	4	7	0	0	0	
																						3	5	0	0			2	7	2	4	7	0	0	0	
1	5	1	4	提现，发放工资	银行存款					1	4	0	0	0	0													1	4	1	3	6	5	0	0	
1	5	1	5	发放工资	应付工资														1	4	0	0	0	0						1	3	6	5	0	0	
1	8	1	9	采购员差旅费	其他应收款															4	0	0	0	0							9	6	5	0	0	

（b）

图 8.10

（2）按账簿的外表形式分类

各种账簿都具有一定的外表形式，按其外表形式的不同可分为订本式、活页式和卡片式账簿。

（3）按账簿的账页格式分类

账簿按账页格式的不同，可以分为三栏式账簿、多栏式账簿和数量金额式账簿等。

8.3.2 会计账簿的装订

1. 会计账簿装订前的整理

账簿在形成时一般都有固定的格式和明确的分类，可在年终结账后整理立卷。归档前旧账的整理工作包括检查和补齐应办的手续，如改错盖章、注销空行及空页、结转余额等。活页账应撤出未使用的空白账页，再装订成册，并注明各账页号数。

（1）整理要求

① 对订本式账簿，为了保持原貌，不用拆去空页，可按已有填写内容的页面编顺序号，或者在使用前已编上连续页号，可直接利用原有页号。

② 对活页式、卡片式账簿，在年度终了后，应拆除硬封面，抽出空页，将已记账的账页依次编好页码，另加封面、封底，装订成册。有的活页账页数较少，可将科目内容相通的账页按类别排列编号，合并装订为一册。

③ 实行会计电算化的单位，按《会计档案管理办法》第十二条，应当保存打印的纸质会计档案。

④ 对跨年度使用的账簿，应不超过5年，并放在终止年度。

⑤ 历年账簿的排列顺序应尽量一致，可采用按使用顺序或按保管期限顺序排列的方式。

（2）编号

账簿类内不再分属类，也不再分开各种保管期限，所有账簿案卷统一由若干年编案卷顺序号，即历年编一个序号，这个顺序号最大不超过4位数，如图8.11所示。

（3）填写案卷目录

账簿案卷目录可直接利用会计档案案卷目录。

（4）编目录号

账簿案卷目录号模式如图8.12所示。

（5）装硬盒

账簿整理后，用会计档案硬盒保存。

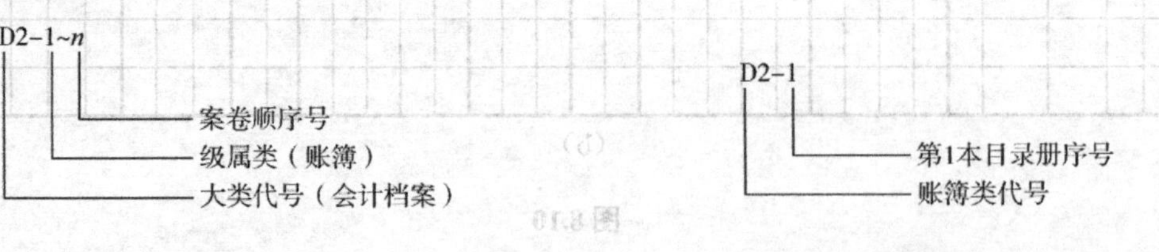

图 8.11　　图 8.12

2. 会计账簿装订的顺序及要求

会计账簿的装订顺序是：封面（见图8.13）—启用表—目录—账页—封底。订本式账簿未用完的空白账页不得取出，要保持原装100页（或50页）完整无缺。

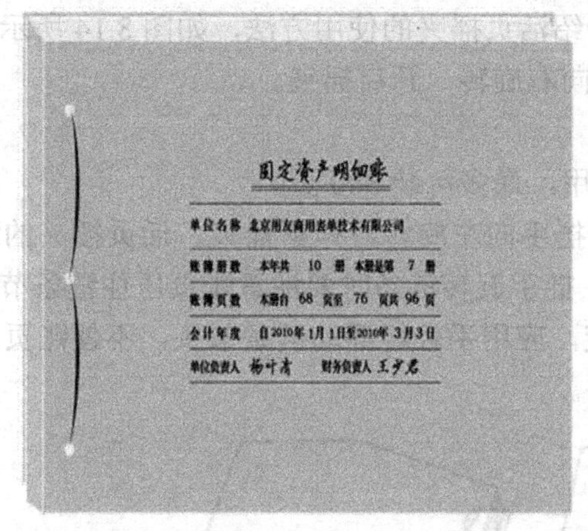

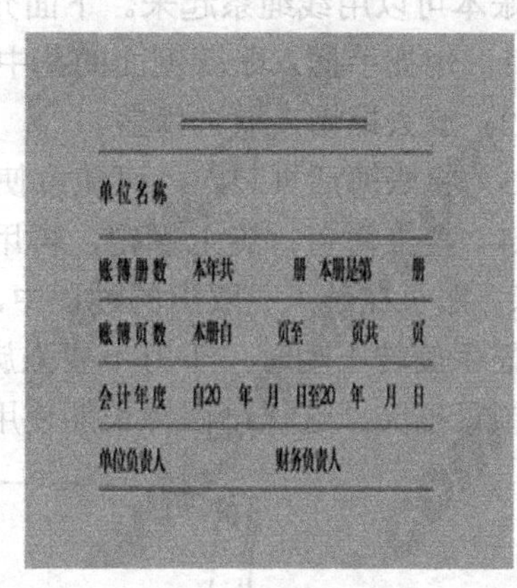

图 8.13

旧账在装订时应注意，活页账一般按账户分类装订成册，一个账户装订成一册或数册；某些账户账页较少，也可以合并装订成一册。装订时应检查账簿扉页的内容是否填写齐全。

会计账簿装订的要求是：账簿装订前，首先按账簿启用表的使用页数核对各个账户是否相符、账页数是否齐全、序号排列是否连续；然后按会计账簿封面—账簿启用表—账户目录—该账簿按页数顺序排列的账页—会计账簿装订封底的顺序装订。

(1) 活页账簿装订要求

① 保留已使用过的账页，将账页数填写齐全，去除空白页和撤掉账夹，用质地好的牛皮纸做封面、封底，装订成册。

② 多栏式活页账、三栏式活页账、数量金额式活页账等不得混装，应按同类业务、同类账页装订在一起。

③ 在本账的封面上填写好账目的种类，编好卷号，由会计主管人员和装订人（经办人）签章。

(2) 账簿装订后的其他要求

① 会计账簿应牢固、平整，不得有折角、缺角、错页、掉页、夹加空白纸的现象。

② 会计账簿的封口要严密，封口处要加盖有关印章。

③ 封面应齐全、平整，并注明所属年度及账簿名称、编号。编号为一年一编，编号顺序为总账—现金日记账—银行存（借）款日记账—分类明细账。

④ 会计账簿按保管期限分别编制卷号，如现金日记账全年按顺序编制卷号，总账、各类明细账、辅助账全年按顺序编制卷号。

3. 会计账簿装订的方法

账簿在使用过程中，应妥善保管。账簿的封面颜色同一年度内要力求统一，逐年更换颜色，以便于区分年度。这样，在找账、查账时就会比较方便；账簿内部应编好目录，建立索引。注意，应贴上相应数额的印花税税票。

由于现金日记账、银行存款日记账、总账都属于订本式账本，因此不需要再做封面，直接归档保管即可。

活页账本可以用线绳系起来。下面介绍活页摇夹的使用方法，如图8.14所示。

步骤1　用摇手插入账簿侧面的孔中向右旋转，开启摇夹。

步骤2　旋去螺帽，取去簿盖。

步骤3　将账簿活页装入，可随意使用，最多可装300页。

步骤4　覆上簿盖，旋上螺帽，再用摇手向左旋转，锁紧摇夹。活页摇夹的络链条长约50毫米。账页在装入、取出的过程中，摇手旋转链条时要注意账页压住链条节头，当账页被压住摇手旋转不动时，千万不要强旋，应用手轻轻摇动链条节头，不使账页压住，然后开启或锁紧摇夹，这样可保持长期使用。

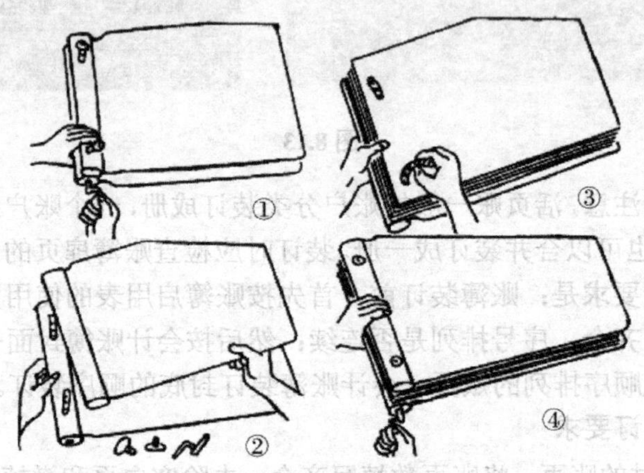

图8.14

使用摇夹的优点是比较安全，因为账簿在摇紧后，其他人员如果没有专门工具，不容易随意抽取、更换账页，从而使账页不易散失；其缺点是成本相对较高。

账簿在次年伊始，应将其装订整齐，活页账要编好科目目录、页码，用线绳系死，然后贴上封皮，在封面上写明账簿的种类、单位、时间，在账簿的脊背上，也要写明账簿种类、时间。企业业务量小的公司，账簿可以不贴口取纸；会计业务量大的公司，账簿上应该贴口取纸——可以按一级科目或材料大类，按账页顺序由前往后、自上而下地粘贴。当合起账簿时，全部口取纸应该整齐、均匀，并能够显露出科目名称。不要在账簿上下两侧贴口取纸，而应在右侧粘贴，这样可保证整齐，存档时可以竖立放置，以便抽取。

8.3.3　会计账簿的立卷、归档

1. 会计账簿的立卷

会计账簿按年度立卷，在会计年度终了时进行。账簿一般都有固定格式和明确分类，立卷时要严格按照账簿的种类进行。一本账簿为一卷，订本式账簿应保持原来面目，活页式账簿应撤出空白账页，编写页号装订成册，每本账簿均要加贴封面。

立卷是指按形成的账簿一册一卷，每本账簿在原封面右上角贴上会计档案“小标签”，并按标签上的内容填写。

如果账簿原封面太大，不能装入会计档案硬盒，那么必须拆掉封面，另换上质量较好的、合规格的软封面，再贴上“小标签”，并填写上各项内容。小标签填写模式如表 8.3 所示。

表 8.3　小标签填写模式

全总号	1	年　度	2019
目录号	D2-1	保管期限	长期
案卷号	1	页数	60
题名	现金出纳账		

对多个账户的账簿，其题名可只写主要的两三个。

还需注意的是，不得在法定的会计账册外另立会计账册。在法定会计账册之外另立会计账册，就是私立账外账。所谓私立账外账，就是在法定的会计账簿之外另设一套或多套会计账簿，将一项经济业务的核算在不同的会计账簿之间采取种种手段做出不同的反映，或者将一项经济业务不通过法定的会计账簿予以反映，而是通过另设的会计账簿进行核算，以达到隐瞒真实情况、损害国家和社会公众利益等非法目的。这是一种严重的违法行为。为此，修订后的《中华人民共和国会计法》第十五条规定，各单位发生的各项经济业务事项应当在依法设置的会计账簿上统一登记、核算，不得违反《中华人民共和国会计法》及国家统一会计制度的规定私设会计账簿登记、核算。不得另立账册是对所有行业会计的基本要求。

2. 会计账簿的归档、保管

年度终了更换并启用新账后，对更换下来的旧账要整理装订，造册归档。各种账簿与会计凭证和会计报表一样，都是重要的经济资料，必须建立管理制度，妥善保管，不得丢失和任意销毁。

账簿的管理分为平时管理和归档保管两部分。

(1) 账簿平时管理的具体要求

各种账簿要分工明确，指定专人管理。账簿经管人员既要负责记账、对账、结账等工作，又要负责保证账簿安全。会计账簿未经领导和会计负责人或有关人员批准，非经管人员不能随意翻阅或查看会计账簿。会计账簿除需要与外单位核对外，一般不能携带外出，对携带外出的账簿，一般应由经管人员或会计主管人员指定专人负责。会计账簿不能随意交与其他人员管理，以保证账簿安全和防止任意涂改账簿等问题发生。

(2) 旧账归档保管

年度终了更换并启用新账后，对更换下来的旧账要整理装订，造册归档。归档前旧账的整理工作包括以下内容。

① 检查和补齐应办的手续，如改错盖章、注销空行及空页、结转余额等。

② 活页账应撤出未使用的空白账页，再装订成册，并注明各账页号数。

装订旧账时应注意：活页账一般按账户分类装订成册，一个账户装订成一册或数册；某些账户账页较少，也可以合并装订成一册。装订时应检查账簿扉页的内容是否填写齐全，装订后应由经办人员及装订人员、会计主管人员在封口处签名或盖章。旧账装订完毕应编制目录和编写移交清单，然后按期移交档案部门保管。

各种账簿与会计凭证和会计报表一样，都是重要的经济档案，必须按照制度统一规定的保存年限妥善保管，不得丢失和任意销毁。根据《会计档案管理办法》的规定，总分类账、明细分类账、辅助账、日记账均应保存 15 年。其中，现金、银行存款日记账要保存 25 年，涉外和对私改造账簿应永久保存。保管期满后，应按照规定的审批程序报经批准后才能销毁。

8.4 财务会计报告与其他会计资料的整理和归档

8.4.1 财务会计报告的整理和归档

1. 财务会计报告的概念及组成

（1）财务会计报告的概念

财务会计报告是指单位根据经过审核的会计账簿记录和有关资料，编制并对外提供的反映单位某一特定日期财务状况和某一会计期间经营成果、现金流量的书面文件。

（2）财务会计报告的组成

根据《中华人民共和国会计法》第二十条，财务会计报告由会计报表、会计报表附注和财务情况说明书组成，如图 8.15 所示。

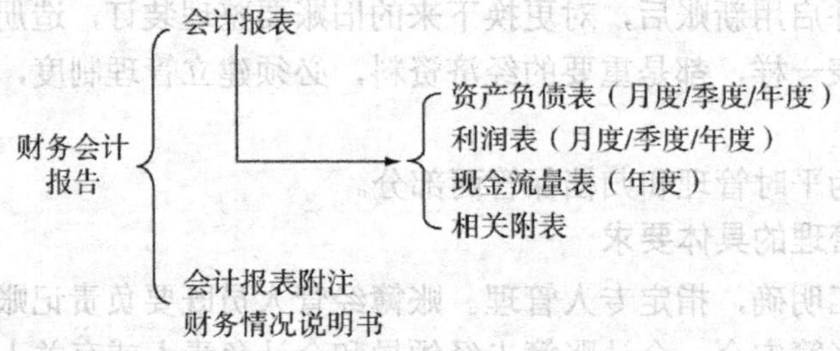

图 8.15

其中，会计报表包括资产负债表、利润表、现金流量表、所有者权益变动表等；会计报表附注包括两项内容，一是对会计报表各要素的补充说明，二是对那些会计报表中无法描述的其他财务信息的补充说明。根据《企业会计准则第 30 号——财务报表列报》的规定，会计报表附注主要包括财务报表的编制基础、遵循企业会计准则的说明、重要会计政策的说明、重要会计估计的说明、会计政策和会计估计变更及差错更正的说明等。财务情况说明书包括企业生产经营的基本情况、利润实现和分配情况、资金增减和周转情况，以及对企业财务状况、经营成果和现金流量有重大影响的其他事项等。

2. 财务会计报告的整理

由于会计报表是财务会计报告的重要组成部分，因此本书主要讲解会计报表的整理。

会计报表的档案盒封面如图 8.16 所示。

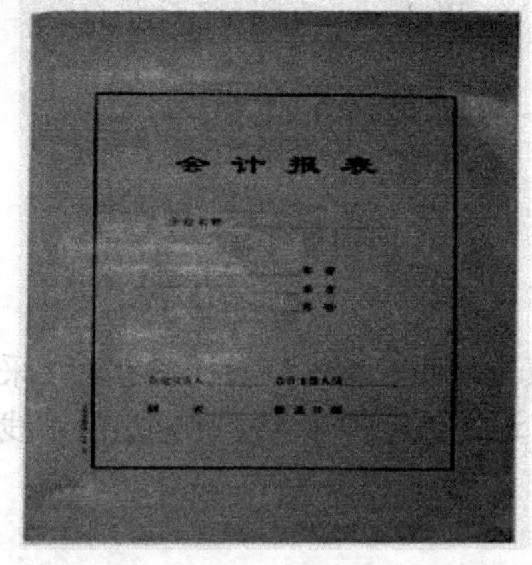

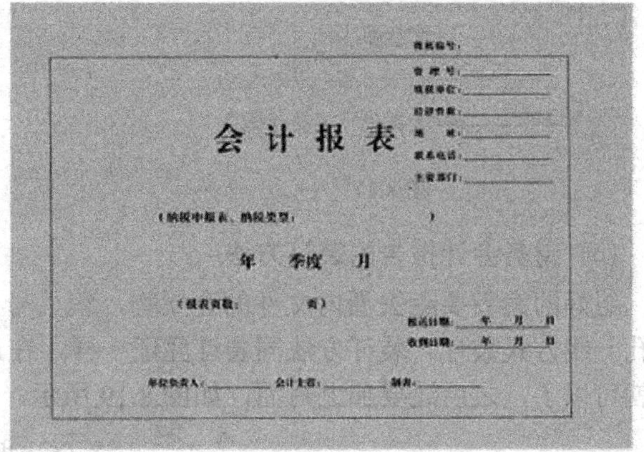

图 8.16

（1）装订前的整理

在整理报表时，对报表进行分析和说明的文字是会计报表的重要组成部分，如财务情况说明、财务报告等。审批报告、批复等要与报表一同组卷归档，并放在被说明报表前。

组好的案卷要除去卷内文件的金属物，并编页号，填写封皮、卷内目录、备考表，采用三孔一线方式装订。

（2）财务会计报告的装订要求

财务会计报告编制完成并及时报出后，留存的财务会计报告应按月装订成册，谨防丢失。财务会计报告的装订要求如下。

① 核对整理。装订前要按编报目录核对财务会计报告是否齐全，整理报表页数，将上边与左边对齐、压平，并防止折角。

② 按顺序进行装订。财务会计报告的装订顺序为封面—编制说明—各种会计报表（按会计报表的编号顺序排列）—会计报表附注—封底。

③ 编号。各种财务会计报告应根据其保管期限编制卷号。

- 编号是指报表在整理过程中排列的序号，即案卷号，如图 8.17 所示；报表按年度统一编案卷顺序号，即年度流水号。一般情况下，各单位每年形成的年报表较少，可以将本单位若干年的报表放在一起编一个案卷流水号，这个流水顺序号最多不能超过 4 位数。
- 填写封面、卷内目录。
- 卷内目录。
- 目录号的模式如图 8.18 所示，是指档案案卷目录按一定顺序编制的代号，通常由大类代号＋顺序号组成。

当案卷顺序号一截止（断开），就形成一本档案目录，应该给该本目录一个固定顺序号，即目录号。注意，账簿、凭证、工资表编目录号时也同样如此。同一大类的目录号不能重复，同一目录内案卷号不能重复。

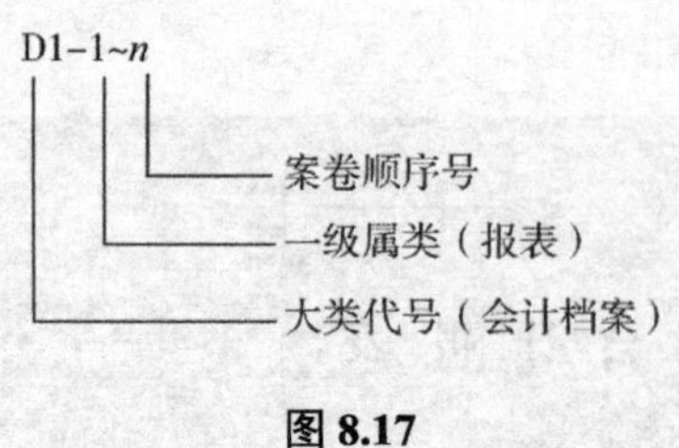

图 8.17

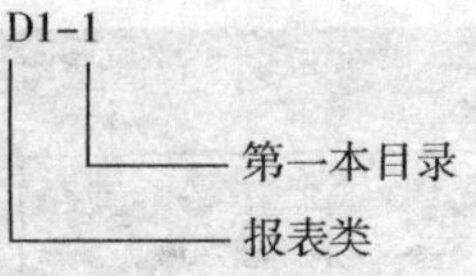

D1-1

第一本目录

报表类

图 8.18

（3）财务会计报告的装订方法

组好的案卷要除去卷内文件的金属物，编页号，填写封面、卷内目录、备考表，采用三孔一线方式装订。装订方法同装订凭证一样，在最左边均匀地打上 3 个孔，然后用线装订就可以了，之后还要加上封面，如图 8.19 所示。

财务会计报告

单位名称：××县档案局

题　　名：财务决算

保管日期：永久

图 8.19

8.4.2 其他会计资料的整理和归档

1. 其他会计资料的概念

其他会计资料包括财务收支计划，工资计算表，银行存款余额调节表和银行对账单；经济活动分析报告、审计报告，比较重要的经济合同等。这些资料不需要全部移交档案部门，有的在一个很长的时期内由财会部门保存。这就需要认真筛选，把收集起来的这些资料逐件进行鉴别，将需要移交档案部门保管存放的，另行组卷装订，按要求移交。

一般来说，其他会计资料应按照银行存款余额调节表和银行对账单类，财务收支计划类，重要合同类，会计档案保管清册和会计档案销毁清册类，会计档案移交清册和查阅登记清册类，增设或合并会计科目说明、会计科目名称对比明细表、会计印章启用交接封存或销毁材料类，财产清查类，经济活动分析、审计报告类等应保存的会计核算专业资料的顺序整理立卷，类内按照时间顺序分册或合并装订，并编制年度案卷总序号。

总之，会计资料的收集整理要规范化。卷脊、封面的内容要按统一的项目印制、填写，封面、盒、袋要按统一的尺寸、规格制作，做到收集按范围，整理按规范，装订按标准。

2. 其他会计资料的整理、归档

整理归档方法类似财务报告的整理。各种文字材料应按保管期限分开立卷，但装盒时可与报表的相应保管期限的案卷同盒装放。装订方法与报表一样。

实训 8

1．会计凭证的整理及归档的方法有哪些？

2．会计账簿的装订顺序、要求及方法有哪些？

3．根据以前练习完成的记账凭证、账簿和财务会计报告来完成以下任务。

① 按会计凭证顺序号，分两册加封面后装订并归档。

② 将各账户明细账分类编号，并将活页账页装订成册，与现金日记账、银行存款日记账和总账账簿一起归档保管。

③ 将会计报表及分析说明加装封面，并归档保管。

4．模拟实验。

资料

2019 年 5 月 28 日，刚毕业不久的小王被安排在某大学会计档案室做管理员。主管领导对他说，单位自成立以来的 40 多年的所有会计资料都在这个档案室里存放，近年来随着学校规模的不断扩大，会计资料也越来越多，希望他能够对所有的会计档案进行清理，将过期的资料整理后销毁。小王看着摆放满满的档案架，看着有的甚至比自己年龄还大的会计资料，一个初步的整理方案在心中酝酿。几天后，他把所有的会计档案全部登记在会计保管清册中，并开始分析填写各种档案的保管期限。

要求

① 请同学们一起与小王分析一下资料的情况，并填写表 8.4。

表 8.4

档案名称	建立时间	保管期限	当前是否销毁
现金日记账	2003 年		
总账	2005 年		
会计报表	1974 年		
会计档案保管清册	1980 年		
会计档案销毁清册	2011 年		
会计凭证	2013 年		
月份会计报表	2015 年		
年度决算	2018 年		

② 对准备销毁的会计资料应履行怎样的程序？

第9章 计算机开票及网络报税技能

职业教育的学习目标

根据会计工作中的纳税岗位职责要求，学生应能够正确开具增值税专用发票；及时到税务机关认证增值税进项发票；及时抄税；及时准确地在网上报税并到税务机关缴纳税款。

典型职业工作任务描述

1. 工作任务简述

根据经济业务的内容取得并认证进项税发票、及时根据销售合同开具增值税专用发票、抄税、网上报税。

2. 涉及的业务领域

原材料采购取得增值税发票、销售产品根据对方纳税人性质开具发票、进行纳税工作。

3. 其他说明

互联网远程申报对那些规模较大、实力较强、报表数据较多且又具有良好计算机应用基础的企业来说，具有很大的方便性和经济性。

职业描述

1. 工作对象

采购合同、销售合同、纳税申报表。

2. 劳动工具

计算机、打印机、税控盘、UKey。

3. 劳动场所

办公室、纳税申报大厅。

4. 资格和能力

持有会计专业技术资格证书，或者指具有会计类专业学历（学位）或相关专业学历（学位）证书，且持续参加继续教育，具备从事会计工作所需要的专业能力。

能力训练

能力训练项目名称	拟实现的能力目标	相关支撑知识	训练方式、手段及步骤
开具增值税专用发票	① 掌握填写的发票内容 ② 掌握用税控机开具发票的能力	① 原始凭证具备的要素 ② “防伪开票系统”的应用	用模拟开票系统开具增值税发票
网上报税	① 正确及时抄税 ② 准确填写申报系统中的相关表格 ③ 能够远程申报	① 抄税流程 ② 增值税申报表的填写方法 ③ 远程报税流程	用模拟远程申报系统进行网上报税

9.1　计算机开票

9.1.1　系统安装与启动

步骤 1　关闭计算机，在计算机主机中安装金税盘或税控盘。在 Windows 2000、Windows XP 或 Windows 7 系统下需要手工安装金税盘的驱动程序。

步骤 2　双击安装文件夹中的 kp-setup.exe 安装程序图标，系统运行安装向导，然后按照提示逐步完成安装。

① 在一机多票开票子系统的安装过程中，系统会提示用户输入 18 位纳税人识别号。如果税号输入错误，则无法进入系统，只能重新安装开票系统。

② 在一机多票开票子系统的安装过程中，可以通过单击“浏览”按钮，在打开的“选择”对话框文件夹中修改系统默认的安装路径。

步骤 3　安装完一机多票开票子系统后，会在桌面上出现“防伪开票”快捷图标，如图 9.1 所示。操作人员可直接双击快捷图标启动一机多票开票子系统，无须重新启动计算机。

图 9.1

步骤 4　将税控盘或金税盘插入计算机的 USB 接口中。

步骤 5　双击桌面上的“防伪开票”快捷图标，或者选择“开始”|“程序”|“防伪开票”|“防伪开票子系统 8.8”命令，便可进入增值税防伪税控系统开票子系统 V2.2.33.190318，即一机多票开票子系统。

9.1.2　开具增值税发票

1. 系统登录

步骤 1　启动系统进入系统界面后，单击“进入系统”按钮，输入密码后，单击“登录”按钮，如图 9.2 所示。系统启动并开启金税盘，开启成功后便登录到系统主界面，如图 9.3 所示。

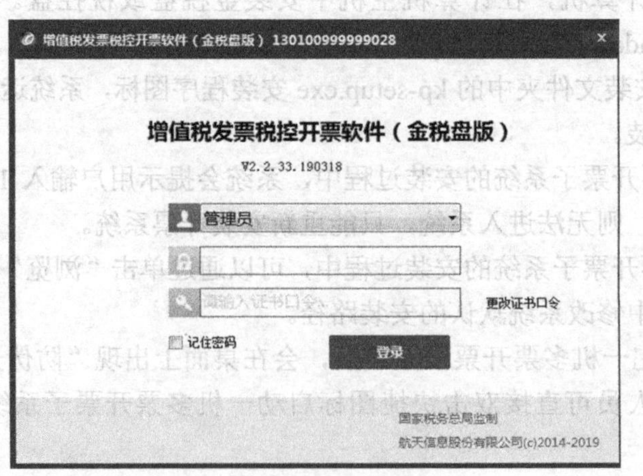

图 9.2

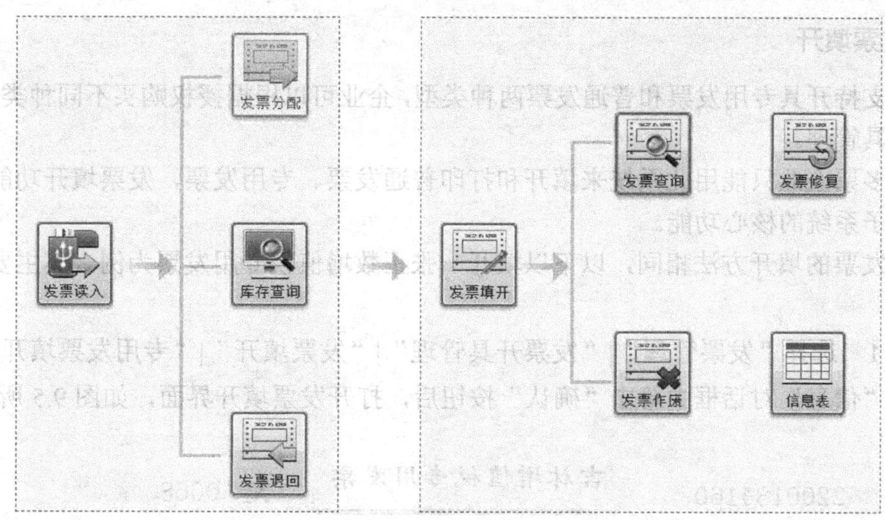

图 9.3

步骤 2　系统主界面由菜单栏、工具栏、编辑区和状态栏 4 个部分组成。“文件”菜单中包含防伪开票业务处理的 4 个功能模块——系统设置、发票管理、报税处理和系统维护，相应的工具按钮显示在工具栏中。用户可从“文件”菜单或工具栏中选择相应的功能模块，操作界面即切换为用户所选模块的窗口，用户从此模块中退出后，又会返回图 9.3 所示的系统主界面。

2. 发票管理

本模块是一级多票开票子系统的核心，用于管理销项发票的领用存信息，开具和打印密文发票，查询、作废发票，并可进行销货清单打印格式设计。

通过单击系统主界面工具栏上的“发票管理”图标，或者选择“文件”|“发票管理”命令，便可以打开“发票管理”子窗口，如图 9.4 所示。该模块的功能菜单列于主窗口菜单上，其常用的菜单功能及基本流程则以导航图的形式显示于窗口中。

图 9.4

3. 发票填开

系统支持开具专用发票和普通发票两种类型，企业可以根据授权购买不同种类的发票，并进行开具管理。

一机多票企业只能用此系统来填开和打印普通发票、专用发票，发票填开功能是一机多票开票子系统的核心功能。

两种发票的填开方法相同，以下以填开一张正数增值税专用发票为例。其主要操作步骤如下。

步骤 1　选择“发票管理”|“发票开具管理”|“发票填开”|“专用发票填开”命令，在打开的“信息”对话框中单击“确认”按钮后，打开发票填开界面，如图 9.5 所示。

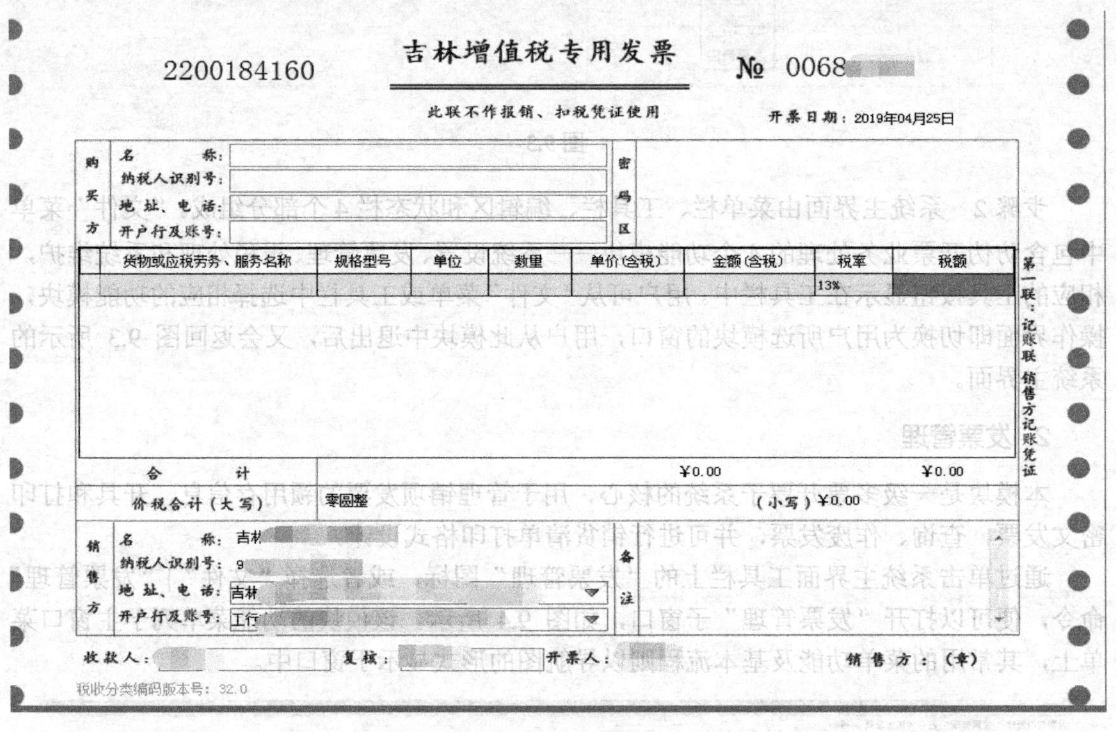

2200184160　吉林增值税专用发票　№ 0068

此联不作报销、扣税凭证使用　开票日期：2019年04月25日

购买方　名称：　纳税人识别号：　地址、电话：　开户行及账号：　密码区

货物或应税劳务、服务名称	规格型号	单位	数量	单价(含税)	金额(含税)	税率	税额
						13%	
合计					¥0.00		¥0.00
价税合计（大写）	零圆整				（小写）¥0.00		

销售方　名称：吉林　纳税人识别号：9　地址、电话：吉林　开户行及账号：工行　备注

收款人：　复核：　开票人：　销售方：（章）

第一联：记账联　销售方记账凭证

税收分类编码版本号：32.0

图 9.5

步骤 2　填写购买方信息。既可以从客户编码库中取数据，也可以在发票填开界面直接手工填写。

步骤 3　填写商品信息。既可以从商品编码库中选取，也可以在发票填开界面直接手工填写。

步骤 4　销售方信息。销售方信息，如企业名称、纳税人识别号和地址、电话等信息在系统安装时均由系统自动从金税卡生成。

步骤 5　打印发票。当发票填写完毕且检查无误时，单击工具栏上的“打印”按钮。打印出来的专用发票示意图如图 9.6 所示。

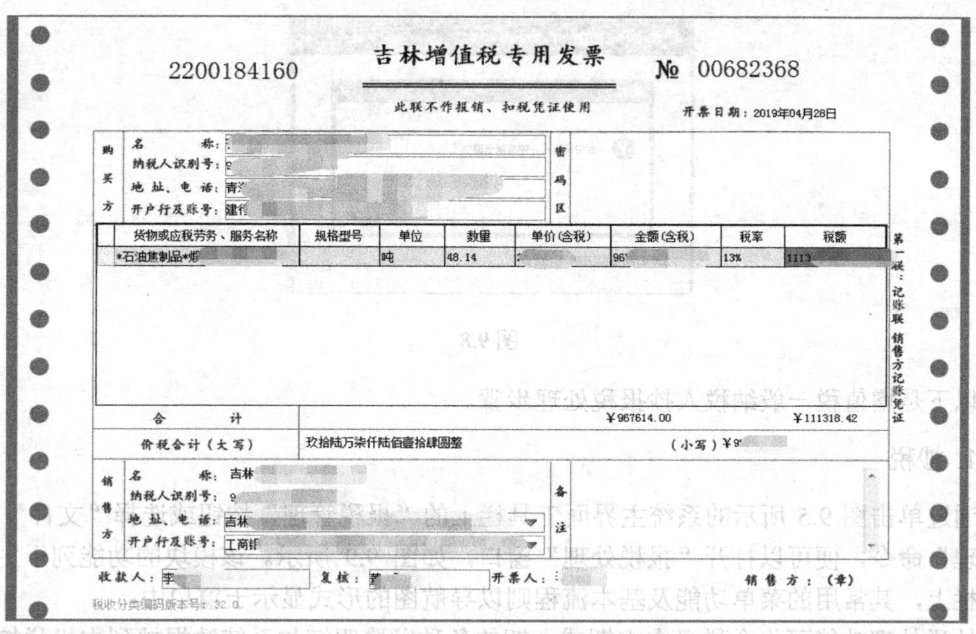

2200184160 吉林增值税专用发票 № 00682368

此联不作报销、扣税凭证使用 开票日期：2019年04月28日

购买方	名称：	密码区
	纳税人识别号：	
	地址、电话：青	
	开户行及账号：建行	

货物或应税劳务、服务名称	规格型号	单位	数量	单价(含税)	金额(含税)	税率	税额
*石油焦制品*焦		吨	48.14		96	13%	1113
合计					¥967614.00		¥111318.42
价税合计（大写）	玖拾陆万柒仟陆佰壹拾肆圆整				（小写）¥9		

销售方	名称：吉林	备注
	纳税人识别号：	
	地址、电话：吉林	
	开户行及账号：工商银	

收款人：李 复核：蒋 开票人： 销售方：（章）

税收分类编码版本号：32.0

第一联：记账联 销售方记账凭证

图 9.6

9.2 网上报税

9.2.1 抄税处理

本模块主要管理税控盘抄税和磁盘报税资料传出。另外，还具有金税卡时钟设置功能、口令设置功能、状态查询功能和发票资料统计、报税输出等功能。

小规模增值税纳税人无须抄报税，只是在征期内连接税控盘，系统就会自动上报汇总和远程清卡。如图 9.7 所示为上报汇总模块，图 9.8 所示为远程清卡模块。

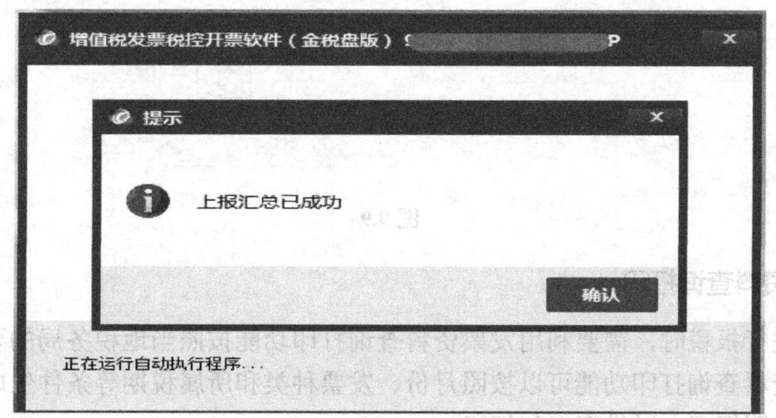

图 9.7

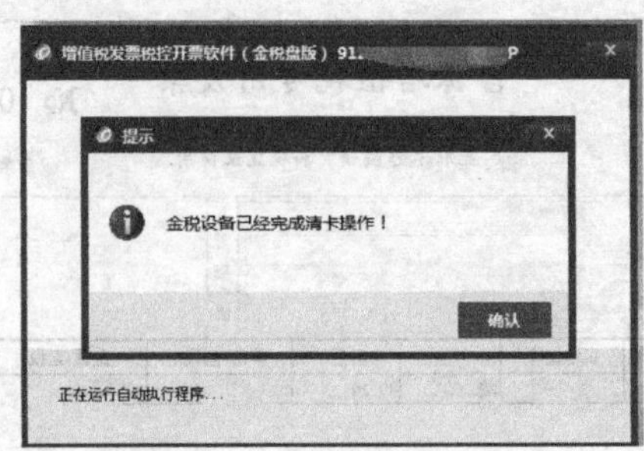

图 9.8

以下是增值税一般纳税人抄报税处理步骤。

1. 抄税

通过单击图 9.5 所示的系统主界面工具栏上的“报税管理”按钮或选择“文件”|“报税处理”命令，便可以打开“报税处理”窗口，如图 9.9 所示。该模块的功能列于主窗口工具栏上，其常用的菜单功能及基本流程则以导航图的形式显示于窗口中。

抄税处理功能可将金税盘中本期或上期的各种发票明细与系统数据抄到本机税控盘上，为报税子系统提供报税的电子数据。

步骤 1　从图 9.9 中选择“报税处理”|“上报汇总”命令或单击导航图中的“上报汇总”，弹出上报汇总成功提示，参见图 9.7。

步骤 2　完成国家税务总局吉林省税务局网上申报，单击“远程清卡”，完成税控盘抄报工作。

图 9.9

2. 发票资料查询打印

企业在进行报税时，需要利用发票资料查询打印功能按照当地税务局的要求打印各种报表。发票资料查询打印功能可以按照月份、发票种类和所属税期等条件生成销项发票的汇总表和各种明细表，以供查询和打印。

步骤 1　选择“报税处理”|“发票资料查询打印”命令，打开“发票资料查询打印”对话框，如图 9.10 所示。

步骤 2　如果需要非连续打印，即分别打印各张报表，可以在图 9.10 中选择查询选项为“发票查询”，并选择查询打印的月份、所属税期、发票种类（专用发票和普通发票）和查询选项中的一种报表，然后单击对话框中的“打印”按钮，则系统会根据选项打开相应的窗口。

步骤 3　如果需要连续打印各张报表，在图 9.11 中先选择查询选项为“连续打印”，然后单击对话框中的“确定”按钮，依次打开各个报表，引导用户进行打印。

项目名称	合计	16%	13%
销项正废金额	1700529.31	1700529.31	0.00
销项正数金额	6015853.61	4084562.46	1931291.15
销项负废金额	0.00	0.00	0.00
销项负数金额	0.00	0.00	0.00
实际销售金额	4315324.30	2384033.15	1931291.15
销项正废税额	272084.69	272084.69	0.00
销项正数税额	904597.85	653530.00	251067.85
销项负废税额	0.00	0.00	0.00
销项负数税额	0.00	0.00	0.00
实际销项税额	632513.16	381445.31	251067.85

图 9.10

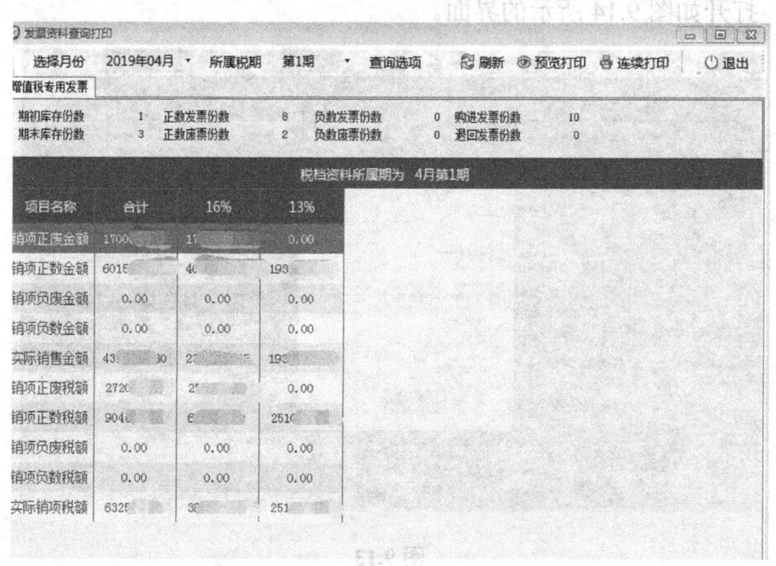

项目名称	合计	16%	13%
销项正废金额	1700	17	0.00
销项正数金额	6015	40	193
销项负废金额	0.00	0.00	0.00
销项负数金额	0.00	0.00	0.00
实际销售金额	43 [illegible] 0	23 [illegible]	193
销项正废税额	2720	27	0.00
销项正数税额	904	6	2510
销项负废税额	0.00	0.00	0.00
销项负数税额	0.00	0.00	0.00
实际销项税额	6325	3	251

图 9.11

9.2.2 网上报税处理

企业抄税成功后就要在网上报税了，网上报税的流程如下。

步骤 1　在计算机上插上报税所用的 UKey，会打开如图 9.12 所示的对话框。

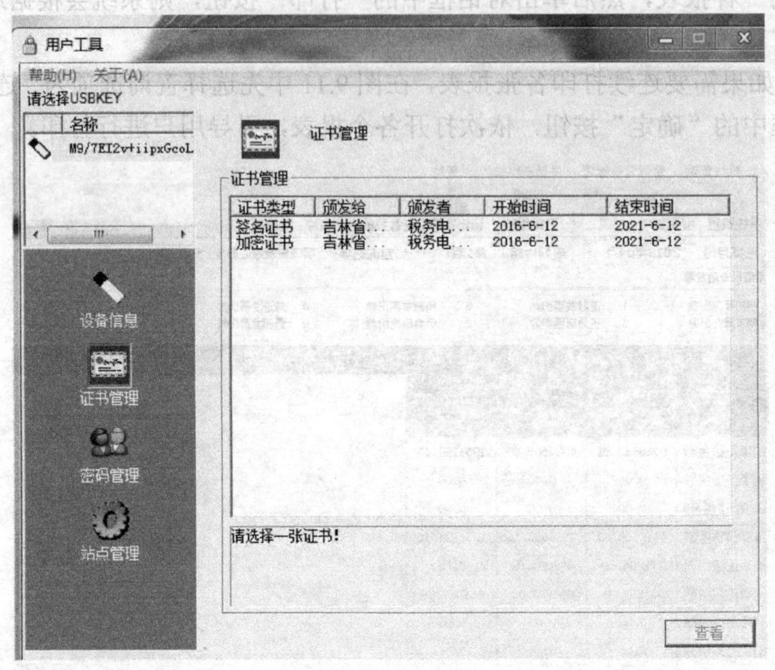

图 9.12

步骤 2　登录国家税务总局吉林省电子税务局，输入 8 位密码，如图 9.13 所示。单击“登录”按钮，打开如图 9.14 所示的界面。

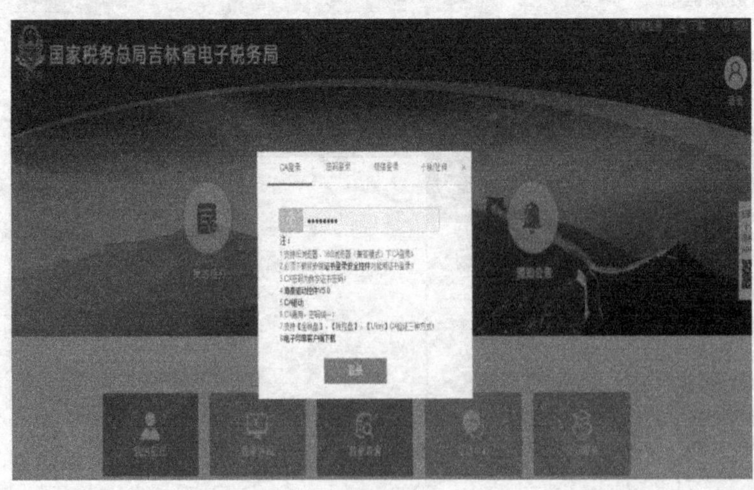

图 9.13

图 9.14

步骤 3　进入申报界面，单击“我要办税”中的“税费申报及缴纳”按钮，如图 9.15 所示。

图 9.15

步骤 4　进入税费申报及缴纳中的“增值税申报”，在“增值税申报”中单击“增值税一般纳税人申报”，如图 9.16 所示。

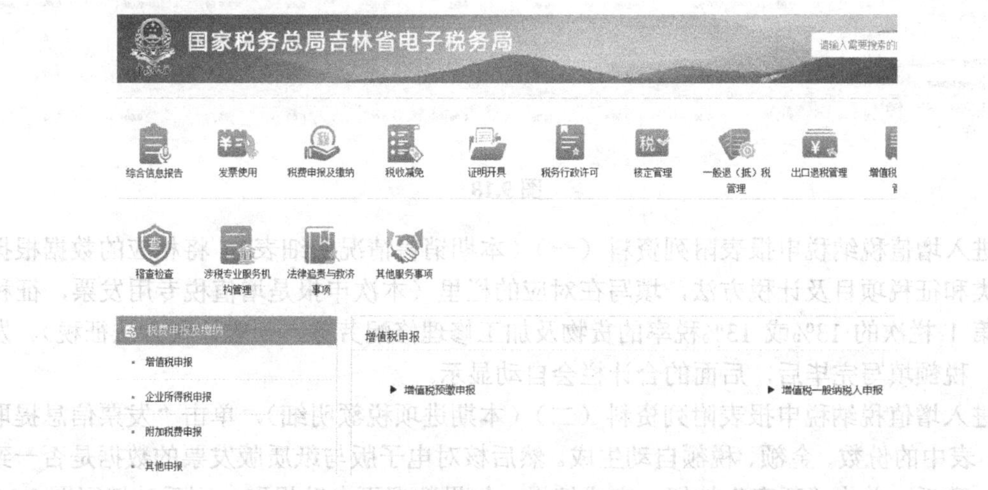

图 9.16

步骤 5　开始填写增值税纳税申报表，如图 9.17 所示。

主附表切：增值税纳税申报表（一般纳税人适用）　暂存　申报(S)　作废　打印(P)　发票信息提取　发票信息清空

纳税人信息

* 申报类型	正常申报	* 申报日期	2019-04-23
* 纳税人识别号	91	纳税人名称	吉
* 所属时期起	2019-03-01	至	2019-03-31

增值税（适用于一般纳税人）-申报信息

项目		栏次	一般项目		即征
			本月数	本年累计	本月数
销售额	（一）按适用税率计税销售额	1	2,384,033.15	6,211,155.31	0.0
	其中：应税货物销售额	2	0.00	0.00	0.0
	应税劳务销售额	3	0.00	0.00	0.0
	纳税检查调整的销售额	4	0.00	0.00	0.0
	（二）按简易征收办法计税销售额	5	0.00	0.00	0.0
	其中：纳税检查调整的销售额	6	0.00	0.00	0.0
	（三）免、抵、退办法出口销售额	7	0.00	0.00	-
	（四）免税销售额	8	0.00	0.00	-
	其中：免税货物销售额	9	0.00	0.00	-
	免税劳务销售额	10	0.00	0.00	-
	销项税额	11	381,445.31	993,784.85	0.0
	进项税额	12	608,908.30	850,239.93	0.0

图 9.17

步骤 6　填写顺序为增值税申报表附列资料（附表一）、增值税申报表附列资料（附表二）、主表，如图 9.18、图 9.19、图 9.20 所示。

主附表切：增值税纳税申报表附表一（本期销售情况明细表）　暂存　申报(S)　作废　打印(P)　发票信息提取　发票信息清空

增值税纳税申报表附列资料（附表一）

一、按适用税率征收增值税货物及劳务的销售额和销项税额明细

项目及栏次				开具增值税专用发票		开具其他发票		未开具发票		纳税检查调整		合计		
				销售额	销项(应纳)税额	销售额	销项(应纳)税额	销售额	销项(应纳)税额	销售额	销项(应纳)税额	销售额	销项(应纳)税额	价税合计
				1	2	3	4	5	6	7	8	9=1+3 +5+7	10=2+4 +6+8	11=9+10
一、一般计税方法计税	全部征税项目	16%税率的货物及加工修理修配劳务	1	0.00	0.00	0.00	0.00	2,384,033.16	381,445.31	0.00	0.00	2,384,033.16	381,445.31	--
		16%税率的服务、不动产和无形资产	2	0.00	0.00	0.00	0.00	0.00	0.00	0.00	0.00	0.00	0.00	0.00
		13%税率	3	0	0	0	0	0	0	0	0	0	0	--
		10%税率的货物及加工修理修配劳务	4a	0.00	0.00	0.00	0.00	0.00	0.00	0.00	0.00	0.00	0.00	--
		10%税率的服务、不动产和无形资产	4b	0.00	0.00	0.00	0.00	0.00	0.00	0.00	0.00	0.00	0.00	0.00

图 9.18

进入增值税纳税申报表附列资料（一）（本期销售情况明细表），将相应的数据根据发票种类和征税项目及计税方法，填写在对应的栏里（本次申报是增值税专用发票，征税项目是第 1 栏次的 13%或 13%税率的货物及加工修理修配劳务，一般计税方法征税）。发票金额、税额填写完毕后，后面的合计栏会自动显示。

进入增值税纳税申报表附列资料（二）（本期进项税额明细），单击“发票信息提取”按钮，表中的份数、金额、税额自动生成。然后核对电子版与纸质版发票的数据是否一致，确定一致后，单击“暂存”按钮，完成填报。如果数据不自动提取，则手动填写图 9.19 中“四、其他”项目。

主附表切换: 增值税纳税申报表附表二（本期进项税额明细表） | 暂存 | 申报(S) | 作废 | 打印(P) | 发票信息提取 | 发票信息清空

增值税纳税申报表附列资料(附表二)

一、申报抵扣的进项税额

项目	栏次	份数	金额
（一）认证相符的增值税专用发票	1=2+3	9	3,948,931.00
其中：本期认证相符且本期申报抵扣	2	9	3,948,931.00
前期认证相符且本期申报抵扣	3	0	0.00
（二）其他扣税凭证	4=5+6+7+8a+8b	0	0.00
其中：海关进口增值税专用缴款书	5	0	0.00
农产品收购发票或者销售发票	6	0	0.00
代扣代缴税收缴款凭证	7	0	--
加计扣除农产品进项税额	8a	--	--
其他	8b	0	0.00
（三）本期用于购建不动产的扣税凭证	9	0	0.00
（四）本期不动产允许抵扣进项税额	10	--	--
（五）外贸企业进项税额抵扣证明	11	--	--
当期申报抵扣进项税额合计	12=1+4-9+10+11	9	3,948,931.00

二、进项税额转出额

三、待抵扣进项税额

项目	栏次	份数	金额	税额
（一）认证相符的税控增值税专用发票	24	—	—	—
期初已认证相符但未申报抵扣	25	0	0.00	0.00
本期认证相符且本期未申报抵扣	26	0	0.00	0.00
期末已认证相符但未申报抵扣	27	0	0.00	0.00
其中：按照税法规定不允许抵扣	28	0	0.00	0.00
（二）其他扣税凭证	29=30至33之和	0	0.00	0.00
其中：海关进口增值税专用缴款书	30	0	0.00	0.00
农产品收购发票或者销售发票	31	0	0.00	0.00
代扣代缴税收缴款凭证	32	0	—	0.00
其他	33	0	0.00	0.00
	34	—	—	—

四、其他

项目	栏次	份数	金额	税额
本期认证相符的税控增值税专用发票	35	6	430387.95	68862.05
代扣代缴税额	36	—	—	0.00

图 9.19

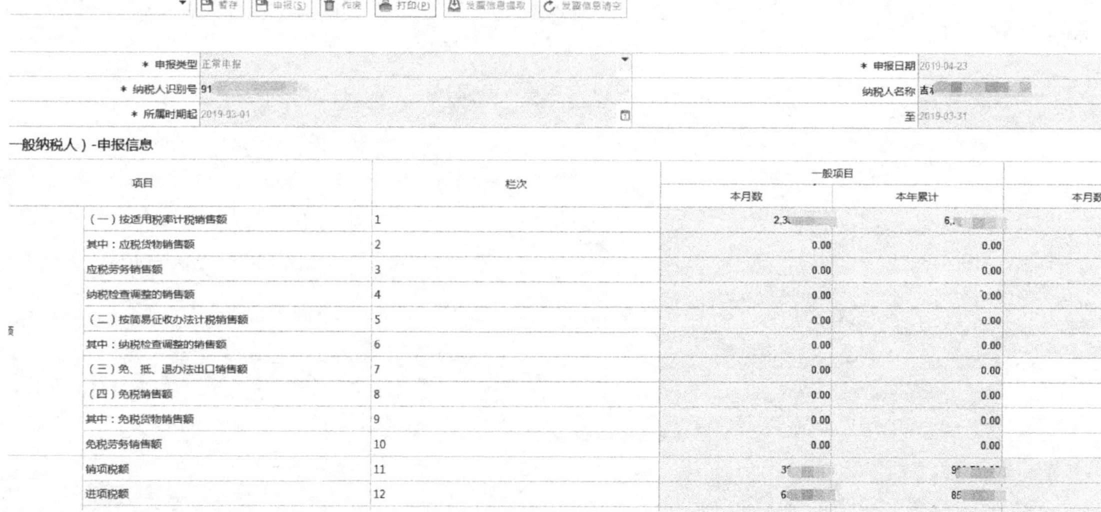

暂存 | 申报(S) | 作废 | 打印(P) | 发票信息提取 | 发票信息清空

* 申报类型	正常申报	* 申报日期	2019-04-23
* 纳税人识别号	91[illegible]	纳税人名称	吉[illegible]
* 所属时期起	2019-03-01	至	2019-03-31

一般纳税人）-申报信息

项目	栏次	一般项目 本月数	一般项目 本年累计	本月数
（一）按适用税率计税销售额	1	2,3[illegible]	6,[illegible]	
其中：应税货物销售额	2	0.00	0.00	
应税劳务销售额	3	0.00	0.00	
纳税检查调整的销售额	4	0.00	0.00	
（二）按简易征收办法计税销售额	5	0.00	0.00	
其中：纳税检查调整的销售额	6	0.00	0.00	
（三）免、抵、退办法出口销售额	7	0.00	0.00	
（四）免税销售额	8	0.00	0.00	
其中：免税货物销售额	9	0.00	0.00	
免税劳务销售额	10	0.00	0.00	
销项税额	11	3[illegible]	9[illegible]	
进项税额	12	6[illegible]	85[illegible]	

图 9.20

主表数据是根据前面附列资料（一）、附列资料（二）的数据自动生成的。

步骤7　单击“暂存”和“申报”按钮，完成申报（图标显示灰色），界面见图9.20。

增值税一般纳税人申报完毕后，还需要申报利润表、现金流量表、资产负债表。

实训9

1. 企业为开具增值税专用发票需要安装的软件名称是什么？
2. 企业开具增值税专用发票分为哪几个步骤？
3. 企业抄税的含义是什么？
4. 增值税一般纳税人申报，是按报税顺序从下往上依次申报的吗？
5. 进入2013版增值税纳税申报主表后，此表上的数据是根据什么表上的数据生成的？

附录A

珠算技术等级鉴定标准

1. 鉴定等级的类型与级别的确定

珠算技术等级分为两个等级十二级别，即能手级 6 个级别（按从高到低的级别排列：能手一、二、三、四、五、六级）和普通级 6 个级别（按从高到低的级别排列：普通一、二、三、四、五、六级）。

合格等级的确定：加减、乘、除三项，按对题数最低一项确定级别，不能以三项平均对题数确定级别。

（1）能手级鉴定

能手级鉴定实行一套题，按完成正确题数确定 6 个级别。

能手级保留小数四位，以下四舍五入。

达到级别	＋－		×		÷	
	总题数	对题数	总题数	对题数	总题数	对题数
能手一级	20	18	20	18	20	18
能手二级	20	16	20	16	20	16
能手三级	20	14	20	14	20	14
能手四级	20	12	20	12	20	12
能手五级	20	10	20	11	20	11
能手六级	20	8	20	10	20	10

（2）普通级鉴定

普通级鉴定是两套题鉴定 6 个级别，即普通一级题鉴定一、二、三级，普通四级题鉴定四、五、六级。

普通级保留小数两位，以下四舍五入。

达到级别	＋－		×		÷		
	总题数	对题数	总题数	对题数	总题数	对题数	题型
普通一级	10	9	10	9	10	9	普通一级题型
普通二级	10	8	10	8	10	8	
普通三级	10	6	10	6	10	6	
普通四级	10	8	10	8	10	8	普通四级题型
普通五级	10	7	10	7	10	7	
普通六级	10	6	10	6	10	6	

2. 鉴定注意事项

① 鉴定时间为：加减算 10 分钟，乘除算各 5 分钟，合并一场鉴定时间为 20 分钟。

② 鉴定时要按顺序运算，不能跳题。

③ 有下列情况之一的做错题论。

- 任意涂改数字，没有使用划线更正法。
- 一题有两个答案的。
- 小数点漏点或错点的，以及分节号错点的。
- 按规定小数点该入不入、该舍不舍的。

附录 B

全国珠算技术等级鉴定能手级试卷

加减算（一）

一	二	三	四	五
71 394.82	26 479 510.83	7 194 528.06	93 725 461.02	894 652.31
48 209 651.37	521 409.67	45 067.19	3 609.45	9 841.07
3 579.60	4 306 921.85	368 975.42	935 718.24	32 095.76
506 741.89	8 532.17	64 925 387.01	28 091.37	6 753 214.08
2 748 105.36	69 820.34	8 016.32	−7 312 856.04	90 612 845.37
1 846.57	1 036 594.27	91 832.06	85 741 369.20	836 104.95
5 120 974.38	53 281.60	12 643 578.90	−607 298.35	−3 271 895.60
95 062.13	13 098 745.26	537 621.84	−8 364.20	5 364.27
864 329.07	2 468.79	6 028 147.95	49 803.12	−15 298 407.63
60 379 842.51	984 015.37	9 573.04	−5 097 146.23	24 019.78
9 134 765.02	7 620.14	50 248.76	1 670.45	−405 278.19
40 967 251.83	39 105.78	149 685.03	−386 591.74	2 079 456.83
14 087.39	8 753 942.16	40 635 198.27	50 238 679.41	−6 504.39
3 258.06	602 859.34	2 780 539.61	−79 281.05	19 854 360.27
685 917.42	30 849 625.17	7 194.23	4 193 857.26	−71 648.32
六	七	八	九	十
43 907 685	78 936	9 182	1 807 523	206 314
92 751	8 015 462	463 705	326 819	69 410 758
3 264 810	4 103	13 504 892	60 913 754	42 683
8 365	529 867	75 326	98 642	2 791 530
907 241	28 715 043	8 710 964	5 074	8 975
5 032	57 964	985 146	7 231 698	−92 684 710
20 691 358	3 016	69 508	−857 261	3 098 671
149 786	1 708 342	47 615 320	6 395	−65 403
3 708 519	80 529 136	7 032	−49 851 036	513 084
67 124	942 785	2 974 381	24 507	−1 290
70 849 561	1 974	10 598	−6 092 375	40 523

（续表）

六	七	八	九	十
5 307 624	41 023 798	6 439	875 214	−5 927 138
83 912	352 680	3 047 692	−4 903	89 410 762
6 051	60 345	825 071	19 485 360	−384 576
249 378	7 618 952	54 172 369	−21 847	7 962
89 403 216	93 516	3 028	5 468 309	−142 635
2 536 170	8 721	83 576 201	−3 657	56 271
1 328	609 345	54 689	76 289 531	−9 087
709 564	97 540 281	2 431 097	−901 482	8 603 914
45 987	2 74 860	976 415	24 170	70 542 893

加减算（二）

一	二	三	四	五
803 579.42	1 984.56	72 690 453.18	9 410 283.57	13 294.86
9 082.16	4 596 312.87	513 987.02	87 651.93	64 531 987.02
40 951 673.28	847 209.36	36 840.59	1 864.50	8 053 196.47
2 790 465.13	75 813.02	4 781.62	706 391.24	207 685.13
36 014.75	65 923 107.48	6172 049.53	90 132 857.46	3 520.49
7 201.94	91 782.03	921 584.36	75 639.81	−50 326 894.71
1 524 398.76	57 632 801.49	6 942.07	−45 230 816.97	458 073.92
610 852.34	4 065 283.71	96 053 781.24	6 270.34	−94 186.05
54 283 976.10	6 794.85	10 473.85	−2 915 083.46	7 432 960.18
76 093.58	541 306.29	7 296 385.01	508 162.94	−3 417.82
503 768.14	31 654 792.08	19 032.57	−4 279.85	18 569.70
32 091.67	9 061 475.32	3 814.26	34 219 785.06	−570 913.62
24 871 963.50	72 834.95	2 486 537.09	−106 372.95	2 354.16
9 805.24	208 596.41	86 275 309.41	5 084 921.37	−7 238 695.40
6 284 197.53	1 680.37	409 728.56	−68 740.13	41 309 278.65
六	七	八	九	十
416 859	5 206	49 360 157	1 069	716 943
95 784	71 354 620	2 537 498	62 105 897	34 076
2 370	3 086 519	982 043	274 583	10 927 458
7 410 269	98 267	6 157	58 934	5 698 213
56 128 370	431 879	12 408	6 471 023	9 028
37 215	9 385 021	26 379 850	30 581	−8 195 273
6 928	123 478	5 430 761	−103 642	308 529
9 708 645	6 059	14 892	2 596	−40 613
570 134	29 804 765	8 750	−40 396 857	10 365 472
34 061 298	73 641	634 921	7 162 543	−6 527
209 786	27 054 836	8 259 346	−9 857	58 439

（续表）

六	七	八	九	十
82 057 341	89 241	3 789	871 403	−981 304
1 534	190 427	72 106	−3057921	6 147
89 376	3 906 571	654 012	96 728 540	−86 924 087
6 901 524	5 836	14 530 789	−81 462	2 891 607
296 048	60 598	7 869 503	−71 396 508	−718 593
46 950 713	8 043 217	4 789	−8 950	97 058
1 293 568	410 968	90 671 248	54 762	−2 604
82 704	2 573	560 123	−423 671	40 325 961
7 513	37 429 615	32 415	3 048 912	6 814 237

乘除算试卷

乘　算

要求保留 2 位小数，以下四舍五入。

1	7 520×3 614＝
2	4.527 69×0.108 3＝
3	3 874×6 295＝
4	4.726 13×0.850 9＝
5	9 072×43 851＝
6	60 137×9 528＝
7	0.258 1×7 603.94＝
8	9 028×5 371＝
9	3.045 96×0.201 87＝
10	70 869×643 521＝
11	1 953×42 768＝
12	9.601 48×234.75＝
13	2 374×51 690＝
14	650.42×0.198 7＝
15	3 201×9 864＝
16	3 201×9 864＝
17	5.843 1×7.290 6＝
18	1 340×298 765＝
19	8.975 3×140.26＝
20	56 981×3 704＝

除　算

要求保留2位小数，以下四舍五入。

1	346 802 638÷71 906＝
2	51 308 838÷5 634＝
3	206.968 7÷260.85＝
4	682 037 496÷357 462＝
5	32.923 7÷47.32＝
6	4 006.435 96÷70.31＝
7	228.085 7÷26.04＝
8	500.209 6÷527.31＝
9	47 813 436÷7 953＝
10	835 615 820÷3 965＝
11	1 382 204 700÷16 092＝
12	1 515 079 368÷47 058＝
13	861 712 085÷64 802＝
14	634 349 732÷8 341＝
15	7.077 55÷67.89＝
16	172 616 555÷8 497＝
17	3.930 4÷9.085 1＝
18	698.260 03÷1 378.92＝
19	325 456 827÷9 281＝
20	2 075 673 848÷2 104＝

附录 C

全国珠算技术等级鉴定试卷

普通六级试卷

加减算				
一	二	三	四	五
5 016	1 043	72	72	375
69	517	2 901	7 814	1 950
901	45	594	61	71
43	283	16	7 854	834
8 972	65	802	960	－98
97	8 609	36	－89	1 826
2 738	26	4 879	358	－61
102	301	13	－43	4 098
65	1 743	501	9 032	－302
126	97	3 458	－27	94
84	769	27	501	－207
4 850	42	609	－1 380	64
35	9 028	95	46	－7 645
754	83	6 374	－652	53
六	七	八	九	十
205	859	106	9 031	6 139
17	93	59	143	93
784	5 468	415	－84	40 275
47	94	24	493	3 142
3 816	5 439	6 402	－75	－14
52	367	36	6 908	4 897
623	48	721	－95	－189
5 082	206	6 072	207	57
96	63	38	－6 012	－362
679	8 017	890	51	86

（续表）

六	七	八	九	十
85	72	75	−367	−2 860
9 014	105	9 483	28	56
23	7 015	51	5 084	705
3 071	27	1 839	72	

乘算	要求保留两位小数，以下四舍五入	除算	要求保留两位小数，以下四舍五入
一	63×12＝	一	1 220÷61＝
二	798×50＝	二	3 880÷97＝
三	54×81＝	三	1 334÷46＝
四	81×263＝	四	3 276÷39＝
五	475×98＝	五	980÷10＝
六	12×469＝	六	702÷54＝
七	31×50＝	七	4 756÷78＝
八	97×634＝	八	925÷25＝
九	20×37＝	九	2 250÷30＝
十	806×75＝	十	4 592÷82＝

普通五级试卷

加减算				
一	二	三	四	五
349	718	3 601	340	4 805
937	418	810	5 026	−340
2 109	8 463	1 286	−234	203
913	654	962	7 015	850
1 208	4 065	536	851	−486
350	854	615	−5 764	9 045
589	9 461	432	459	279
426	310	2 579	647	−8 067
6 517	129	798	−920	641
496	792	2 074	692	329
8 352	372	793	1 839	−935
206	9 037	305	−317	7 163
6 874	270	648	2 843	671
510	5 728	8 571	987	5 217
784	305	940	−108	129

（续表）

六	七	八	九	十
7 891	165	249	6 521	526
235	624	763	−278	760
381	496	671	137	−942
574	5 178	1 387	951	7 092
942	804	619	−1 094	416
2 058	7 145	9 054	406	−6 574
431	581	328	7 934	498
6 284	864	1 839	−307	243
329	257	425	5 894	−736
674	6 304	940	604	2 908
805	980	236	−563	352
5 768	3 092	305	387	−1 073
419	703	8 427	861	302
9 360	3 925	508	−4 195	8 917
106	192	7 160	802	−581

乘算 要求保留两位小数，以下四舍五入		除算 要求保留两位小数，以下四舍五入	
一	128×53＝	一	11 270÷805＝
二	630×852＝	二	1 940÷97＝
三	785×20＝	三	16 692÷214＝
四	51×762＝	四	2.887 2÷0.43＝
五	209×714＝	五	4 160÷52＝
六	0.847 6×0.31＝	六	68 740÷76＝
七	25×908＝	七	1 967÷38＝
八	98×430＝	八	5 306÷14＝
九	417×67＝	九	2.563 07÷6.02＝
十	0.36×0.498 5＝	十	5 785÷89＝

普通四级试卷

加减算				
一	二	三	四	五
691 857	185	5 219	245	327 698
916	5 618	152 706	320 971	−512
89 768	751	260	−239	2 439
1 056	8 210	6 742	94 605	947
375 412	936	435	5 381	−4 053
148	1 067	3 071	−194 036	748
4 837	37 890	734	628	1 582
243	869	5 013	8 936	−82 379
4 670	4 391	26 954	−601	290
743	203	819	4 027	1 053
8 254	608 742	6 981	104	−671
93 206	204	678	−4 785	576 410
209	72 495	138 029	38 607	805
8 051	5 236	890	795	−64 089
309	452 397	98 425	−5 872	3 691

（续表）

六	七	八	九	十
26 318	9 027	69 812	4 073	320 451
156	791 342	1 680	123 804	−835
2 617	403	378 215	−780	5 728
526	3 917	690	5 067	405
623 017	803	8 073	879	−1 068
794	1 295	279	−3 957	840
90 317	867	8 702	815	6 015
8 403	2 076	147	6 284	−97 641
403 597	63 495	7 526	−54 976	389
648	514	41 893	209	9 654
1 823	4 380	731	6 123	−295
985	659	9 065	−210	129 578
8 590	571 268	546	945 637	693
354	310	945 803	794	−43 072
4 920	24 567	542	−32 641	7 631

乘算	要求保留两位小数，以下四舍五入	除算	要求保留两位小数，以下四舍五入
一	21×3 068＝	一	19 082÷329＝
二	168×520＝	二	2.087 2÷0.51＝
三	0.16×0.820 3＝	三	249 150÷906＝
四	809×564＝	四	43 848÷72＝
五	40×9 781＝	五	188 235÷235＝
六	9 057×24＝	六	41 904÷97＝
七	0.523 1×0.78＝	七	1.527 4÷1.65＝
八	6 378×419＝	八	267 652÷847＝
九	7 045×13＝	九	31 278÷401＝
十	382×6 795＝	十	105 792÷608＝

普通三级试卷

加减算

一	二	三	四	五
38 269	4 605	59 821	360 917	745 961
2 481	478 593	8 932	169	−17 045
481 603	10 652	239 085	−98 321	596
62 071	701	40 568	6 089	967 854
207	413 956	186	860 145	−81 923
723 951	50 436	302 751	−46 190	5 207
95 723	3 597	79 246	934	56 013

（续表）

加减算				
一	二	三	四	五
3 972	42 367	6 761	207 345	−482
96 150	896	90 478	−72 453	149 835
708	982 317	841	3 618	4 910
809 671	7 095	423 506	57 420	−59 652
5 146	54 381	5 740	−718	635 708
84 539	871 920	70 319	478 526	321
127 054	184	139 615	2 782	63 407
436	28 703	327	−59 602	2 370
六	七	八	九	十
287.93	950.78	4 018.62	958.37	7 084.91
9.78	8.17	1.30	89.25	−507.39
7 358.49	3 861.50	640.18	−527.38	60.18
12.85	40.13	12.85	3.96	803.21
786.53	839.52	4 035.98	1 429.70	−9.87
4 913.47	5 082.93	351.79	−94.07	3 975.04
5.93	1.59	5.12	437.15	40.53
840.27	206.94	2 079.48	7 215.06	−516.24
26.14	42.96	963.62	−63.18	8 372.68
9 260.83	3 087.45	74.35	210.84	6.52
842.16	563.17	917.56	478.32	−268.35
6.05	7.64	2.758	−7 491.65	14.69
1 095.62	6 708.89	271.63	580.43	4 286.35
514.06	974 365	60.94	1.36	−124.60
31.70	29.14	846.72	−2 396.80	9.01

乘算 要求保留两位小数，以下四舍五入		除算 要求保留两位小数，以下四舍五入	
一	920×615＝	一	3 201 576÷532＝
二	7.453 1×8.06＝	二	25.1841÷6.17＝
三	240×9 863＝	三	381 190÷620＝
四	9 678×542＝	四	231 168÷384＝
五	4.05×7.38＝	五	136 964÷706＝
六	156×3 049＝	六	47.613 5÷9.47＝
七	603×251＝	七	226 229÷269＝
八	5 971×406＝	八	34 335÷105＝
九	3.28×1.79＝	九	81.545 2÷5.72＝
十	864×23 507＝	十	1 113 286÷4 398＝

普通二级试卷

加减算

一	二	三	四	五
950 714	25 049	531 790	7 346 015	4 067
79 085	9 521	92 317	−638 049	7 069 534
157 430	195 671	175 928	4 809 631	−642 371
352 819	4 369	57 430	63 084	7 109 462
6 375	210 347	3 685	−5 408	98 726
5 042 916	98 152	2 065 194	31 962	−4 509
891 053	3 984	749 825	9 457	139 872
3 687 925	279 421	9 437 016	−549 712	2 951
40 736	65 302	10 478	35 276	−980 213
6 318	416 830	8 519	8 051	57 638
713 246	80 417	702 843	−152 736	8 351
7 082	6 048	4 286	41 928	−349 518
541 620	8 437 916	365 012	270 869	24 380
29 487	708 693	32 674	−94 126	602 415
4 672	3 675 802	6 503	8 072	−56 280
六	**七**	**八**	**九**	**十**
9 038.76	803.41	15.32	3 069.74	86.15
693.20	14.03	5 640.21	−183.29	1 340.69
3 067.94	5 768.91	415.36	96.72	−271.03
492.07	25.08	5 017.89	8 549.37	34.50
79.52	5 260.81	218.30	−705.64	5 187.63
38 027.14	604.58	39.24	8 613.45	−642.89
4 9513.80	47.95	48 950.76	485.02	1 205.76
73 406.98	3 926.51	9 814.27	−79.30	590.32
513.86	410.96	31 902.64	97 085.21	−39.71
94.75	3 742.81	763.05	2 604.74	74 285.09
2 361.58	971.26	85.97	−53 417.86	9 174.82
85.41	63.52	9 834.71	280.35	−46 053.18
1 568.34	27 381.90	71.68	18.69	632.97
812.56	9 875.24	6 035.27	−6 592.41	71.82
21.07	70 488.63	863.94	41.02	−8 095.46

乘算 要求保留两位小数，以下四舍五入		**除算** 要求保留两位小数，以下四舍五入	
一	0.187 3×9.25＝	一	28.982 2÷4.03＝
二	7.320×5.641＝	二	4 921 308÷9 268＝
三	895×4 127＝	三	126 144÷192＝
四	28 739×106＝	四	2 048 357÷851＝

（续表）

五	91.74×38.05＝	五	31.073 2÷4.897 2＝
六	609×8 253＝	六	145 332÷734＝
七	0.502 1×6.84＝	七	132.740 2÷2.86＝
八	3 564×2 198＝	八	194 320÷560＝
九	4.61×703.59＝	九	264.968 7÷30.75＝
十	5 082×6 471＝	十	60 414 753÷651＝

普通一级试卷

加减算				
一	二	三	四	五
36 948	5 281	179 258	53 017	3 416 578
64 793 185	80 164	2 786 905	3 506 749	−2 817
460 539	1 746 528	5 097	−1 063	30 481
9 207	36 584 197	73 542	87 394 120	17 423 908
24 076	253 841	87 046 213	403 786	−847 091
5 210 914	17 439	364 420	−8 026 946	1 750
78 062 359	4 308 276	5 289	4 012	73 695
413 578	6 027	46 327	76 128	−4 039 725
51 692	73 965 402	3 629 418	−69 851 742	73 425 860
2 814 579	517 026	95 308 612	263 985	832 745
9 783	7 930 645	153 497	9 501	−54 369
85 634 210	6 389	95 184	−70 435	4 685 290
165 028	91 062	6 143 708	6 289 504	9 013
3 046 712	21 358 940	8 160	32 791 645	−29 016 385
7 580	980 731	68 397 045	−527 891	902 671
六	七	八	九	十
64 015.23	938.67	26.51	32 495.71	985 104.63
40.65	794 306.58	125 739.46	827 604.15	−3 698.50
539.08	1 973.62	7 103.24	−2 741.96	76.09
182 375.96	54.79	93 625.80	460.52	648.93
9 021.38	615.07	42.31	64 893.20	−82 394.71
12.60	72 834.10	389.17	−56.93	470 182.96
204.98	389 412.65	572 860.93	870 193.62	7 364.28
87 069.34	4 573.98	1 504.37	2 851.46	−423.19
675 934.81	148.52	90.28	−68 509.37	14 258.90
8 156.94	24 086.35	807.49	75.43	35.72
361.87	61.02	47 586.92	908.17	−541 072.86
92 736.14	265 410.78	671 904.85	−501 243.78	2 507.13
47.25	8 067.35	5 186.34	8 507.63	19 236.54
519 024.37	94 620.31	352.06	19.84	−65.07
7 502.89	51.09	20 418.94	−421.08	803.51

（续表）

乘算	要求保留两位小数，以下四舍五入	除算	要求保留两位小数，以下四舍五入
一	0.410 3×27.82＝	一	21.840 304÷2.308 1＝
二	21 357×4 968＝	二	1 480 920÷615＝
三	75.68×39.24＝	三	2 282.679 8÷721.92＝
四	3 489×5 106＝	四	2 388 551÷583＝
五	87.05×3.962 4＝	五	383 375÷3 067＝
六	6 093×12 587＝	六	75 531 328÷964＝
七	958.02×67.13＝	七	435.736 6÷82.04＝
八	1 249×8 057＝	八	35 748 642÷426＝
九	62.13×70.84＝	九	318.958 1÷5.08＝
十	5 746×9 103＝	十	1 497 144÷1 749＝

参 考 文 献

[1] 中华人民共和国财政部．企业会计准则 2006[M]．北京：经济科学出版社，2006.
[2] 威素文．会计基本技能[M]．北京：科学出版社，2005.
[3] 邹谦，王红心．新编会计基本技能[M]．北京：北京大学出版社，2008.
[4] 陈燕．实用会计基本技能练习册[M]．北京：科学出版社，2007.
[5] 姚克贤．珠算教程[M]．大连：东北财经大学出版社，2008.
[6] 中国会计学会编写组．初级会计电算化[M]．北京：经济科学出版社，2009.
[7] 会计从业资格考试辅导教材组．初级会计电算化[M]．北京：中国财政经济出版社，2007.
[8] 李侠，盛永志．计算技术与财经技能[M]．大连：大连理工大学出版社，2008.

尊敬的老师：

您好。

请您认真、完整地填写以下表格的内容（务必填写每一项），索取相关图书的教学资源。

教学资源索取表

书　名				作者名	
姓　名		所在学校			
职　称		职　务		职　称	
联系方式	电话		E-mail		
	QQ号		微信号		
地址（含邮编）					
贵校已购本教材的数量（本）					
所需教学资源					
系/院主任姓名					

系 / 院主任：________________（签字）

（系 / 院办公室公章）

20_____年____月____日

注意：

① 本配套教学资源仅向购买了相关教材的学校老师免费提供。

② 请任课老师认真填写以上信息，并请系 / 院加盖公章，然后传真到（010）80115555 转 718438 索取配套教学资源。也可将加盖公章的文件扫描后，发送到 fservice@126.com 索取教学资源。欢迎各位老师扫码关注我们的微信号和公众号，随时与我们进行沟通和互动。

③ 个人购买的读者，请提供含有书名的购书凭证，如发票、网络交易信息，以及购书地点和本人工作单位来索取。

微信号

公众号